Mosaik
bei GOLDMANN

Buch

Der bekannte Finanzexperte Bernd W. Klöckner hat ein Arbeitsbuch für die persönliche Finanzplanung geschrieben, das die Grundlagen der »Geldpsychologie« aufzeigt und individuelle Geldziele definiert. Mit seinen praktischen Berechnungsbeispielen, klaren Strategien, kompetenten Anlage-Bewertungen sowie sofort umsetzbaren Tipps kann sich jeder in kurzer Zeit und ohne Vorwissen umfassendes Geld-Know-how aneignen und selbst zum Finanzfachmann werden.

Autor

Bernd W. Klöckner gehört zu den gefragtesten Finanz- und Erfolgstrainern für Finanzdienstleister und Verbraucher. Der Diplombetriebswirt ist Verfasser zahlreicher Bestseller sowie TV-Finanzexperte bei n.tv und ZDF. Sein langjähriges Spezialgebiet ist das Geldtraining für finanzielle Unabhängigkeit.
(mail@berndwkloeckner.de)

Von Bernd W. Klöckner außerdem bei Mosaik bei Goldmann:

Systematisch reich! (16270)
Systematisch reich mit Aktienfonds! (16372)
Frauen und Geld (16332)
Die Magie des Erfolges (16330)
Reich ohne Risiko (16448)
Mit Taschengeld zum Millionär (16391)

Bernd W. Klöckner
Die Geldbibel

für finanziellen
Erfolg und Wohlstand

Mosaik
bei GOLDMANN

Originalausgabe

Umwelthinweis:
Alle bedruckten Materialien dieses Taschenbuches
sind chlorfrei und umweltschonend.

Originalausgabe November 2002
© 2002 Wilhelm Goldmann Verlag, München,
ein Unternehmen der Verlagsgruppe Random House GmbH
Umschlaggestaltung: Design Team München
Umschlagfoto: Manfred Riege, Fotostudio Nassau
Redaktion: Peter Issing
Satz: Uhl + Massopust, Aalen
Druck: GGP Media, Pößneck
Verlagsnummer: 16331
Kö · Herstellung: Max Widmaier
Made in Germany
ISBN 3-442-16331-5
www.goldmann-verlag.de

1 3 5 7 9 10 8 6 4 2

*Gewidmet meinen Töchtern Anna, Johanna
und meiner geliebten Bianca.
Als Dank für eine Quelle unerschöpflichen, persönlichen,
wundervollen Reichtums. Das Leben
mit euch ist herrlich!*

INHALT

7

Haftungsausschluss

In diesem Buch geht es um den richtigen Umgang mit Geld. Zahlreiche Checklisten helfen Ihnen, die verschiedenen Lebenssituationen besser in den Griff zu bekommen. Insbesondere im Teil II dieses Buches können Sie Ihre eigene Vermögenssituation erarbeiten. Bei den ermittelten Werten handelt es sich dabei um Näherungswerte. Trotz größter Sorgfalt beim Erstellen der Texte und der Berechnungsvorhaben kann es zu Berechnungsfehlern kommen. Vor allem bei der Rentenberechnung sollte im Zweifel ein Rentenberater hinzugezogen werden. Für die in diesem Buch, besonders im Teil II, genannten Näherungswerte kann also keine Garantie übernommen werden. Es wird keine Haftung für die gemachten Angaben oder die Vorgehensweisen übernommen. Auch bei Angabe von Zinsen, Renditen und Ähnlichem wird keine Haftung übernommen. Die Ausführungen des Autors stellen seine persönliche Einschätzung dar und sind keine Garantie für die genannten Zahlen. Auch wie sich steuerliche Belange auf die einzelnen Aussagen auswirken, muss von jedem Leser – gegebenenfalls in Zusammenarbeit mit einem Steuerberater – selbst geprüft werden.

Vorwort

Wäre es nicht prima, es gäbe einen Rundum-Ratgeber zum Thema Geld? Ein Sachbuch, ein Nachschlagewerk, einen Vorsorgeratgeber. Eben eine Geldbibel rund um das Thema der privaten Finanzplanung. Für den richtigen Umgang mit Geld. Das waren meine ersten Gedanken zu diesem Buch. Mein Dank gilt hierbei den zahlreichen Anregungen der Leser meiner übrigen Publikationen. Denn immer wieder wurde nach einer solchen Geldbibel gefragt. Dies stärkte meinen ohnehin vorhandenen Entschluss zu einem solchen Buch, und so begann ich. Was erwartet Sie? Sie erwarten zahlreiche Kapitel rund um alle denkbaren Geldthemen. Ob A wie Anlegertest, B wie Beratertest, F wie fondsgebundene Versicherungen, G wie Gesetzmäßigkeiten rund um die erfolgreiche Geldanlage, K wie Konsum oder Kursmanipulationen oder Z wie Zins und Zinseszins. Sie finden von A bis Z viel wichtiges Geld-Know-how.

Die Botschaft lautet: Wer reich und wohlhabend werden will, muss nicht nur lernen, mehr Geld zu verdienen und zu behalten. Ebenso wichtig ist es, das Geld, das man bereits besitzt, zu beschützen.

Ihr ganz persönliches Lernprogramm für den richtigen Umgang mit Geld

Nutzen Sie dieses Buch als Ihr ganz persönliches Lernprogramm der besonderen Art. Betrachten Sie jedes Kapitel als eine in sich abgeschlossene Lerneinheit. Dieses Buch fördert durch einzelne, in sich abgeschlossene Wissensbausteine das systematische Erlernen von Geldwissen. Kapitel für Kapitel erfahren Sie entscheidende Gesetzmäßigkeiten für den richtigen Umgang mit Geld. Greifen Sie, wann auch immer Ihnen danach ist, zu diesem Buch, und lesen Sie einige Kapitel. Lesen Sie sorgsam. Sie werden feststellen: Mehr über Geld zu wissen ist einfach.

Ich verspreche Ihnen: Dieses Buch bedeutet Veränderung. Sie werden am Ende neue, entscheidende Geldkenntnisse haben. Sie werden fähig sein, Ihre persönliche Geldsituation, Ihren Umgang mit Geld so zu beurteilen wie nie zuvor. Eine Bitte habe ich dabei: Lernen bedeutet auch, Entscheidungen zu treffen und Ergebnisse zu erzielen.»Probieren geht über studieren« lautet ein bekanntes Sprichwort. Meine Botschaft an Sie lautet: Studieren Sie dieses Buch. Gründlich. Kapitel für Kapitel. Wählen Sie sich zunächst ruhig solche Kapitel aus, die Sie am meisten interessieren. Dann – nach und nach – nehmen Sie auch andere Kapitel dazu. Irgendwann lesen Sie dann alles von Anfang bis Ende. Und dann setzen Sie das neu erworbene Geldwissen um.

Ein Erfolgstipp

Wenn Sie wollen, dass sich Ihr Gelddenken schnell und spürbar verändert, empfehle ich Ihnen, stets mindestens drei Kapitel zu lesen. Denn erst Wiederholungen führen zu neuen Geldsystemstrukturen. Das bedeutet: Lesen Sie stets nur ein Kapitel, machen dann einige Tage Pause, lesen das nächste Kapitel, machen wiederum einige Tage Pause, lesen dann wieder und so weiter, führt diese Vorgehensweise nicht zu einem neuen System, zu einem neuen Denken, zu einer neuen Einstellung. Im Gegenteil: Diese Vorgehensweise – ein Kapitel irgendwann nach dem anderen – ist eine Aneinanderreihung von Ereignissen, aber noch kein neues Muster, kein neues System. Merken Sie sich Folgendes: Einmal ein Kapitel zu lesen ist ein Ereignis ohne Auswirkungen. Einmal zwei Kapitel zu lesen ist schon besser und bewegt hin und wieder zum Nachdenken über das Gelesene. Regelmäßig mindestens drei Kapitel zu lesen wird zum neuen (Geldverhaltens-)Muster, wird auf Dauer zu einem neuen (Geld-)System. Und genau das ist es, was Sie auf Ihrem Weg zu Reichtum und Wohlstand erreichen müssen: neue Denkmuster und neue Denksysteme in Bezug auf Geld und den Umgang mit Ihren privaten Finanzen. Gelingt Ihnen das, steht Ihrem Weg zu Reichtum und Wohlstand nichts mehr im Weg.

Halten wir Kontakt zueinander

Ich wünsche Ihnen nun viel Spaß beim regelmäßigen Lesen von mindestens drei Kapiteln. Ich freue mich über jede Form der Anregung oder Kritik. Ich freue mich vor allem, wenn Sie mir eines Tages einmal berichten, in welchen Situationen Sie diese Geldbibel anwenden konnten. Das Prinzip der Gewinner lautet: TU ES! Oder mit anderen Worten: Nicht warten, starten!

Dank

Ein erstes persönliches Dankeschön

In dieser Geldbibel finden sich immer wieder kleine Geldgeschichten als einzelne Kapitel. Die Anregung zu einigen dieser Geschichten, überhaupt die Anregung zu Geschichten dieser Art fand ich unter anderem maßgeblich bei Nossrat Peseschkian in seinem Buch »Auf der Suche nach dem Sinn – Psychotherapie der kleinen Schritte« (Fischer Taschenbuch Verlag). Ich habe einen Teil von Peseschkians Geschichten überarbeitet und neu geschrieben, übertragen auf den Geldbereich. Viele Geldgeschichten wurden völlig neu geschrieben. Diese Geschichten handeln von Abdu'l Al Moneta, einem wissbegierigen Menschen, der Sie in eine ganz besondere Gedankenwelt entführt. Ich habe diese Form der Geldgeschichten gewählt, weil sich Geschichten einfacher in Ihre Vorstellungskraft schleichen. Weil diese Geschichten Ihre Fantasie spielen lassen. Lesen Sie diese Geldgeschichten immer und immer wieder. In jeder Geschichte steckt eine wichtige Botschaft für Sie. Verinnerlichen Sie die jeweilige Botschaft. Sorgen Sie so für positive Veränderung beim Umgang mit Geld.

Ein zweites persönliches Dankeschön

Meine treuen Leser wissen, dass sich in der Philippsburg, dem Sitz meiner Firmen und auch meinem Zuhause, eine der größten privaten Bibliotheken befindet. Einige tausend Bücher zu Themen wie Marketing, Markenbildung, Geld, Geldliteratur, Psychologie, Gehirn, Motivation, Steuern, Immobilien und anderes mehr finden sich hier. Ebenfalls werden Sie als geneigter Leser aus meinen anderen Büchern wissen, dass Ihnen diese Bibliothek nach Absprache hin und wieder an verschiedenen Terminen im Jahr zur Verfügung steht. Immer wieder quartieren sich Leseratten in unserem kleinen Wohnort ein und genießen zwei oder drei Tage des intensiven Studiums. Eines der Bücher unter Geldliteratur schrieb Michael Schiff. 1970 wurde es unter dem Titel »Geld macht sinnlich« bei Kindler verlegt. Diesem Buch habe ich zahlreiche Anekdoten entnommen und zu Beginn manches Kapitels wiedergegeben. Besten Dank an dieser Stelle an Michael Schiff und den Kindler Verlag.

Weiteren Dank schulde ich dem Genossenschaftsverband der Raiffeisen- und Volksbanken und Schweizerischen Rentenanstalt sowie Günter Baumann von der Veritas SG Investment Trust GmbH für Anregungen und Unterstützung.

15

TEIL I

GELDPSYCHOLOGIE, MENTALTRAINING UND WICHTIGE SPIELREGELN FÜR GELD, REICHTUM UND WOHLSTAND

Dieser erste Teil handelt von der richtigen Einstellung, dem entscheidenden Know-how rund um das Thema Geldpsychologie. Sie erfahren verblüffend einfache und sofort einsetzbare Techniken für Ihren Weg zum richtigen Umgang mit Geld. Sie erfahren, welche Geld-EINSTELLUNG Sie möglicherweise – und auf welche Weise – verändern müssen. *Die Botschaft lautet:* Entwickeln Sie Meisterschaft in Ihrem Geldleben. Bereiten Sie sich mit den folgenden Kapiteln auf das Arbeitsbuch im zweiten Teil vor. Dieses mentale Training ist wichtig für den dauerhaft richtigen Umgang mit Geld.

Kapitel 1
Sparen? Keine Zeit!

Geld ist ein Argument. Und oft nicht mal das schlechteste.

Werner Mitsch

Zu Beginn dieses Buches liegt mir eine Botschaft besonders am Herzen: **Machen Sie den richtigen Umgang mit Geld zu einer sehr, sehr dringenden Angelegenheit!** Wie meine ich das? Ich schildere im Folgenden die typischen Altersstufen mit dem jeweils typischen Geldverhalten aus der Sicht der Betroffenen. Ich rate Ihnen dringlichst: Machen Sie es anders! Die meisten Leute behaupten immer nur, zum Sparen gäbe es keine Zeit.»Oh, das ist aber jetzt der falsche Zeitpunkt«,»Hmm. Kommen Sie in einem Jahr wieder, da steht bei uns die Altersvorsorge auf dem Programm«, oder:»Also das müssen wir verschieben, und überhaupt finanzieren wir derzeit eine Immobilie«, sagen diese Leute und schieben das Sparen auf. Von einem Tag auf den anderen, von einem Monat auf den nächsten, von einem Jahr aufs andere! In Lebensstufen eingeteilt, sieht das Ganze so aus:

Bis 25 Jahre

Sparen, was soll das? Ich will leben, genießen. Sparen kann ich später immer noch. Und außerdem: Wovon soll ich was sparen? Ich brauche jeden Cent fürs Studium! Ich brauche jeden Cent für meine Ausbildung! Sparen kann noch warten.

25 bis 30 Jahre

Von wegen Sparen. Ich verdiene jetzt das erste Mal so richtig Geld. Zudem wollen meine Freundin und ich uns einmal im Jahr einen Traumurlaub leisten. Das haben wir uns in der Ausbildung auch mehr als verdient. Und außerdem kostet meine Fortbildung jede

Menge Geld. Schließlich will man ja auf der Karriereleiter weiterkommen.

An dieser Stelle bringe ich im Folgenden ein Beispiel aus meinem Buch »Reich ohne Risiko«. Dieses Beispiel richtet sich an alle Leute, die in Kürze mit einem Studium oder einer anderen Ausbildung fertig werden. Die Zeit nach dem Studium oder nach einer richtigen Ausbildung birgt unendliche Chancen, ein unverwüstliches Fundament für späteren Reichtum und Wohlstand zu legen. Diese Chance haben wir alle nur einmal im Leben. Sollten Sie diese Chance noch selbst nutzen können, dann tun Sie es! Wenn Sie dieses Kapitel lesen und den Ausbildungs- und Studiumabschluss bereits lange hinter sich gelassen haben, erzählen Sie folgendes Beispiel jungen Leuten, auf die es zutrifft!

Mühelos reich werden – Die einmalige Chance des 2-Jahres-Vermögens

Es geht gewissermaßen um einen Geldtrick, der nur eine geschickte, verblüffend einfache Geldstrategie für jüngere Menschen ist. Hintergrund: Die meisten von uns tappen nahezu unbewusst in eine Konsumfalle. Kam man bis gestern noch mit weniger als 500 Euro aus, stehen jetzt 1500 oder 2000 netto auf dem Gehaltsstreifen, und doch reicht das Geld plötzlich nicht mehr aus. Das ist der Zeitpunkt der ersten Kreditkarte. Erstmals wird Geld verschwendet. Man ist mit anderen jungen Menschen zusammen, die ebenfalls erstmals über verhältnismäßig viel Geld verfügen, und will mithalten. Wir beginnen zu kaufen, um uns zu belohnen, abzuschalten, mitzuhalten. Dann folgt der Lebenspartner. Beide verdienen gut, die Wünsche schnellen weiter in die Höhe, möglicherweise steht die Familiengründung an, neues Geld muss her, der nächste Karriereschritt ist wichtig usw.

Als ich 1998 mit einem jüngeren Seminarteilnehmer, Daniel, sprach, stellte sich heraus, dass er soeben am Beginn dieser Konsumverführung stand. Ich verriet ihm damals die 2-Jahres-Vermögen-Strategie. Daniel bekam die Hausaufgabe, die ersten zwei Jahre nach Ende seines Studiums und dem Beginn seiner Tätigkeit zu sparen, was möglich war. Seine Aufgabe war es, auf Wünsche zu verzichten. Das Ergebnis: Nach zwei Jahren, es war Anfang 2000, hatte Daniel einen Betrag von 25 000 Euro zur Seite gelegt. Daniel war nun 27 Jahre jung, und wir rechneten gemeinsam nach, was aus diesem Geld im Lauf der Jahre bei unterschiedlicher Verzinsung werden könnte.

Jahre	10 Prozent	13,46 Prozent
10	65 000	88 000
20	170 000	312 000
30	436 000	1,1 Millionen

Als wir diese Zahlen gemeinsam errechnet hatten, wollte Daniel unbedingt wissen, was bis zum 65. Lebensjahr aus seinen 25 000 Euro werden könnte. Man sah ihm an, er wurde gierig. Ich ließ ihn die Zahlen zunächst schätzen und bitte Sie, es ebenfalls einmal zu tun:

Endalter	10 Prozent	13,46 Prozent
65	_____	_____

Haben Sie die beiden Beträge auf der Grundlage der Zahlen der letzten Tabelle geschätzt? Dann verrate ich Ihnen die Lösung: Bei einer Rendite von jährlich zehn Prozent beträgt das Vermögen von Daniel, wenn er 65 Jahre alt ist, 940 000 Euro. Bei einer Rendite von 13,46 Prozent sind es rund drei Millionen Euro. Für alle kritischen Leser noch eine Anmerkung: Selbst unter Berücksichtigung einer Inflation in Höhe von drei Prozent jährlich liegt das Vermögen im ersten Fall (10 Prozent) bei immerhin inflationsbedingten 300 000 und im zweiten Fall (13,46 Prozent) bei rund einer Million. Nochmals zur Erklärung: Daniel besitzt dann beispielsweise – bei einer Rendite von 13,46 Prozent – ein Vermögen in Höhe von rund drei Millionen Euro. Die Kaufkraft von diesen drei Millionen beträgt jedoch nur noch so viel wie die von einer Million heute.

Nach diesen zwei Jahren war Daniel klar, dass er auf einem großen Vermögen saß, das ihm jedes Jahr neue Einkünfte bescheren und sein Gesamtvermögen erhöhen würde.

Das 2-Jahres-Vermögen und Geldfehler

Immer dann, wenn ich in Seminaren, besonders mit jungen Menschen, solche Beispiele bringe, gibt es einige Teilnehmer, die sagen: »So wichtig kann das ja nun auch nicht sein. Wenn ich mit 30 oder 35 Jahren beginne zu sparen, habe ich doch mehr als genug Zeit. Außerdem habe ich dann noch mehr Geld, was ich sparen und investieren kann.«

Diese Denkweise ist durchaus nachvollziehbar. Schließlich ist der Unterschied zwischen Daniels 27 Jahren und möglichen 30 oder 35 Jahren als Sparbeginn überhaupt nicht so groß. Es sind wenige Jahre. Zugegeben, denken viele, Daniel hat zwar einen bestimmten Betrag schon einmal angespart, aber so viel sind 25 000 nun auch wieder nicht.

Aber das ist falsch gedacht, wie die folgenden Zahlen zeigen werden. Denn es geht darum, wie teuer es wirklich ist, wenn jemand eines Tages mit 30 oder 35 Jahren von diesem 2-Jahres-Vermögen hört, selbst in jungen Jahren jedoch nicht gespart und investiert hat und jetzt diesen Fehler ausbügeln möchte.

Nehmen wir Michael, einen von Daniels besten Freunden. Er hat bislang so richtig in Saus und Braus gelebt: alle zwei Jahre ein neues Auto gekauft, ständig teure Urlaubsreisen gebucht, gerne und oft mit Freunden teuer essen gewesen und natürlich auch stets gute Klamotten getragen. Es kann natürlich nicht das Geringste dagegen gesagt werden, dass jemand derart von seinem Geld lebt. Es geht also nicht um die Frage »Finde ich das gut?« oder »Finde ich das schlecht?«. Es geht ausschließlich um die Frage, wer cleverer mit seinem Geld umgeht, wer cleverer spart, wer unterm Strich viel weniger sparen und investieren muss und dennoch nachher das weitaus größere Vermögen besitzt.

Wie immer, stelle ich Ihnen dabei einige Fragen und bitte Sie um eine Antwort. Auch bei dieser kleinen Übung gilt: Wenn Sie Lehrer oder Erzieher sind oder anderweitig mit jungen Menschen zu tun haben, besprechen Sie einmal gemeinsam das Beispiel von Daniel bis hin zu dem möglichen Vermögen, über das Daniel mit 65 Jahren verfügt. Und dann lassen Sie alle Beteiligten einmal die Antwort auf die folgenden Fragen schätzen.

Frage 1

Angenommen, Michael erfährt mit 30 Jahren, welches Vermögen Daniel voraussichtlich mit 65 Jahren, also zum erwarteten Rentenbeginn, besitzen wird. Jetzt macht auch Michael sich ein wenig Sorgen um die eigene Altersvorsorge. Schließlich hat er bis heute nichts dafür getan. Er lässt sich nun ausrechnen, wie viel er monatlich sparen müsste...

a) ...um bei einer Rendite von 10 Prozent in den verbleibenden 35 Jahren ein Vermögen von 940 000 Euro zu erreichen;

b) ...um bei einer Rendite von 13,46 Prozent in den verbleibenden 35 Jahren ein Vermögen von drei Millionen zu erreichen.

Frage 2

Wiederum angenommen, Michael erfährt mit 35 Jahren, welches Vermögen Daniel voraussichtlich mit 65 Jahren besitzen wird. Jetzt macht er sich ebenfalls wieder ein wenig Sorgen um die eigene Altersvorsorge. Er hat nämlich selbst noch nichts getan. Er lässt sich nun ausrechnen, wie viel er monatlich sparen müsste...

a) ...um bei einer Rendite von 10 Prozent in den verbleibenden 30 Jahren ein Vermögen von 940 000 Euro zu erreichen;

b) ...um bei einer Rendite von 13,46 Prozent in den verbleibenden 30 Jahren ein Vermögen von drei Millionen zu erreichen.

Tragen Sie Antworten ein:

Meine Schätzung für...

Frage 1 a	_____	Euro / Monat
Frage 1 b	_____	Euro / Monat
Frage 2 a	_____	Euro / Monat
Frage 2 b	_____	Euro / Monat

Ergebnisse geschätzt? Bitte lesen Sie erst dann weiter, wenn Sie sich ausreichend Gedanken über Ihre Antworten gemacht haben und Ihre Antworten notiert haben. Das ist deshalb noch mal so wichtig, weil viele Menschen, wenn sie Antworten oder eigene Zahlenschätzungen nicht notiert haben, später stets behaupten »Das habe ich

doch gewusst« oder »So in etwa hätte ich die Zahlen auch geschätzt«. Clevere Menschen, Menschen, die etwas lernen wollen, tun
sich mit dieser Vorgehensweise jedoch keinen Gefallen. Man belügt
sich selbst. Also: Notieren Sie in jedem Fall Ihre Antworten auf die
oben gestellten Fragen. Hier die Lösungen:

Die richtige Schätzung für ...

Frage 1 a	_____	277 Euro / Monat
Frage 1 b	_____	390 Euro / Monat
Frage 2 a	_____	456 Euro / Monat
Frage 2 b	_____	735 Euro / Monat

© FINANZ-INSTITUT Klöckner, www.berndwkloeckner.de

Die Zahlen zeigen deutlich: Michael muss, je nachdem, wann er diesen Geldfehler bemerkt, jeden Monat stolze Beträge investieren,
um das Vermögen zu erreichen, was Daniel erreicht, *ohne* auch nur
einen Cent weiter zu investieren. Während Daniel einfach sein zu
Beginn seiner beruflichen Karriere über zwei Jahre gespartes Kapital anlegt und sich vermehren lässt, muss Michael jeden Monat einige hundert Euro bis hin zu 735 Euro zur Seite legen, um das Ziel
von Daniel noch zu erreichen. Noch interessanter wird es für diejenigen, die sich nun einmal die Gesamtsumme des zu sparenden Ka-
pitals betrachten. Bei Daniel waren es rund 25 000 Euro, die er in
zwei Jahren mühevoll zusammengespart hatte. Bei Michael sind es,
je nach Fall, die folgenden Beträge:

Frage 1 a	_____	116 340 Euro
Frage 1 b	_____	163 800 Euro
Frage 2 a	_____	164 160 Euro
Frage 2 b	_____	264 600 Euro

© FINANZ-INSTITUT Klöckner, www.berndwkloeckner.de

Die Zahlen zeigen deutlich: Michael, der in den ersten beiden Berufsjahren über Daniels Geiz und Sparfreude gelacht hat und das
unsinnig fand, auf so viele Sachen zu verzichten, muss im Lauf der
Jahre auf viel mehr Dinge verzichten. Denn Michael muss insge-

samt ein Vielfaches der 25 000 Euro von Daniel sparen, um Daniel bis zum Rentenbeginn noch einzuholen.

Die Botschaft lautet: Clevere Menschen, die wirklich reich werden wollen, nutzen die Anfangsjahre des Berufslebens, um sich ein Vermögen anzusparen, was anschließend über Jahre mühelos ein Millionenvermögen bringt. Je früher Sie das als junger Mensch verstehen, desto reicher können Sie werden.

Kommen wir zu den nächsten Altersstufen und den typischen Gedanken, der typischen Einstellung.

30 bis 35 Jahre

Das ist eine besonders spannende Phase. Typische Argumente sind: »Puuhh! Sie haben ja Recht. Wir würden auch wirklich gern sparen. Also meine Frau und ich. Aber jetzt kam erst einmal unsere Tochter zur Welt. Dazu der ganze Trubel mit dem Umbau des Hauses. Womöglich müssen wir auch noch umziehen und was Größeres suchen. Sparen können wir also derzeit wirklich nicht. Das verstehen Sie doch.«

35 bis 50 Jahre

Die Hochphase des Geldverdienens ist angesagt. Viel Geld geht für Konsum drauf. Immer wieder ist ein neues Auto fällig, schließlich muss für die Karriere auch etwas präsentiert werden können. Die Kinder beginnen mit den Hobbys, die Familienurlaube verschlingen auch einiges an Geld. Außerdem ist das Haus ja die beste Altersvorsorge. Sparen werden wir also, wenn die Kinder aus dem Gröbsten heraus sind.

50 bis 60 Jahre

Wir hätten nie gedacht, was die Ausbildung der Kinder alles kostet. Unsere Tochter studiert, unser Sohn befindet sich in der zweiten Ausbildung. Die Kinder müssen heute richtig was leisten, um noch durchzukommen. Und wir wollen, dass sie sich auf die Ausbildung und Karriere konzentrieren können. Dazu wollen wir uns auch mal etwas leisten. Zumindest die letzten Jahre war ein schöner Urlaub drin, und darauf wollen wir nicht verzichten.

Ab 60 Jahre

Die Kinder sind aus dem Haus und verdienen wirklich gut. Wir selbst sind in Rente und genießen unsere gemeinsame Zeit. Manchmal ist es erschreckend, wie teuer alles geworden ist. Zwar haben wir unser Haus bezahlt, aber die Lebenshaltungskosten sind immens. Dazu kommen erste teure Reparaturen am Haus. Neulich musste das Dach nach 30 Jahren neu gedeckt werden. Das hat ein großes Finanzloch in unser Budget gerissen.

Erlauben Sie mir eine persönliche Anmerkung: Diese Aufteilung in verschiedene Altersstufen wurde mir selbst erstmals in einem Finanzseminar präsentiert, als ich 22 Jahre jung war. Ich erinnere mich genau, wie ich damals dachte »Pah. Das wird mir nicht passieren. So was Blödes. Man weiß doch, dass man sofort sparen sollte!«. Acht Jahre später war mir bewusst, wie schnell wertvolle Sparjahre für immer verloren sind. Auch Sie werden sich in einer oder anderen Altersstufen wieder erkannt haben. Die meisten 35- bis 40-Jährigen bestätigen mir immer wieder, dass sie es in jungen Jahren nicht für möglich gehalten haben, wie schnell die Zeit vergeht und plötzlich potenzielle 15 oder 20 Sparjahre verloren sind.

Geldregel 1 – wenn Sie der Typ »Zögerer« sind –

Machen Sie es besser! Ich verrate Ihnen eine wichtige und entscheidende Botschaft: Der richtige Zeitpunkt zum Sparen und disziplinierten Investieren ist nie da. Immer werden Sie eine neue Ausrede haben und das Sparen und Investieren auf morgen verschieben. Es gibt nur einen einzigen richtigen Zeitpunkt, sich um den richtigen Umgang mit Geld zu kümmern! Dieser Zeitpunkt ist HEUTE! Lesen Sie dieses Buch! Dann handeln Sie!

Kapitel 2
Was an Reichtum interessierte Menschen von den Gänsen lernen können

Mit dem Reichtum fertig zu werden ist auch ein Problem.

Ludwig Erhard

Die folgende Geschichte ist mit bestem Dank an den dänischen Philosophen Søren Kierkegaard dem Sinn nach wiedergegeben. Er erzählte einmal von Gänsen auf einem Bauernhof in Dänemark. Jeden Sonntag versammelten sich die Gänse auf dem Hof, und eine Gans predigte ihnen, wie herrlich es sei, eine Gans zu sein. Als Gans geboren zu sein und eben nicht als Huhn oder Truthahn. Eines Sonntags, während die übrigen Gänse der Predigt lauschten, überflog eine Schar von Wildgänsen den Bauernhof. In majestätischer Formation flogen diese Wildgänse in Richtung Süden. Da schnatterten die Hofgänse wild durcheinander: »Das ist unsere wahre Bestimmung! Das sind wir wirklich. Wir sind nicht dafür auserkoren, auf diesem stinkenden Bauernhof zu leben. Wir sind zum Fliegen bestimmt. Das ist unsere wahre Bestimmung!« Und so schnatterten sie wild und aufgeregt durcheinander, träumten von fernen Ländern und einem aufregenden Leben. Doch dann, als auch die letzte Wildgans kaum noch am Horizont zu sehen war, schauten die Gänse wieder auf den Boden und kehrten durch Schmutz und Schlamm langsam in die Scheune zurück. Sie verließen niemals den Bauernhof. Sie flogen niemals.

Diese Geschichte erinnert mich an die vielen, vielen Menschen, die ich im Lauf der Jahre traf, die immer nur den anderen Reichen und Erfolgreichen nachsehen, dann rufen: »Oh, das ist unsere Bestimmung«, staunen und staunen, aber nichts tun. Das sind all diese Leute, die wild herumschnatternd von tollen Geschäften, der Super-Geldanlage, Reichtum und allem weiteren träumen, die aber nichts tun, während sie auf Reichtum und Erfolg warten. Machen Sie es besser! Gucken Sie nicht nur zu. Handeln Sie!

Geldregel 2

Sie ganz allein wissen, wie sehr Sie sich in den letzten Jahren um das nötige Know-how für den meisterhaften Umgang mit Geld bemüht haben. Sie allein wissen, ob Sie sich bewegt haben oder nur sitzen geblieben sind. Die Botschaft lautet: Legen Sie los! Starten Sie durch! Dann haben Sie finanziellen Erfolg!

Kapitel 3
Erlauben Sie sich finanziellen Erfolg!

Talleyrand spielte Karten mit James Rothschild.
Da fiel ein Geldstück zur Erde. Rothschild bückte sich,
kroch unter den Tisch, suchte verzweifelt. Da zückte Talleyrand eine
Hundertpfundnote, steckte sie an und hielt sie unter den Tisch:
»Darf ich Ihnen leuchten, Baron?«
Michael Schiff

Das folgende Kapitel ist ein entscheidendes Kapitel dieses Buches. Nur, wenn Sie sich finanziellen Erfolg erlauben, wird sich finanzieller Erfolg einstellen. Wenn Sie stets nur glauben, Sie hätten ohnehin keinen finanziellen Erfolg, keinen Reichtum und Wohlstand verdient, werden Sie genau das bekommen: keinen finanziellen Erfolg, keinen Reichtum, keinen Wohlstand. Damit zur ersten Geschichte von Abdu'l Al Moneta:

Auf dem Platz tummelte sich eine große Anzahl von Menschen. Alle lauschten gemeinsam der Auseinandersetzung zwischen einem Hirten und einem Propheten. Auch Abdu'l Al Moneta hörte mit großer Aufmerksamkeit zu. Die Umstehenden erzählten ihm, dass der Hirte ein Mensch sei, der seit Jahren angesichts seiner geschäftlichen Misserfolge nichts als jammerte. Abdu'l Al Moneta bekam mit, wie der Prophet den Hirten, der offenbar wirklich ein armer Mann war, mit ungezügelten und groben Worten beschimpfte. Die Menschen waren erstaunt, hielten sie doch den Propheten bislang für einen weisen und würdigen Mann. Das Geschrei wollte nicht so recht zu ihm passen. Abdu'l Al Moneta konnte wegen des Geraunes in der Menge nur hin und wieder einzelne Sätze verstehen. »Du bist ein Nichtsnutz«, schimpfte der Prophet. »Niemals wirst du es zu etwas bringen.« »Niemals wird deine Herde dich zu einem reichen und wohlhabenden Mann machen.« »Alle anderen hier haben verschiedene Talente zum Erfolg, du jedoch hast keines dieser Talente.« Plötzlich sah Abdu'l Al Moneta, wie der Hirte wutentbrannt aufsprang und den Propheten mit den Worten anschrie: »Wie kannst du es wagen, mir solche Dinge zu sagen. Du, ein Narr und armer, weiser Mann, der noch niemals lebte, wie ich leben muss. Wie kannst du es wagen, mir zu sagen, ich sei zum Misserfolg verdammt. Ich könne keinen Erfolg haben. Ich sage dir eines, alter Mann: Dir werde ich es zeigen. Ich werde es euch allen hier zeigen. Gebt mir drei Jahre, und ich werde euch meinen Reichtum zeigen.« Als er Luft holte, um anschließend mit gleicher Wut weitermachen zu können, lächelte der Prophet und sprach mit ruhiger Stimme: »Siehst du, mein Sohn. Du sagtest dir seit Jahren diese Dinge. Und niemals wurdest du so wütend dir selbst gegenüber. Ich sagte dir die gleichen Dinge. Und du beschimpfst mich als alten Mann, der nicht wisse, was er spricht. Warum brüllst du wie ein Löwe, wenn du selbst es warst, der dich die ganzen Jahre abgehalten hat, ein zufriedener, reicher und erfolgreicher Mensch zu werden? Warum beschimpfst du mich für Worte, die du selbst, da von dir gedacht und gesprochen, seit Jahren ruhig erträgst. Wäre es nicht richtig, du würdest dich selbst beschimpfen und mir danken? Denke nun nach, mein Freund, und handle.« Nachdem er so gesprochen hatte, bahnte er sich einen Weg durch die Menge und verschwand.

Eines der wichtigsten Geheimnisse für persönlichen und finanziellen Erfolg lautet: Erlauben Sie sich Erfolg! Vor einiger Zeit las ich über diesen Gedanken erstmals bei Noah St. John in seinem Buch »Erfolg ist erlaubt«. Meine Botschaft an Sie lautet: Ich erlaube Ihnen finanziellen Erfolg. Das Ganze klingt dabei einfacher, als es ist. Es gibt zahlreiche Bücher, die sich alle damit beschäftigen, dem Leser zu verraten, mit welchen Methoden und Strategien ein Mensch persönlich und finanziell erfolgreich sein kann. Doch selbst dann, wenn eine Person alle Methoden und Strategien kennt, kann es sein, dass diese Person im Zustand persönlichen und finanziellen Misserfolgs lebt. Es muss also etwas geben, das über dieses »Wie« hinausgeht.

Falsche Glaubenssätze

Wer reich werden will, erinnert sich schnell an Sätze wie: »Für jeden Reichen muss es einen Armen geben«, oder: »Geld ist dreckig.« Wir alle tragen aus unserer Kindheit Ermahnungen wie: »Falle nicht so aus der Rolle«, »Bleibe doch auf dem Boden«, »Gib nicht so an. Angeber mag niemand.« Viele von uns tragen in sich die Botschaft:»Wo es einen Gewinner gibt, muss es einen Verlierer geben.« Wer gewinnt, muss einem anderen Menschen etwas genommen haben. Wer anderen Menschen etwas nimmt, kann kein guter Mensch sein. Wir wollen aber gute Menschen sein. Also trauen wir uns nicht zu gewinnen. Das klingt ein wenig absurd, ist aber so! Wir lernen nicht, zu gewinnen. Wir lernen, so zu sein wie andere. Wir lernen, nicht aufzufallen. Wir lernen jedoch nicht, erfolgreich zu sein und Erfolg zu genießen.

Manche kennen dieses Phänomen von der eigenen Arbeit. Da gibt es drei oder vier gleichgestellte Kollegen. Jeder macht seine Arbeit so gut oder schlecht wie die anderen. Wenn jetzt einer von diesen Kollegen freiwillig aus Spaß mehr arbeitet, erfolgreicher sein will, mehr tut und einfach mehr Erfolg hat, wird derjenige schnell schief angesehen.»Streber« nennen das Jugendliche in der Schule. Die Folge: Besser nicht zu sehr auffallen. Auf diese Weise erlauben wir uns immer weniger Erfolg. Ebenso ist es beim Geld.

Denken Sie um!

Wir erlauben uns zu wenig finanziellen Erfolg. Auch hier tickt im Kopf der Gedanke:»Wenn du sehr viel Geld machst, muss ein anderer gelitten, verloren haben.« Erlauben Sie sich Erfolg. Erlauben Sie sich finanziellen Erfolg. Das ist alles. Das ist der alles entscheidende Zustand.

Dabei ist besonders interessant: Wir erlauben uns selbst viel zu selten Erfolg, Reichtum und Wohlstand. Wir akzeptieren es, wenn wir uns selbst immer und immer wieder einreden:»Ich kann keinen Erfolg haben, ich werde niemals finanziell erfolgreich sein, ich werde nie reich und wohlhabend sein.« Wir akzeptieren diese Dinge, die wir uns einreden. Doch was würden wir einem Freund entgegnen, der uns besucht und nach einem kurzen Willkommen sagt:»Du? Du kannst keinen Erfolg haben, du wirst niemals finanziell erfolgreich, du wirst nie reich und wohlhabend sein.«? Richtig, wir würden uns wehren, ganz wie in der Geschichte von Abdu'l Al Moneta. Noah St. John bringt in seinem Buch »Erfolg ist erlaubt« ein weiteres, sehr prägnantes Beispiel: Wir alle haben bereits einmal über unsere Familie, zumindest über einzelne Familienmitglieder geschimpft. Das akzeptieren wir. Ja, wir tragen sogar aktiv zu solchen Beschimpfungen bei. Käme jedoch ein Fremder des Weges daher und würde unsere Familie beschimpfen, würden wir uns wehren oder sogar für diese Beschimpfungen rächen.

Geldregel 3

Sich lediglich damit zu beschäftigen, »wie« man Erfolg haben kann, bringt nur begrenzt Fortschritt. Der entscheidende Fortschritt besteht darin, sich Erfolg überhaupt zu erlauben. Das ist der Zustand, den Sie anstreben müssen. Erlauben Sie sich Erfolg! Erlauben Sie sich Reichtum und Wohlstand. Dann handeln Sie.

Kapitel 4
Kaufen Sie Geldbücher,
aber lesen Sie sie auch richtig!

Wer ein Geldbuch nur liest, wird ebenso wenig reich, wie jemand zum Auto wird, nur weil er in die Garage fährt.

K. Walter, amerikanischer Erfolgspsychologe

Im Folgenden geht es um wichtige Regeln und Schritte, wie Geldbücher mit Erfolg gelesen werden können. Denn viele Leute kaufen sich ein Geldbuch nach dem anderen, lesen jedoch keines richtig. Das bringt auf Dauer keinen Gewinn. Diese Leute sollten das Geld besser sparen und anlegen. Unterm Strich würden sie so mehr für das persönliche Vermögen tun.

Regel Nr. 1 – Ein Buch pro Monat
Lesen Sie jeden Monat mindestens ein Buch. Je eher Sie das in Ihre Zeit einplanen, desto leichter wird es Ihnen fallen, diese Regel einzuhalten. Lesen Sie konzentriert. Lesen Sie mit festen Vorgaben. Planen Sie täglich eine bestimmte Dauer für die Lektüre des jeweils aktuellen Geldbuchs ein!

Regel Nr. 2 – Mit Büchern arbeiten
Wer Bücher liest, sollte dafür sorgen, dass man es sieht. Wichtige Passagen müssen unterstrichen werden. Eigene Gedanken schreiben Sie an den Rand. Machen Sie ein Buch zu Ihrem Buch. Je intensiver Sie einzelne Stellen markieren, desto leichter prägen sich die jeweiligen Textstellen ein. Notieren Sie Gedanken, die Ihnen beim Schreiben einfallen. Arbeiten Sie mit »Eselsohren«! Legen Sie sich ein persönliches Notizbuch zur Seite, und notieren Sie einzelne, ausgewählte Textpassagen! Das Niederschreiben von Gedanken hilft, Gedanken im Kopf zu bewahren, hilft, um aus Gedanken Taten werden zu lassen.

Regel Nr. 3 – Begeisterung ist wichtig
Wer aus Geldbüchern wirklich etwas lernen will, muss mit Begeisterung lesen, muss immer und immer wieder eigene Gedanken ha-

ben und diese Gedanken festhalten. Es bringt nichts, ein Geldbuch nach dem anderen zu lesen und dann zu denken: »Erfolg und Reichtum, kommt nun zu mir!« Sich für eine Sache begeistern und dann die Sache in die Tat umsetzen, das ist es!

Regel Nr. 4 – Fragen stellen

Stellen Sie sich, während Sie lesen, immer wieder Fragen, und beantworten Sie diese Fragen. Hierzu ein Beispiel: Steht in einem Buch »Konsumieren Sie weniger, und sparen Sie mehr«, dann lesen Sie nicht nur, nicken kurz und fahren fort. Fragen Sie sich Dinge wie: »Wenn also konsumieren schlechter ist als sparen, wie kann ich weniger konsumieren und mehr sparen?« Oft sind die banalsten Gedanken und Fragen die besten Fragen! Geben die besten Antworten! Stellen Sie immer wieder »W-Fragen«, also: »Was kann ich konkret tun?«, »Warum ist das so, was geschrieben wird?«, »Wie kann ich diese Geldregel in meinem Leben umsetzen?«

Übrigens: Fragen stellen ist auch eine hervorragende Methode, um wirkliche Fachleute von irgendwelchen Blendern unter den Beratern zu unterscheiden. Einem wirklichen Fachmann können Sie alle möglichen Fragen stellen. Auf viele Fragen wird er sofort eine Antwort haben, auf einige Fragen wird er Ihnen die Antwort vielleicht später, in jedem Fall aber geben können. Wenn Ihnen also jemand irgendeine Kapitalanlage, irgendeinen Fonds vorstellt, fragen Sie: »Warum diese Fonds und nicht diese beiden, die in den Zeitschriften während der letzten Monate doch immer auf den ersten Plätzen lagen?«

Ein versierter und qualifizierter Berater wird stets ruhig, verständlich Ihre Fragen beantworten. Nur Blender versuchen, Sie mit irgendwelchem Fachgeschwätz zu beeindrucken. Auch dann gilt: Hören Sie gut zu! Passt die Antwort eines Beraters nicht auf Ihre Frage oder stellt Sie nicht zufrieden, fragen Sie: »Entschuldigen Sie bitte: Ihre Antwort passt nicht zu meiner Frage. Außerdem verstehe ich das nicht so kompliziert. Würden Sie mir also so, dass ich es verstehe, noch einmal meine Frage beantworten...« Dabei gilt: Vergessen Sie nicht, zum Ende eine Entscheidung zu treffen.

Regel Nr. 5 – Handeln Sie!
Vielleicht kennen Sie die Geschichte des Maulesels. Sie wird immer wieder in unterschiedlichen Varianten erzählt. Sie handelt von einem Maulesel, der verhungerte. Dass er jedoch verhungerte, war nicht das Tragische an dieser Geschichte. Tragisch war, dass er verhungerte, obwohl er links und rechts in unmittelbarer Nähe jeweils einen großen Heuhaufen vorfand. Da er sich jedoch nicht entscheiden konnte, welchen Heuhaufen er vorziehen wollte, blieb er so lange unschlüssig in der Mitte stehen, bis er verhungert war. So wie diesem Maulesel geht es manchen Anlegern. Sie erkundigen sich stets nach den neuesten Anlagechancen. Endlos wälzen sie Prospekte und unterhalten sich mit Beratern. Sie tun alles, um den besten »Heuhaufen« zu finden. Dann haben sie zum Ende alle möglichen Berater genervt, alle möglichen Bücher gelesen, können sich jedoch nicht zu einer Anlage entscheiden. »Soll ich jetzt das tun oder soll ich das tun, hmm?«, ist der einzige Gedanke, mit dem sich diese Leute beschäftigen. Immer und immer wieder. Dann tun sie über die Jahre nichts, und zum Schluss ist es zu spät.

Fragen auch Sie sich einmal, ob Sie bei Ihren Geldentscheidungen schon länger zwischen irgendwelchen »Heuhaufen« stehen, möglicherweise ständig nach neuen »Heuhaufen« suchen, aber nie eine Entscheidung treffen. Denken Sie daran: Sie können nur dann mit dem Fondssparen reich werden, wenn Sie mit dem Fondssparen beginnen. Überlegen Sie immer nur »Fonds A, besser Fonds B oder doch besser Fonds A« und tun nichts dabei, ist nur eines sicher: Sie werden auf diese Weise niemals reich durch Fondssparen.

Zum Schluss noch eine passende Geschichte, die viele von Ihnen kennen werden. Es ist eine Geschichte zum Einprägen. Lesen Sie diese Geschichte, und prägen Sie sich ihre Botschaft ein. Ich verspreche Ihnen: Sie werden noch häufig daran denken.

Charlie Brown, dieser sympathische und irgendwie tragische Comic-Held, jammerte einmal darüber, wie ihm ein Verlag eine Absage zu einem Buchmanuskript erteilt hatte. Wieder einmal war es sein Freund Linus, dem er seine Sorgen anvertraute. Linus tröstete ihn und meinte, es gäbe doch viele Absagen von Verlagen an irgendwelche Autoren. Danach rief Charlie Brown aus: »Aber ich habe doch überhaupt kein Manuskript eingesandt.«

Unter uns gibt es viele Charlie Browns. Das sind die Leute, die stets jammern:»Oh, ich bin aber in den letzten zehn Jahren nicht mit Fondssparen reich geworden«, oder:»Pah, bei mir hat das mit dem Fondssparen aber nicht funktioniert.« Die meisten dieser Leute haben jedoch noch nicht einmal einen Fondssparplan über zehn Jahre durchgehalten! Merken Sie sich: Geldregeln und Gesetzmäßigkeiten zum Thema Geld gelten nur für jene, die handeln.

Regel Nr. 6 – Geldregeln einprägen

Prägen Sie sich einzelne Geldregeln und Geldsätze ein. Je intensiver Sie einzelne Regeln und Gesetzmäßigkeiten wiederholen, desto besser. Nehmen Sie sich beispielsweise einen Merksatz, eine wichtige Geldregel pro Woche vor. Wählen Sie eine Geschichte dieses Buches, eines der Erlebnisse von Abdu'l Al Moneta. Auf diese Weise setzen Sie sich immer intensiver mit Geldwissen auseinander.

Regel Nr. 7 – Weniger ist oft mehr

Sie müssen kein Spezialist für Schiffsbeteiligungen, Immobilien, geschlossene Immobilienfonds, Medienbeteiligungen, hochriskante Fonds, typische Aktienfonds oder Wachstumsaktien sein. Sie müssen sich nur in Aktienanalyse, Anleihenbewertung, Immobilienfinanzierung, Mischfonds, Hedgezertifikaten und Zero-Bonds auskennen. Das ist alles! – Natürlich ist das blanker Unsinn. Die entscheidende Botschaft lautet: Wenn Sie bereits eine Immobilie besitzen, brauchen Sie noch ein, zwei gute (Fonds-)Sparpläne oder andere Sparpläne zur Altersversorgung, beispielsweise eine gute Fondspolice eines leistungsstarken Anbieters. Oder Sie investieren in Indexfonds und reduzieren damit Ihre Kosten für die Geldanlage noch weiter. Dazu kommen existenziell wichtige Versicherungen wie beispielsweise Risikolebensversicherung, eine Berufsunfähigkeitsversicherung und ein wenig Liquidität bzw. ein Konto mit einer Notreserve – mehr nicht! *Die Botschaft lautet:* Konzentrieren Sie sich! Sie müssen nicht alles über jede Form der Geldanlage wissen. Im Gegenteil: 80 Prozent des Geldwissens dürfte für Sie fehl am Platz oder nicht umsetzbar sein. Sie werden niemals ein technischer Aktienanalyst, nur weil Sie ein Buch über die technische Aktienanalyse lesen. Also lesen Sie lieber ein weiteres gutes Buch über die richtige Fondsauswahl.

Geldregel 4

Spezialisieren, konzentrieren Sie sich. Sie müssen nicht alle Geld-bereiche beherrschen. Sie müssen nicht jede Form der Geldanlage kennen. Konzentrieren Sie sich auf einige ausgewählte Anlagege-biete. Das aber richtig!

Kapitel 5
Lernen Sie von solchen Geldmenschen, deren Geldleben gut läuft!

Ein anderes Mal wurde Bamberger auf der Straße von einem wildfremden Mann angesprochen: »Rauchen Sie nicht so viel! Sparen Sie lieber. Dann könnten Sie sich auch mal eine Villa wie diese leisten.« Dabei zeigte er auf eine herrliche, stattliche Villa in der Nähe. Fragte Bamberger: »Gehört das Haus Ihnen?« – »Nein, wo denken Sie hin...« – »Sehen Sie, aber mir!«, sprach Bamberger und ging davon.

Frei nach Michael Schiff

Auch diese einfache Geldregel wird immer und immer wieder verletzt, vernachlässigt! Dabei lautet die entscheidende Botschaft, wie es K. Walter formuliert: »Nur von den Reichen kann man die Geheimnisse des Sparens und Reichwerdens lernen.« Vor einiger Zeit führten mein Institutsteam und ich eine Umfrage durch. Es war zwar keine repräsentative Erhebung, aber immerhin sprachen wir mit 250 Menschen über Geld. Unsere einzige Bitte war:

»Nennen Sie uns drei Personen, mit denen Sie sich bereits ausführlich über Geld unterhalten haben, von denen Sie wissen, dass diese Personen mit Geld richtig und meisterhaft umgehen, und sagen Sie uns, welches Verhalten, welche Geldhandlungen Sie von diesen Personen für sich übernommen haben!«

Von den 250 befragten Personen beantworteten lediglich zwei Personen diese Frage zur Zufriedenheit. Weitere drei Personen konnten zwei Menschen in ihrer Umgebung nennen, von denen sie sich den richtigen Umgang mit Geld abgeschaut haben. Und ganze sieben Personen waren in der Lage, zumindest eine Person zu nennen, deren richtigen Umgang mit Geld sie für sich selbst übernommen hatten. Insgesamt waren es also gerade einmal zwölf Personen oder fünf Prozent der 250 befragten Kandidaten, die sich mit Menschen unterhielten, deren Geldleben gut läuft. Häufig sagen die Leute dann Dinge wie: »Ich kenne aber niemanden, der ...« Hier gilt: Wenn

Sie bislang keine Menschen kennen, deren Geldleben so richtig gut läuft, dann liegt das womöglich daran, dass Sie sich mit diesem Gedanken, einen solchen Menschen finden zu wollen, noch nie richtig auseinander gesetzt haben. Denn je intensiver Sie sich darum kümmern, solche Menschen zu finden, desto leichter wird es.

Das Ganze ist keine Magie. Es ist nur das Gesetz der Anziehungskraft. Ihre Geldgedanken und Geldziele besitzen eine fast magnetische Anziehungskraft. Je intensiver und stärker Ihre Geldgedanken und Ihre Geldziele sind, desto eher werden Sie andere Menschen mit ähnlichen Gedanken und Zielen anziehen. Richard Bach schrieb einmal: Wir ziehen magnetisch das an, was uns am meisten beschäftigt.«

Ein vielen bekanntes Beispiel ist folgendes: Seit Jahren fahren Sie unfallfrei. Aber eines Tages kommt aus dem Nichts das Gefühl, heute würde man sich einen Kratzer ins Auto fahren. Obwohl Sie auf Grund dieses Gedankens umso mehr darauf achten, dass Sie an diesem Tag sehr vorsichtig sind, fahren Sie sich beim nächsten Einparken tatsächlich eine Schramme ins Auto. Jahrelang haben Sie gar nichts beim Einparken gedacht, sondern sind mit einem sicheren Gefühl in die Parklücke gefahren. Nichts passierte. Jetzt denken Sie einen Tag an einen Kratzer, fahren umso vorsichtiger, und schon passiert es. Die Erkenntnis ist nichts Neues, ich möchte sie der Vollständigkeit halber dennoch wiederholen: Wer zu sich sagt:»Ich will nicht arm sein«, sagt, weil unser Geist das Wörtchen »nicht« nicht kennt, im Grunde genommen:»Ich will arm sein.« Verstehen Sie das! Das klingt banal, wirkt jedoch im Alltag extrem.

Beschäftigen Sie sich mit dem, was Sie wollen. Kümmern Sie sich weniger darum, was Sie nicht wollen. Kümmern Sie sich darum, was Sie erreichen wollen. So einfach das klingt, so wirkungsvoll ist es. Wer sein Leben mit der »Ich-will-nicht-Einstellung« erfolgreich leben will, wird kläglich scheitern.

Stellen Sie sich einen Menschen vor, der ein Auto kaufen will, in verschiedene Autohäuser geht und stets nur sagt:»Ich will kein Fahrrad.« Dieser Mensch würde für verrückt erklärt. Dabei ist er nicht verrückt, er lebt nur mit der »Ich-will-nicht-Einstellung«. Ein solcher Mensch würde sogar auf Dauer verhungern. Denn schließlich würde er beim Einkaufen zu der Verkäuferin stets nur sagen: »Ich will keine Milch«,»Ich will keinen Kaffee«,»Ich will kein

Brot«. Das Leben funktioniert mit dieser »Ich-will-nicht-Einstellung« nicht. Ihr Geldleben funktioniert dann ebenso wenig. Sehen Sie sich, wenn Sie bislang zu häufig »Ich will nicht mehr arm sein. Ich will nicht so wenig verdienen« äußerten, einmal im Spiegel an, und sagen Sie dann zu sich:»Du bist verrückt! So funktioniert dieses Leben nicht. Auf diese Weise kriegst du dein Geldleben niemals in den Griff!«

Geldregel 5

Beschäftigen Sie sich in Gedanken intensiv mit Ihren Geldhandlungen. Machen Sie die Suche nach dem richtigen Umgang mit Geld, nach dem meisterhaften Umgang mit Geld zu einem intensiven inneren Anliegen. Stellen Sie sich Ihre Geldgedanken häufig wie einen großen Magneten vor. Gute Geldgedanken ziehen gute Ergebnisse an, schlechte Gedanken eben schlechte Ergebnisse. Nehmen Sie Abstand von jeglicher »Ich-will-nicht-Einstellung«. Vermeiden Sie diesen Zustand. Kümmern Sie sich vielmehr darum, was und wohin Sie wollen, was Sie erreichen wollen. Sorgen Sie sich darum, dass Sie Ihr Geldleben in Ordnung bringen wollen. Je intensiver diese Gedanken sind, desto mehr Leute werden Sie kennen lernen, deren Geldleben in Ordnung ist. Die richtig mit Geld umgehen und von denen Sie lernen können. Der richtige Umgang mit Geld ist keine Geheimwissenschaft. Der richtige Umgang mit Geld bedeutet lediglich, die richtigen Geldregeln zur richtigen Zeit anzuwenden.

Kapitel 6
Glaube an Berater, aber prüfe selbst deine Geldentscheidungen!

Warum nur predigen so viele Menschen, die Stroh im Kopf haben, davon, wie man angeblich Geld wie Heu machen kann.

K. Walter, amerikanischer Erfolgspsychologe

Die Geldkunden und Anleger strömten in Scharen herbei, um die Worte der Geldpropheten zu hören. Auch Abdu'l Al Moneta nahm an der Versammlung teil. Er wollte die Menschen studieren. Die Menschen lauschten gierig der Botschaft der Propheten. Ein Mensch hörte besonders genau zu. Begeistert nahm er jedes Wort seiner Geldpropheten auf. Er hing an ihren Lippen. Fleißig schrieb er alles mit, was er behalten und anwenden wollte. Jede Weisheit prägte er sich tief ein und nahm sich vor, ab sofort alles so zu machen, wie es ihm die Propheten rieten. Am Abend der Versammlung verabschiedete er sich von den Propheten und Geldgurus. Frohen Mutes machte er sich daran, das in die Tat umzusetzen, was man ihm gesagt hatte. So vergingen sieben Jahre und sieben Monate. Das nächste Seminar der von weither angereisten Geldgurus und Geldpropheten stand kurz bevor. Als unser Mensch als Vorbereitung auf diese Versammlung sein Geld zählte, stellte er fest, dass er eine große Summe Geld verloren hatte. Er lief zum Seminarort und schrie mit sich überschlagender Stimme:»O meine Geldpropheten. Vor genau sieben Jahren und sieben Monaten kam ich hierher, um künftig mein Geld zu mehren und ein reicher Mann zu werden. Ich habe sieben Jahre und sieben Monate getan, was ihr mir aufgetragen habt. Jetzt jedoch ist mein Geld verschwunden und weit und breit nicht zu sehen. Ich gehorchte euren Worten und vertraute eurem Wissen. Ich glaubte euch und bin nun ein armer Mann. Sagt mir, ihr Geldpropheten, ist das rechtens? Ist das der Dank dafür, dass ich euch vertraute?«

Da lächelten die Propheten gütig und sprachen:»Glaube an uns, aber halte dein Geld fest.« Auch Abdu'l Al Moneta lächelte. Er schrieb diese wahre Geschichte auf, um sie der Welt zu erhalten.

41

So wie Abdu'l Al Moneta ergeht es vielen, vielen Geldanlegern. Geldregel: Immer wieder hoffen die Leute darauf, eine Möglichkeit kennen zu lernen, wie sie mühelos Geld verdienen können. Gurus sind Gurus, weil die Leute sie dazu machen. Geldpropheten sind Geldpropheten, weil die Leute sie als solche sehen wollen. Der Wunsch ist häufig der Vater des Gedankens. Der Wunsch, endlich einmal einem Experten vertrauen zu dürfen, ist Vater des Gedankens:»Diesem Experten vertraue ich.« Sie dürfen ruhig an Geldexperten und Geldgurus glauben. Manche Geldexperten und Gurus haben einen hohen Unterhaltungswert. Aber Sie dürfen niemals nur deshalb Ihr Geld in die Tipps eines Gurus investieren.

Geldregel 6 – die Erste

Halten Sie Ihr Geld so lange fest, bis Sie sicher sind, dass Sie die richtige Entscheidung treffen. Dann erst entscheiden Sie. In Ordnung. Sie werden Fehler machen. Sie werden sogar den einen oder anderen teuren Geldfehler machen. Aber Sie werden auf diese Weise niemals Ihr ganzes Geld verlieren.

Verherrlichen Sie keine Gurus, Geld- oder Erfolgspropheten

Die letzten Jahre haben gezeigt: Schon so mancher, der sich selbst Guru, Experte oder gar als eine Art Prophet bezeichnete, ist plötzlich sang- und klanglos verschwunden. *Die Botschaft lautet:* Wenn es Leute gibt, die sich selbst und ihre Lehren offenbar für sehr weise halten, geben Sie nichts auf diese Menschen und deren Lehren. Wenn es Menschen gibt, die Ihnen den einen Weg zu Reichtum und Wohlstand zeigen wollen, geben Sie nichts auf diese Menschen und deren Gesetze. Reichtum und Wohlstand sind die Folge sehr individueller Geldentscheidungen. Der richtige Umgang mit Geld kann für zehn verschiedene Menschen das Anwenden derselben Regeln sein. Es kann jedoch ebenso sein, dass jeder dieser zehn Menschen anders handeln muss, um reich und wohlhabend zu werden. Diejenigen, die für alle gültigen Botschaften streuen, sind töricht. Was sich auf den ersten Blick oft als Fachwissen und Tiefsinn anhört, erweist sich in der Praxis häufig als Humbug und Unsinn. Lassen Sie sich nicht durch solche Gurus zu Geldentscheidungen verleiten. Lesen Sie im Kapitel »GeldverANTWORTung« nach, weshalb Sie selbst die jeweiligen Entscheidungen treffen müssen und wann Sie überhaupt entscheiden sollten. Es gibt zu viele Geldanleger, die sagen müssten:»Oh, ich bin ein armer Mann, weil ich die Regeln dieses und jenes Gurus gefolgt bin.« Eine wirklich dumme Erklärung, wenn Sie dadurch den falschen Umgang mit Geld pflegen.

Geldregel 6 – die Zweite

Es gibt keinen Grund, einzelne Menschen zu verherrlichen. Es gibt nicht den einen allwissenden Menschen, der ohne jeden Unterschied mit einer einzigen Methode die Menschen zu Reichtum und Wohlstand führt. Es gibt niemanden, der für sich behaupten kann, er wisse, wie die Geldwelt morgen und übermorgen garantiert aussehen wird. Es heißt: Solche Menschen und auch diejenigen, die solchen Menschen glauben, müssen erst töricht werden, um dann weise zu sein. Wer nur den viel versprechenden Lehren vermeintlicher Gurus folgt, wird auf Dauer feststellen, wie töricht das ist. Dann wird er vermutlich auch ein Stück ärmer, in jedem Fall jedoch ein erhebliches Stück weiser sein.

Kapitel 7
Wer Spannung und Aufregung braucht, sollte einen Krimi lesen

Es gibt Leute, die zahlen für Spannung, Aktion und Geldkitzel jeden Preis.

K. Walter, amerikanischer Erfolgspsychologe

Zwei Hirten hatten ihren Hof in unmittelbarer Nähe des Hauses von Abdu'l Al Monetas geliebten Eltern. Beide hatten eine große Familie mit vielen Kindern. Beide waren sparsame Menschen. Bis hierhin gab es keinen Unterschied. Abdu'l Al Moneta kannte beide Hirten, seit er ein kleiner Junge gewesen war. Im Lauf der Jahre, als er heranwuchs, bekam er mit, wie unterschiedlich beide Hirten trotz der vielen Ähnlichkeiten waren. Besonders unterschiedlich waren sie im Umgang mit Geld. Gewiss, beide sparten fleißig. Monat für Monat legte jeder von Ihnen ein Goldstück zur Seite. Aber was sie dann mit ihrem Geld taten, unterschied sich gewaltig. Während der erste Hirte – stets aufgeregt – versuchte, jedem Wink der fahrenden Händler nachzugehen, mal in Getreide zu spekulieren, mal in Wein, dann wieder mit Schweinen, blieb der zweite Hirte stets ruhig und investierte sein Geld in Unternehmungen von Freunden, welche er geprüft hatte und die ihm aussichtsreich erschienen. Immer und immer wieder versuchte der erste Hirte, ihn von den Vorteilen der wilden Spekulation zu überzeugen. Er sprach von hohen Gewinnen, und es stimmte sogar: Er konnte immer wieder viele Goldstücke als Gewinn präsentieren. Zumindest tat er so, als wäre es immer wieder ein neuer Gewinn. So verging Jahr um Jahr, Jahrzehnt um Jahrzehnt. Als Abdu'l Al Moneta alt genug war, um in ferne Länder zu reisen, verlor er beide Hirten aus den Augen. Eines Tages besuchte er auf der Durchreise seine alt gewordenen Eltern. Er beschloss, auch den beiden Hirten, die ebenfalls ein gesegnetes Alter erreicht hatten und deren Kinder bereits selbst Kinder hatten, die wiederum bereits Kinder hatten, einen Besuch abzustatten. Er wollte von beiden mehr über den richtigen Umgang mit Geld lernen. Jeder von beiden müsste über ein erhebliches Vermögen verfügen, rechnete Abdu'l Al Moneta nach.

Wenn er richtig gerechnet hatte, müssten beide über 45 Jahre jeden Monat ein Goldstück weggelegt haben. So in Gedanken versunken, stand er schon vor dem Haus des ersten Hirten. Er klopfte an. Der Hirte öffnete und strahlte über das ganze Gesicht, als er Abdu'l Al Moneta erkannte, den er als jungen Mann das letzte Mal gesehen hatte. Sie setzten sich und sprachen viele Stunden. Als es bereits dunkel geworden war und Abdu'l Al Moneta sich auf den Heimweg machen wollte, sprach er zum Hirten:»Sage mir: Du hast viele Jahre sorgsam gespart und dein Geld investiert. Ich möchte von deinen Geldgeheimnissen lernen. Ich möchte mehr über den richtigen Umgang mit Geld erfahren. Ich bitte dich, verrate mir erstens dein Vermögen, das du mit deinen Geldanlagen gemacht hast. Nenne mir dann zweitens einen Lehrsatz, den ich mir aufschreiben und zu Eigen machen möchte.« Der Hirte erwiderte:»Ich habe 45 Jahre jeden Monat ein Goldstück gespart, wie du sicherlich weißt. Ich habe mit Getreide, Wein und allen anderen Dingen spekuliert. Alles, was die Händler mir erzählten, versuchte ich zu nutzen. Ich besitze heute 3790 Goldstücke.« Dann schwieg er und schaute zu Boden.»Aber was ist dein Lehrsatz, den du mir mitgeben kannst und den ich den Menschen weitersagen soll?«, fragte Abdu'l Al Moneta. Da blickte der Hirte auf und erwiderte:»Je größer die Gier, desto kleiner der Gewinn, mein Sohn. Entscheidend ist nicht, was du gewinnst, entscheidend ist, was du verlierst! Geh nun!«

Abdu'l Al Moneta verabschiedete sich und ging. Er war ein wenig verwirrt. Schließlich hatte doch der erste Hirte jede Chance genutzt, sein Geld mit den viel versprechendsten Geldanlagen zu mehren. Er war gespannt, was ihm der zweite Hirte erzählen würde. In dieser Nacht schlief er sehr unruhig.

Am nächsten Tag besuchte er den zweiten Hirten. Auch dieser freute sich mit seiner Frau sehr über den Besuch Abdu'l Al Monetas. Wieder wurde viele Stunden gesprochen, was sich all die Jahrzehnte ereignet hatte. Als der Abschied bevorstand, sprach er zum Hirten:»Sage mir: Du hast viele Jahre sorgsam gespart und dein Geld investiert. Ich möchte von deinen Geldgeheimnissen lernen. Ich möchte mehr über den richtigen Umgang mit Geld lernen. Ich bitte dich, verrate mir erstens dein Vermögen, das du mit deinen Geldanlagen gemacht hast. Nenne mir dann zweitens einen Lehrsatz, den ich mir aufschreiben und zu Eigen machen möchte.« Der Hirte erwiderte:

»Ich habe 45 Jahre jeden Monat ein Goldstück gespart, wie du sicherlich weißt. Jahr für Jahr habe ich stets in solche Unternehmungen meiner Freunde investiert, von denen ich etwas verstand. Es war wirklich keine große Sache. Langsam wuchs mein Vermögen. Heute sind es immerhin 10 490 Goldstücke. Genug, um meinen Kindern, deren Kindern und auch wiederum deren Kindern ein kleines Vermögen zu hinterlassen.« Dann schwieg er und schaute zu Boden. *»Aber was ist dein Lehrsatz, den du mir mitgeben kannst und den ich den Menschen weitersagen soll?«,* fragte Abdu'l Al Moneta wie bereits beim ersten Hirten nach. Da blickte der Hirte auf und erwiderte: *»Je langweiliger, desto größer der Gewinn, mein Sohn. Entscheidend ist nicht, was du gewinnst, entscheidend ist, was du verlierst! Geh nun!«*

Abdu'l Al Moneta verabschiedete sich und ging.

Noch am gleichen Abend schrieb er auf, was er den Menschen erzählen wollte: *»Ein großes Vermögen erzielt«,* so lautete seine Botschaft, *»wer mit Langeweile investiert und Verluste meidet.«*

In der Praxis handeln die meisten Leute wie der erste Hirte. Sie laufen jeder Gelegenheit hinterher, glauben mal diesem, mal jenem Geldhändler. Keine Chance zur Spekulation lassen sie aus, und wenn in diesem Jahr Getreide gut lief und im nächsten Wein, dann kaufen sie im nächsten Getreide und im übernächsten Wein. Oder, auf heute übertragen: Wenn in diesem Jahr Fonds A gut läuft und am Jahresende stolze Gewinne präsentiert und im nächsten Jahr Fonds B der vermeintliche Superfonds ist, dann kaufen diese Leute im nächsten Jahr – nachdem sie erfahren haben, wie gut er war – Fonds A und im übernächsten Fonds B. Denn die meisten Leute verwechseln Geldanlage mit Spannung, Abenteuer oder sonst was. Die Leute wollen keine langweiligen Geldanlagen. Die Leute wollen keine Langeweile bei ihrer Geldanlage.

In meinen vielen persönlichen Sprechstunden erlebte ich viele Jahre immer wieder Folgendes: Zunächst präsentierten meine Kunden ihre finanzielle Situation. Die meisten wussten, dass sie ihren Umgang mit Geld dringend zu trainieren hatten. Viele wiesen ein völliges Chaos aus x Lebensversicherungen, privaten Rentenversicherungen, Banksparplänen, Fondssparplänen in konservative Fonds wie auch in Zockerfonds vor. Wir fingen dann an zu arbeiten. Gemeinsam wurden die realistischen Geldziele festgelegt, dann wurde geprüft, welche Geldanlage für welches Ziel sich am besten eignet und so weiter. Zum Ende des Gesprächs war das Chaos meistens beseitigt. Meine Besucher bedankten sich für die klaren Handlungsanweisungen, für die klaren Empfehlungen und Tipps für den künftigen, richtigen Umgang mit Geld.

Nun hatte ich es mir zur Aufgabe gemacht, nach einem Jahr einen Teil meiner Kunden anzurufen und zu fragen, wie es mit der Umsetzung der gemeinsam geplanten Geldschritte funktioniert. Die Hälfte dieser Leute hatte zwischenzeitlich erneut ein völliges Chaos verursacht. Wieder waren es teils mehr als ein Dutzend Investmentfonds, in die investiert wurde. Stets nach dem Motto:»Man kaufe jeden vermeintlichen Top-Fonds, der in irgendeiner Zeitschrift empfohlen wird.« Irgendwie widersprachen diese Handlungen eines Teils meiner Kunden dem, was sie gesagt hatten, als sie mich nach dem ersten Termin verließen. Irgendetwas musste in der Zwischenzeit passiert sein. Da ich herausfinden wollte, worum es ging und was die Ursache für bleibende Misserfolge des einen oder anderen Anlegers waren, fragte ich meine Kundinnen und Kunden, was der Grund für das erneute Chaos sei. Die in fast allen Fällen gleiche und für mich bis heute gültige Antwort überraschte mich: Die Leute wollten keine langweiligen Geldanlagen. Die Leute wollten Action. Das war immer so und das wird für einen Teil dieser Leute vermutlich immer so bleiben. Manche Leute wollen schlichtweg keine langweiligen Geldanlagen. Diese Leute verwechseln Geldanlage irgendwie mit einem Geldkrimi. Je mehr Helden (Gewinne) und je mehr Tote (Verluste), desto spannender.

Seitdem ich das weiß, sage ich, wenn mich jemand nach meinem Geldrat fragt:»Wollen Sie wirklich hören, was ich zu sagen habe? Ich verrate es Ihnen vorab: Mein Rat zum meisterhaften Umgang mit Geld ist langweilig, ist nichts Besonderes. Sie werden meinem Rat zunächst folgen, dann, einige Monate später, wird es Ihnen zu langweilig, und Sie werden wieder Ihre alten Geldhandlungen übernehmen. Sie werden dann wieder den Kick bei der Geldanlage suchen und damit beginnen, wieder zu verlieren. – Lassen Sie mich das so erklären: An Geld und erfolgreicher Geldanlage interessierte Menschen streben lieber zu einem vermeintlichen Geldguru, der verspricht, ihnen jedes Jahr den erfolgreichsten Fonds zu nennen. Die Leute hören nicht auf die wirklich guten Geldprofis, die ihnen empfehlen, mal einige Jahre ihr Geld auf zwei, drei Fonds aufzuteilen und einfach zu sparen. Sich um nichts mehr zu kümmern, sondern einfach nur sparen. Das wollen die Leute nicht hören. Die Botschaft, die Action, Spannung und Handlung verspricht, also die Botschaft der vermeintlichen Geldgurus, klingt nach mehr. Eben nicht so langweilig. In vielen Büchern, so auch in meinen Büchern *Systematisch Reich* und *Systematisch Reich mit Aktienfonds* können Sie nachlesen: Wer jedes Jahr auf den vermeintlich besten Fonds des Vorjahres setzt, macht unterm Strich weniger Gewinn als derjenige, der längerfristig auf gute Fonds setzt. Also auf Fonds, die zwar möglicherweise hin und wieder, aber in jedem Fall nicht immer die Nr. 1 des letzten Jahres sind.

Lösen wir auch hier die Geschichte von Abdu'l Al Moneta auf. Der erste Hirte gewann manchmal viel und verlor dafür bei schlechten Geldgeschäften auch eine Menge Geld. Er investierte Zeit, ärgerte, aber freute sich auch mehr bei Verlusten oder Gewinnen. Sein Vermögen belief sich später auf 3790 Goldstücke. Das entsprach einem Zins von sieben Prozent. Mal waren es also plus 20 Prozent in einem Jahr, mal waren es minus 15 Prozent in einem anderen Jahr, mal plus 11 Prozent, mal minus acht Prozent. Im Durchschnitt waren es am Ende sieben Prozent. Der zweite Hirte jedoch, der 10 490 Goldstücke besaß, hatte jedes Jahr durchschnittlich zehn Prozent Gewinn gemacht. Seine Gewinne in einem Jahr lagen nur sehr, sehr selten bei mehr als 15 Prozent, seine Verluste dagegen waren jedoch ebenso selten.

Langweilige Geldanlagen können sehr, sehr gut sein!

Besetzen Sie künftig das Wort Langeweile nicht mehr so negativ. LANGE-WEILE bedeutet nichts anderes, als eine lange Weile, also eine lange Dauer nichts tun, eine Sache einfach laufen lassen. Treffen Sie sorgfältig Geldentscheidungen. Dann handeln Sie und bleiben einer Entscheidung einige Zeit treu. Kein noch so gutes Geldbuch, kein noch so guter Geldprofi kann Ihnen zu einem Vermögen, zu Wohlstand verhelfen, wenn Sie letztlich – Hand aufs Herz – nur zocken wollen und den Nervenkitzel suchen.

Viele erfolgreiche Geldanleger, die ich im Laufe meines Lebens traf, investierten sehr, sehr langweilig. Diese Menschen besaßen oft ein Haus, aus steuerlichen Gründen eine Kapital bildende Lebensversicherung, zwei, drei Fondssparpläne, einige Aktien aus Spaß am Spekulieren und ein bisschen Bargeld. Das war alles! Und diese Menschen wurden zum Teil sehr, sehr reich! *Die entscheidende Botschaft lautet:* Der meisterhafte Umgang mit Geld ist sehr einfach. Es gibt keine geheimnisvollen Geldregeln. Sorgen Sie dafür, dass Sie Ihre Gelddinge in Ordnung bringen. Dann entscheiden Sie – gegebenenfalls mit Hilfe Dritter –, welche Geldanlagen für Sie sinnvoll sind. Dann entscheiden Sie und sparen.

Geldregel 7

Geld ist nicht dazu da, um Sie glücklich zu machen, um Spannung und Action in Ihr Leben zu bringen. Wer das denkt, rechnet Geld eine Funktion zu, die es niemals wahrnehmen kann. Sie werden stets enttäuscht sein. Ebenso wenig ist Geld dazu da, Ihnen Spannung und Aufregung zu bieten. Wenn Sie das wollen, nehmen Sie einen eher kleinen Teil Ihres Geldes, und investieren Sie an der Börse. Den restlichen Teil Ihres Geldes, Ihres Vermögens sollten Sie ruhig »langweilig«, also eine LANGE WEILE, auf lange Sicht anlegen. Von diesem Teil Ihres Geldes, Ihres Vermögens sollten Sie nicht mehr erwarten. Vor allem hat dieser Teil Ihres Geldes nicht die Aufgabe, Ihnen Spannung und Aufregung zu bringen.

Kapitel 8
Micro-Actions: Machen Sie den ersten Schritt

Ergreife immer die Gelegenheit. Das ist das Geheimnis des Erfolgs.

Kurt Höllriegl

Wieso werden Geldbücher zu hunderttausenden gekauft, Geldseminare zu tausenden besucht, und trotzdem gelingt es nur wenigen Menschen, systematisch reich und frei zu werden? Die Antwort lautet: Die meisten Menschen wünschen sich Veränderung, tun jedoch nie den ersten Schritt. Das sind die typischen Geldgänse, um in der Sprache des Märchens von Kierkegaard zu sprechen. Genau das ist jedoch entscheidend: der erste Schritt. Jede erfolgreiche Reise beginnt mit diesem ersten Schritt. Wer ernsthaft den richtigen Umgang mit Geld erlernen will, muss etwas tun, muss immer besser und besser werden. Es spielt keine Rolle, ob jemand Anfänger, Fortgeschrittener oder bereits Geldprofi ist. Ein Anfänger findet in jedem Fall genug erste Schritte, die er gehen kann. Ebenso findet jeder Fortgeschrittene weitere Wissensgebiete und jeder Geldprofi noch ein zusätzliches Spezialgebiet.

Lassen Sie mich das Geheimnis des ersten Schritts, das Geheimnis der so genannten Micro-Actions, am Beispiel eines Geldanfängers beschreiben. Er möchte bereits seit Jahren den richtigen Umgang mit Geld lernen. Aber nichts passiert. Er denkt zwar und sagt hin und wieder Dinge wie:»Von Geld würde ich auch mal gern mehr verstehen«, oder:»Oh, wie gern würde ich den richtigen Umgang mit meinem Geld erlernen«, doch er tut nichts. So vergeht ein wertvolles Jahr nach dem anderen. Was kann ein solcher Mensch stattdessen tun? Was können Sie stattdessen tun, wenn Sie die Person sind, die den richtigen Umgang mit Geld erlernen will?

Notieren Sie zunächst einmal einige Punkte, die Ihnen spontan einfallen. Dann lesen Sie bitte weiter. Ich habe Ihnen zwei Beispiele bereits in die Liste geschrieben. Ergänzen Sie also diese Liste um weitere acht Handlungen. Versuchen Sie in jedem Fall, die Liste vollständig auszufüllen.

Dinge, die ich tun kann, um den richtigen Umgang mit Geld zu erlernen:

1. _____
2. _____
3. Ein Geldseminar besuchen _____
4. _____
5. _____
6. _____
7. _____
8. Ein Geldgespräch mit einem Profi führen _____
9. _____
10. _____

Vielleicht kontrollieren Sie noch einmal Ihre Eintragungen. Haben Sie acht weitere Handlungen eingetragen? Dann lesen Sie weiter. Im Folgenden nenne ich Ihnen einige Beispiele möglicher Geldhandlungen. Diese Beispiele stimmen womöglich mit Ihren Ausführungen überein. Andere Geldhandlungen scheinen Ihnen zusätzlich sinnvoll, andere womöglich überflüssig. Wie auch immer, lesen Sie nun einmal in Ruhe die folgenden Stichpunkte:

- Kontoauszüge sofort abheften
- Kontoauszüge kontrollieren
- Wareneinkaufszettel notieren
- Jeden Tag den Wirtschaftsteil der Tageszeitung lesen
- Den Kreditvertrag einmal von Anfang bis Ende lesen, den ich zuletzt unterschrieben habe
- Einen Haushaltsplan aufstellen
- Einen Monat lang Buch über meine Einnahmen und Ausgaben führen
- Eine Woche lang Buch über meine Einnahmen und Ausgaben führen
- Meine Versicherungen ordnen
- Jede meiner Versicherungen mit Angeboten bekannter, preisgünstiger Versicherungen vergleichen

- Den Erfolg meiner Fondssparpläne vergleichen
- Jeden Samstag *n-tv Geld* schauen und dann meinem Partner wiedergeben, was ich behalten habe
- Mir einmal im Monat eine Finanzzeitschrift kaufen und mindestens zehn Seiten so lesen, dass ich sagen kann, was dort geschrieben stand
- Bei meinen Finanzberatern nur noch dann »Ja« sagen und etwas unterzeichnen, wenn ich alles, wirklich alles verstanden habe.

Die Botschaft lautet: Es gibt für jeden und jede Situation, für Anfänger, Fortgeschrittene und Profis genug Geldhandlungen, die durchgeführt werden können. Insbesondere gibt es genug kleine, ja kleinste Handlungen, die es zu erledigen gilt. Vorausgesetzt, jemand strebt tatsächlich nach finanziellem Reichtum und Wohlstand. Wählen Sie sich derartige Micro-Actions aus, und legen Sie los. Der Vollständigkeit halber möchte ich dabei erwähnen, dass »Micro-Action« eigentlich bedeuten würde, jede der Handlungen nochmals in einzelne Handlungsschritte zu unterteilen, dann mit einem ersten Handlungsschritt zu beginnen, überzugehen auf den zweiten Handlungsschritt und so weiter.

Beispiel: Statt als Anfänger jeden Tag den ganzen Wirtschaftsteil der Tageszeitung zu lesen, nehmen Sie sich die Rubrik vor, die Sie am meisten interessiert. Lesen Sie also nicht jeden Tag den ganzen Wirtschaftsteil. Lesen Sie jeden Tag nur diese eine Rubrik. So fremd es zunächst für Ihre Anfängerohren klingen mag, was Sie lesen, so vertraut wird es Ihnen nach einigen Tagen sein. Das ist ein erfolgreich durchgeführter erster Schritt.

Geldregel 8

Beginnen Sie mit kleinen Schritten. Ändern Sie Ihr Geldverhalten in kleinen Schritten. Nehmen Sie sich einen Schritt vor. Dann handeln Sie. Es ist um ein Vielfaches schwerer, diszipliniert einen Geldschritt nach dem anderen, eine Geld-Micro-Action nach der anderen zu vollführen, als einfach mal so ein Geldseminar zu besuchen. Wenn Sie so nach der Methode der Micro-Actions vorgehen, werden Sie innerhalb kürzester Zeit mehr über den richtigen Umgang mit Geld wis-

sen und verstehen, als nach jedem noch so guten Seminar. Optimal ist: Sie erarbeiten sich selbst über Micro-Actions das notwendige Basis-Know-how zu. Dann nehmen Sie an einem Seminar eines qualifizierten Referenten teil.

Kapitel 9
An Beratung sparen bedeutet,
am falschen Ende zu sparen

Auch was nichts kostet, hat seinen Preis.
Auch wer nicht für Leistung bezahlt, bezahlt einen Preis.
Es ist ein Irrtum zu glauben, jemand würde irgendjemand umsonst beraten.
K. Walter, amerikanischer Erfolgspsychologe

Eine »Micro-Action« kann und sollte – abhängig von Ihrem Kenntnisstand – sogar sein, dass Sie sich einfach mal einen guten Berater suchen, dass Sie schlichtweg ein Beratungsgespräch mit einem Experten vereinbaren. Immer wieder erlebe ich bei dieser Suche nach einem Berater seit Jahren, wie die Leute bereits hier einen entscheidenden Geldfehler machen. Die Leute wünschen gemeinhin bestmögliche Geldinformationen, wollen jedoch in zahlreichen Fällen nichts für die Beratung zahlen. Das ist erstens unklug, zweitens kurzfristig und drittens selten von Erfolg gekrönt.

Besonders spannend dabei ist: Es sind keineswegs nur arme oder zumindest ärmere Menschen oder Familien, die Geld bei der Geldberatung sparen wollen. Oftmals sind es Leute – gleich ob männlich oder weiblich – die selbst im Berufsleben ein sattes Stundenhonorar bei ihrer Tätigkeit erzielen, dann jedoch einem Finanzberater nichts dafür bezahlen wollen, dass er sie berät. Diese Leute, die an der Beratung Geld sparen wollen, sagen dann Dinge wie: »Oh, der kann mir das doch mal kurz sagen«, »Der weiß doch ohnehin Bescheid, dann kann er mir das mal sagen« oder: »Ich will doch nur eine schnelle Antwort, welchen Fonds ich kaufen soll. Dafür ein hohes Honorar in Rechnung zu stellen ist doch wirklich unverschämt.« Das sagen die Leute – und irren sich gewaltig. Hierzu erzählt der amerikanische Erfolgspsychologe K. Walter eine spannende Geschichte:

Picasso malte einmal ein Bild auf einer öffentlichen Versteigerung. Er malte etwa zwanzig Minuten. Dann wurde das Bild versteigert. Der dritte Bieter kam zum Zug. Das Gemälde brachte Picasso 1,8 Mil-

lionen Dollar. Picasso nahm den Scheck, gab das Bild an den Käufer und verließ den Raum. Eine Journalistin lief ihm eilig hinterher und rief:»Herr Picasso, Herr Picasso. Darf ich Sie etwas fragen?« –
»Selbstverständlich, junge Frau«, erwiderte Picasso, der stehengeblieben war.»Finden Sie nicht auch, dass es unverschämt viel Geld ist? 1,8 Millionen Dollar für zwanzig Minuten Arbeit?« Picasso lächelte und sprach:»Mein liebes Kind. Du irrst leider gewaltig. Es waren keine zwanzig Minuten Arbeit. Das Bild ist das Ergebnis von 30 Jahren und zwanzig Minuten Arbeit!« Sprach es, verabschiedete sich und ging davon.

Verstehen Sie diese Botschaft? Wer reich werden will, tut gut daran, erfolgreiche Berater mit vielen Jahren Erfahrung zu finden. Auch wenn diese Berater für wenige Worte, vielleicht nur für eine klare Empfehlung viel, viel Geld verlangen. Wer seine Geldinformationen stets nur gratis haben will, zahlt am Ende drauf. Prägen Sie sich diesen Satz gut ein: **Jede Sache hat ihren Preis!**

Wenn Sie offiziell nichts zahlen müssen, wenn ein Berater stets nur sagt:»Sie zahlen bei mir kein Geld für diese Beratung«, dann lügt er. Jede Beratung hat ihren Preis. Auch die kostenlose Beratung. Faire »kostenlose« Berater sagen Ihnen Dinge wie:»Ich werde über die Provision bezahlt.« Aber kein seriöser Berater wird jemals behaupten, er oder sie koste kein Geld. Und noch eines ist wichtig: Nichts kostet ohnehin nur eine Leistung, die nichts wert ist. Wer nichts bezahlt, bekommt im Zweifel weitaus weniger, als er an Leistung erwartet hat. Auf den Geldbereich übertragen, kann das bedeuten: Wer für eine Beraterleistung nichts bezahlen will, bekommt beispielsweise von einem vermeintlich »kostenlosen« Berater einen Fonds angedreht, der sich beim genaueren Hinsehen als ein schlechter Fonds erweist. Um den Nachteil eines solchen wenig ertragreichen Fonds wieder wettzumachen, muss derjenige mehr sparen, als jemand, der von Anfang an auf einen Top-Fonds setzt. Um diesen Top-Fonds zu finden, musste die zweite Person zwar irgendeinem qualifizierten Berater ein hohes Honorar zahlen. Unterm Strich jedoch kommt mehr dabei heraus als bei der kostenlosen Beratung. Dazu ein Beispiel mit Zahlen: Karl Überlegt und Willi Geizig haben beide jeweils 10 000 Euro zur Einmalanlage zur Verfügung und wollen zusätzlich jeden Monat 200 Euro in einen Fonds investieren. Karl

Überlegt weiß: Gute Beratung kostet gutes Geld. Also wendet er sich an einen Berater, der ihn gegen ein Honorar von 500 Euro je Stunde berät. Die Beratung dauert insgesamt drei Stunden. Das Ergebnis: Fonds A ist der geeignete Fonds für ihn. Insgesamt bekommt Karl Überlegt also eine Rechnung in Höhe von 1500 Euro. Willi Geizig dagegen sieht es überhaupt nicht ein, dass ein Berater Geld kostet. Er selbst verdient zwar sehr gut, doch für einen Finanzberater Geld zu zahlen, sieht er nicht ein. Er will möglichst keinen Ausgabeaufschlag zahlen, und ein Honorar kommt ohnehin nicht in Frage. Stattdessen macht sich Willi Geizig selber schlau und wählt Fonds B. Im Folgenden wird unterstellt, dass Fonds A jährlich einen durchschnittlichen Zins von umgerechnet 10 Prozent effektiv erzielt, Fonds B dagegen kommt auf lediglich 8,8 Prozent effektiven Zins. Die Ergebnisse im Einzelnen siehe folgende Seite:

Einmalanlage: 10 000 Euro

Jahr	Karl Überlegt eff. 10 %	Willi Geizig eff. 8,8 %	Differenz	Barwert
5	16 105	15 246	860	741
10	25 937	23 243	2695	2005
15	41 772	35 435	6337	4068
20	67 275	54 023	13 232	7337
25	108 347	82 361	25 986	12 411
30	174 494	125 565	48 930	20 258
35	281 024	191 431	89 594	31 840
40	452 593	291 847	160 745	49 278

© Bernd W. Klöckner, www.berndwkloeckner.de

Sparplan: 200 Euro monatlich

Jahr	Karl Überlegt eff. 10 %	Willi Geizig eff. 8,8 %	Differenz	Barwert
5	15 312	14 847	438	378
10	39 973	37 551	2421	1802
15	79 689	72 124	7565	4856
20	143 652	124 831	18 821	10 421
25	246 665	205 187	41 478	19 810
30	412 569	327 694	89 874	34 967
35	679 758	514 464	165 294	58 743
40	1 110 070	799 206	310 864	95 297

© Bernd W. Klöckner, www.berndwkloeckner.de

Das bedeutet: Wer zu geizig ist und immer nur sparen will, macht schnell ein weitaus schlechteres Geschäft als derjenige, der bereit ist, für eine gute Leistung Geld zu bezahlen. Nichts kostet eine Leistung nur dann, wenn sie das wert ist, was sie kostet: eben nichts. Und wer nichts für nichts bekommt, also im Fall Geld seine Geldziele nicht so erreicht wie geplant, spart kein Geld, sondern legt unterm Strich drauf! *Die alles entscheidende Botschaft lautet:* Sparen Sie nicht am falschen Ende! Sparen Sie nicht beim Honorar für qualifizierte, gute Berater, sondern betrachten Sie solche Zahlungen als Inflation, als Auslage. Sie bekommen durch eine qualifizierte Beratung meistens weit mehr zurück, als die Beratung kostet. Diesen geldwerten Vorteil können Sie auf heute abzinsen. Das ist der so genannte Barwert. Also in unserem Fall der Wert, den Karl Überlegt auf Grund einer Entscheidung für einen qualifizierten Berater heute mehr in der Tasche hat. Anders ausgedrückt: Karl Überlegt hat Geld verdient, indem er einen auf den ersten Blick vermeintlich teuren Berater gewählt hat. Auch wenn er – streng genommen – das Geld ja erst in x Jahren bekommt.

Das Problem bei allem ist eigentlich nur eines: Wie findet man einen guten Berater? Welche Berater sind überhaupt empfehlenswert und welche eher nicht? Schließlich gibt es Vermögensberater, Versicherungsagenten, Anlageberater, geprüfte Finanzberater, Fachwirte für Finanzberatung, Fachberater für Finanzdienstleistung und ähnlich klingende Titel. Hier lediglich den Rat zu geben, sich an einen unabhängigen Berater zu wenden, genügt nicht. Denn ein unabhängiger Berater mit großem Verkaufstalent, aber mickrigen Fachkenntnissen, kann Ihrem Geld weitaus gefährlicher werden als ein abhängiger Berater, also ein Berater, der im Zweifel nur Produkte einer Gesellschaft verkaufen kann, der erstklassig ausgebildet ist und über langjährige Branchenerfahrung verfügt. Mein persönlicher Rat lautet: Finden Sie erstens Finanz*berater*. Meiden Sie Finanz*rater*. Dann suchen Sie zweitens gegebenenfalls einen weiteren solchen Berater auf und vergleichen die Beratungsergebnisse. Das kostet Sie im Zweifel doppeltes Honorar. Haben Sie ein gutes Gefühl, bleiben Sie sofort beim ersten Berater und sparen Sie die doppelten Kosten. Finanzberater finden Sie, indem Sie darauf achten, ob Ihr Gegenüber rechnen kann. Wer in Finanzen beraten und Kunden sagen will, was diese mit Ihrem Geld machen sollen, sollte schließlich rechnen können. Wer zum Zahnarzt geht, darf ja ebenso davon ausgehen, dass dieser nicht sagt: »Oh, von Zähnen habe ich zwar keine Ahnung, aber legen Sie sich schon einmal hin. Ich bohre mal ein wenig so rum.«

Also nochmals: Finanzberater, die keine Finanzrater sein wollen, müssen rechnen können, müssen locker, leicht und spielerisch rechnen können. Das ist das erste und wichtigste Kriterium. Wie wichtig das im Übrigen ist, bewies ein Test der Redaktion *Frontal 21* (ZDF). Auf einfachste Fragen wie: »Ich würde gerne in 24 Jahren 300 000 Euro bei 8 Prozent effektiv ansparen. Wie hoch ist die monatliche Sparrate?«, wussten nur die wenigsten befragten Berater eine Antwort. Oder es kam zu unsinnigen Antworten wie: »So herum kann der PC das nicht rechnen. Sie können mir eine Rate sagen, und ich sage Ihnen, was rauskommt. Aber die Rate kann ich Ihnen mit dieser Vorgabe nicht ausrechnen!«

Um zu prüfen, ob ein Finanzberater rechnen kann, also sein Handwerk beherrscht, stellen Sie ihm Fragen wie: »Ich würde gern 300 000 Euro in 23,5 Jahren bei 8 Prozent effektiv ansparen. Wie hoch ist die monatliche Rate, wenn ich gleichzeitig mit der ersten Monatsrate 10 000 Euro als Einmalanlage anlege?«

Übernehmen Sie diese Testaufgabe. Die Lösung lautet im Übrigen: rund 300 Euro monatlich. Sie werden große Überraschungen, Hilflosigkeit der Finanzrater und hin und wieder einen qualifizierten Finanzberater erleben. Dieser Berater oder diese Beraterin kommt dann in die engere Wahl. Variieren Sie gegebenenfalls die Zahlen dieser Testaufgabe. Ich nenne Ihnen zu den von Ihnen individuell ausgedachten Zahlen die richtige Antwort, wenn Sie mir eine Mail senden. Im Gegenzug schildern Sie mir die Reaktion Ihres Beraters. Wie auch immer ein Berater sich nennen mag: Machen Sie diesen Beratertest! Besteht ein Berater diesen Test, müssen Sie nun Folgendes über die diversen Beratertypen wissen.

Berater, die »abhängig« beraten

Bankberater, Versicherungsagenten, so genannte Ausschließlichkeitsvertreter und Generalagenten. Oftmals schimpfen Medien oder Institutionen über solche abhängigen Berater. Es heißt dann, ein solcher Berater denke nur an seine Provision, könne einen nicht auf die günstigen Produkte anderer Gesellschaften aufmerksam machen und so weiter. Das ist selbstverständlich richtig. So wie der Shell-Tankstellenbetreiber nicht den billigeren Treibstoff der freien Tankstelle um die Ecke verkauft, so darf ein an eine Gesellschaft gebundener Berater eben nicht die Produkte anderer, möglicherweise günstigerer Gesellschaften verkaufen.

Hier jedoch pauschal solche gebundenen Berater als schlechter einzustufen als unabhängige Berater wäre schlichtweg falsch. Ich selbst habe im Lauf der Jahre viele gebundene Versicherungsagenten kennen gelernt, die fantastisch beraten. Sie machen einen weitaus besseren Job als so manche vermeintlich unabhängigen Experten, die vor lauter Unabhängigkeit und einem Bauchladen an Finanzprodukten überhaupt keine Einzelheiten mehr wissen. Was im Einzelfall fatale Folgen haben kann. Das gilt besonders für den Abschluss von Sachversicherungen. Etwas anderes kann es beim Abschluss einer Risikolebensversicherung oder der Anlage in einen Investmentfonds sein. Also immer dann, wenn es erstens um eine klar definierte Leistung und zweitens um eher lange Laufzeiten und größere Beträge geht. Nehmen wir das Beispiel einer Risikolebensversicherung. Hier ist die Qualität der Leistung – gezahlt wird eben bei Tod des Versicherungsnehmers – bei allen Gesellschaften gleich. Wer nun mit zum Beispiel 35 Jahren eine solche Risikolebensversicherung zur Absicherung der Familie über 300 000 Euro Versicherungssumme abschließen will, sollte sich jetzt in jedem Fall unabhängig erkundigen. Denn ein Vergleich über www.fss-online.de oder andere, qualifizierte Internet-Vergleichsanbieter zeigt: Der Unterschied zwischen dem günstigsten und teuersten Versicherer sind immerhin über 100 Euro im Jahr, bei absolut identischer Leistung. Gezahlt wird im Todesfall. Wer jetzt nur deswegen das teure Angebot abschließt, weil er den betreffenden Versicherungsagenten seit 20 Jahren kennt, verliert nicht nur etliche Euro pro Monat, sondern, würde er diese Differenz über die gesamte Laufzeit anlegen, beträchtliche Summen. Das Gleiche gilt für Bankberater.

Berater, die neutral beraten

Wer in jedem Fall Wert auf eine unabhängige, neutrale Beratung legt, sollte sich mit den folgenden vier Möglichkeiten der Beratung auseinander setzen.

Verbraucherzentralen
Viele Verbraucherzentralen arbeiten mit Beratungspauschalen. Kunden erhalten konkrete Empfehlungen. Bei Problemen wird geholfen. Die Kosten sind unterschiedlich hoch. Je nach Beratungsgegenstand können es bis zu 100 Euro oder auch einmal mehr sein. Interessenten finden die nächste Verbraucherzentrale am besten übers Internet unter www.vzbv.de

Honorarberater
Solche Honorarberater nehmen, wenn sie es ernst meinen, nur ein festes Honorar pro Stunde oder pro Tag. Für Kunden bedeutet das: Diese Berater haben keinerlei Interesse an provisionslastigen Geldprodukten. Es ist völlig gleich, wie hoch oder niedrig eine in einem Finanzprodukt eingerechnete Provision ist oder ob überhaupt keine Provision kalkuliert wurde. Der Honorarberater ist schließlich über das feste Honorar bezahlt. Die Kosten liegen im Durchschnitt bei 100 bis 200 Euro. Es gibt auch sehr versierte Berater, die bis zu 1000 Euro pro Stunde und mehr nehmen. Wer jetzt denkt:»Oh, das ist aber viel Geld. Das würde ich nie für eine Beratung zahlen«, denkt falsch. Interessant ist nur, was ein Honorarberater Ihnen an Gegenleistung bringt.

Ein Beispiel: Ein Kunde wendet sich in einer Finanzberatung an zwei Berater. Berater A verlangt 200 Euro die Stunde, Beraterin B 1300 Euro je Stunde. Gehen wir davon aus, beide Berater würden bezahlt und berechnen eine Finanzierungskonzeption. Die teure Beraterin kommt zu einem Vorschlag, mit dem der Kunde gegenüber dem Vorschlag des Beraters A verbindlich und sicher rund 43 000 Euro in den kommenden 20 Jahren einspart. Der Grund: Beraterin B hat einfach die bessere Fachkenntnis und das bessere Konzept. Das Honorar beträgt für vier Stunden à 200 Euro 800 Euro bei Berater A, für vier Stunden à 1300 Euro 5200 Euro bei Beraterin B. Welcher Berater war nun wirklich teuer? Die Antwort: Berater A war teurer, sogar erheblich teurer als Beraterin B. Diese bringt dem Kunden unterm Strich immerhin ein Plus von 43 000 Euro über die Jahre. Was ich damit erneut sagen will, ist: Sparen Sie nicht am falschen Ende. Finden Sie vielmehr die besten Berater. Denen sollten Sie mit Freude Ihr gutes Honorar – oder bei abhängigen Beratern – die hohe Provision gönnen. Wirklich qualifizierte Berater kosten Sie kein Geld. Diese Leute bringen Ihnen einen Ertrag! Wer sich für einen Honorarberater interessiert, wende sich beispielsweise an den Verband Analysten für Investments und Finanzplanung (AIFP) in Bad Homburg. Telefon: 0 61 72/92 00 40

Gerichtlich zugelassene Versicherungsberater
Wer sich »gerichtlich zugelassener Versicherungsberater« nennen darf, verfügt garantiert über eine langjährige Berufspraxis und hat außerdem zahlreiche Prüfungen bestanden, bis er sich so nennen durfte. Versicherungsberater sind also in jedem Fall eine erstklassige und unabhängige Beratungsquelle. Diese Berater erhalten ein festes Honorar, kassieren keine Provisionen und sind sehr umfassend informiert. Die Beratungskosten liegen im Schnitt ebenfalls bei 100 bis 200 Euro pro Stunde. Versicherungsberater finden Sie am besten übers Internet unter www.bvvb.de, oder Sie wählen 02 21/9 21 17 36.

Versierte Versicherungsmakler
Die erste und entscheidende Frage lautet: Was ist ein versierter Versicherungsmakler? Wie finden Verbraucher heraus, ob ein Versicherungsmakler ein Profi ist oder ein Greenhorn? Das Problem: »Versicherungsmakler« ist keine geschützte Bezeichnung. Versicherungsmakler sind Auge und Ohr des Kunden, haben nach dem Grundsatz des »best advice« zu beraten. Oftmals sind es jedoch halbwegs verkrachte Existenzen, Leute, die als Ausschließlichkeitsagent keinen Fuß auf die Erde bekamen, und nun hoffen, unter dem Siegel der vermeintlichen Unabhängigkeit wäre es leichter, Kunden zu aquirieren. Wer sichergehen will, wendet sich an den Verband Deutscher Versicherungsmakler, zu finden übers Internet unter www.vdvm.de oder telefonisch erreichbar unter 0 40/36 98 20-0.

Weitere wichtige Kontaktadressen
Unabhängige Fondsberatung gibt es bei Mitgliedern des Bundesverbands der deutschen Investmentberater, www.bvdi.de

Unabhängige und qualifizierte Baufinanzierung gibt es beim Bundesverband Finanz-Planer e. V., dem Verband der unabhängigen Finanzexperten (BFP; ehemals: Bundesverband Bau-Finanz-Berater e. v.)
www.bundesverband-finanz-planer.de

Tipp: Achten Sie in jedem Fall bei allen Formen von freien Beratern darauf, dass Ihr Berater eine Vermögensschadenshaftpflicht-Versicherung abgeschlossen hat. Die Versicherungssumme sollte bei einigen Millionen Euro liegen. Diese Versicherung ist ein kleiner Rettungsanker, wenn Ihr unabhängiger Berater nachweislich falsch berät. Lassen Sie sich die Police zeigen und eine Kopie der Police mitgeben. Selbst dann, wenn Sie es mit einem Freund zu tun haben, gehen Sie so vor.

Geldregel 9

Es gibt sehr beratungsintensive und im Preis sehr deutlich unterschiedliche Produkte wie beispielsweise die private Krankenversicherung oder eine private Berufsunfähigkeitsversicherung. Wer jetzt lediglich den Preis vergleicht und den preisgünstigsten Anbieter wählt, trifft im Zweifel eine denkbar schlechte Entscheidung. Bei vielen Produkten ist es also gut, auf einen erfahrenen Spezialisten zu vertrauen. Zunächst völlig unabhängig davon, ob dieser unabhängig oder abhängig berät. Es gibt einfache Versicherungsprodukte bei identischer Leistung wie die Risikolebensversicherung. Wer jetzt nicht den Preis vergleicht, trifft ebenso eine denkbar schlechte Entscheidung. Ich möchte Ihnen verraten, wie ich selbst vorgehe: Viele Versicherungen habe ich bei einem »abhängigen« Berater abgeschlossen. Dieser Berater verfügt über 30 Jahre Berufserfahrung. Schon bei so manchem kleinen Schadensfall, der bei Kindern in der Familie nicht ausbleibt, konnte er mit Rat und Tat aushelfen. Er ist mit seinen Tarifen nicht der günstigste Anbieter. Dafür ist er stets zur Stelle, wenn wir ihn brauchen, regelt manche Dinge sehr unbürokratisch, nimmt uns einiges an Schriftverkehr ab und so weiter. Er ersparte uns so schon eine Menge Zeit und Ärger. Ich habe jedoch offen mit diesem Berater darüber gesprochen, dass ich keine Risikolebensversicherung über ihn abschließe, wenn sein Preis sehr über den günstigsten Angeboten anderer Gesellschaften liegt. Es mag sein, dass meine Familie und ich im Jahr noch einmal einige wenige hundert Euro an Versicherungsprämien bei Versicherungen über einen Makler sparen könnten. Das ist es uns aber nicht wert, die langjährige Geschäftsbeziehung zu unserem Versicherungsagenten abzubrechen.

Damit bin ich bei meinem wichtigen Punkt dieser persönlichen Empfehlung: Betrachten Sie Ihre Beziehung zu Ihrem Finanzberater, zu Ihrem Versicherungsagenten als ein Geschäft. Ihre Aufgabe lautet: Machen Sie ein gutes Geschäft! Die Aufgabe lautet nicht: Kaufen Sie nur beim günstigsten Anbieter ein. Denn im Zweifel ist das unterm Strich ein schlechtes Geschäft! Nochmals: Lassen Sie Emotionen wie:»Ich mag meinen Berater aber so gerne«, oder:»Oh, ich finde meine Beraterin aber sooo nett«, außen vor. Fragen Sie sich, ob Ihr Berater ein guter Geschäftspartner ist (Preis, Service, Entgegenkommen oder was auch immer) oder ein schlechter. Wählen Sie einen guten Berater. Gleich, welchem Unternehmen er angehört.

Kapitel 10
Checkliste zum Finanzberatertest

Mit den folgenden Testfragen zum Berechnen können Sie testen, welchen Typ Finanzberater Sie vor sich sitzen haben. Handelt es sich um einen Finanzberater oder handelt es sich in Wirklichkeit um einen Finanzrater, also ein Person, die selbst mit Zahlen und Berechnungen gar nicht so recht umgehen kann? Zu jeder Testfrage ist die Zeit zur Lösung genannt. Dabei gilt: Selbstverständlich darf ein Berater jedes Hilfsmittel zur Berechnung einsetzen. Also Laptop, stationären PC, Taschenrechner, Finanztaschenrechner oder was auch immer. Dieser Test wurde im Übrigen einmal von mir für die Zeitschrift *PERFORMANCE* entwickelt und dort veröffentlicht. Es gibt nun zwei Möglichkeiten, welcher Lesergruppe Sie angehören:

1. Sie sind Verbraucher.
2. Sie sind Finanzdienstleister.

Sind Sie Verbraucher, so legen Sie Finanzberatern, die Sie künftig bei Geldanlage und Vermögensaufbau beraten wollen, diese Prüfungen vor. Das gilt natürlich nicht, wenn Sie sich zum Thema Sachversicherungen beraten lassen. Ein Versicherungsprofi im Sachbereich, also beispielsweise Hausrat, Haftpflicht- und ähnliche Versicherungen, muss diese Aufgaben nicht lösen können. Auch nicht, wer Sie exklusiv beispielsweise zum Thema Sachversicherungen berät.

Aber jeder Finanzberater, gleich ob Bankmitarbeiter, Versicherungsagent oder freier Finanzdienstler, der mit Ihnen über die Geldanlage, Sparpläne und Altersversorgung sprechen will, muss – will er nicht als Finanzrater gelten – die folgenden Fragen mühelos und in der vorgegebenen Zeit beantworten können. Gelingt das einem solchen Finanzberater nicht, ist er schlichtweg der falsche Ansprechpartner zu Geldthemen.

Sind Sie Finanzdienstleister, und beraten Sie Ihre Kunden insbesondere auch zu den Themen Geldanlage, Sparpläne und Altersversorgung, dann überprüfen Sie mit den folgenden Aufgaben Ihre

Qualifikation. Haben Sie mit der Lösung Schwierigkeiten, reagieren Sie schnell. Trainieren Sie Ihre Rechenkünste. Sehen Sie diesen Test in diesem Fall nicht als Affront, sondern vielmehr als Unterstützung Ihrer Tätigkeit. Nach rund 15000 Teilnehmern meines Rechentrainings in Deutschland, Österreich und der Schweiz darf ich Ihnen versichern: Wer als Finanzberater wirklich mit Zahlen umgehen kann und nicht raten muss, gewinnt mehr Kunden denn je, erzielt höhere Abschlüsse und hat schlichtweg mehr Erfolg! Persönlich wie finanziell! Aber jetzt zur Sache: Finanzberater oder Finanzrater? Testen Sie selbst!

Frage	Zeit zur Lösung; Ergebnis des Beraters
1. Sie wollen monatlich 210,75 Euro investieren. Laufzeit 23,5 Jahre. Lassen Sie sich von Ihrem Berater bei effektiv 9 Prozent Zinsen/Rendite das Endergebnis ausrechnen (Kosten und Steuern unberücksichtigt lassen).	45 Sekunden Lösung des Beraters: _____
2. Wie Frage 1, jedoch folgende Variante: Ihnen fällt ein, dass Sie neben den monatlichen Sparraten in vier Jahren zusätzlich, also zu Beginn des fünften Jahres, eine Einmalzahlung von 20000 Euro leisten wollen. Bitten Sie den Berater auszurechnen, wie hoch jetzt das Endvermögen dieses Sparplans ist.	60 Sekunden Lösung des Beraters: _____
3. Sie interessieren sich für das Thema Inflation. Sagen Sie, dass Sie schon mal etwas von 3 Prozent Inflation gehört hätten. Wenn Sie in 25 Jahren eine Million besitzen würden, wie hoch wäre dann die Kaufkraft dieser einen Million bei einer Inflation von 3 Prozent?	45 Sekunden Lösung des Beraters: _____

4. Sie fragen den Berater, wie hoch der effektive Zins bei folgendem Angebot ist. Die Vorgaben: 200 Euro monatliche Sparrate, 18 Jahre Laufzeit, effektiver Zins der 18 Jahre sind 3 Prozent, zum Ende gibt es auf die Summe der eigenen (!) Einzahlungen einen Bonus von 30 Prozent. Dieser Bonus wird dem Vermögensendstand nach 18 Jahren dazugerechnet. Wie hoch ist die effektive Verzinsung dieses Bonussparplans?	60 Sekunden Lösung des Beraters: _____
5. Sie wollen sich, wenn Sie 55 Jahre alt sind, über 40 Jahre aus bis dahin angespartem Vermögen monatlich eine gleich bleibende Privatrente in Höhe von 3000 Euro auszahlen lassen. Die effektive Verzinsung in der Entnahmezeit beträgt 6 Prozent. Wie hoch ist das Vermögen, über das Sie zu Beginn der Entnahmezeit verfügen müssen?	60 Sekunden Lösung des Beraters: _____
6. Nehmen wir an, Sie sind 24 Jahre jung. Sie bitten den Finanzberater auszurechnen, wie hoch bei angenommener effektiver Verzinsung von 9 Prozent die monatliche Sparrate ist, um das in Frage 5 errechnete Vermögen in den verbleibenden 31 Jahren anzusparen.	45 Sekunden Lösung des Beraters: _____

© Bernd W. Klöckner; www.berndwkloeckner.de

Das sollten die Antworten des Beraters sein:
1. ca. 192 000 Euro; 2. ca. 300 000 Euro; 3. ca. 480 000 Euro; 4. ca. 5,1 Prozent; 5. ca. 556 000 Euro; 6. ca. 298 Euro.
(Alle Zahlen sind gerundet. Leichte Abweichungen können sich je nach Fälligkeit der Zahlungen – am Anfang oder Ende eines Monats – ergeben.)

Nochmals: Diese Fragen sind nicht besonders schwierig. Wer als Finanzberater ein wenig Übung hat und sich grundsätzlich mit Zahlen, mit den Themen Altersvorsorge, Geldanlage und Sparpläne beschäftigt, muss diese Aufgaben locker und spielerisch in der vorgegebenen Zeit lösen können.

Geldregel 10

»Das Geld ist nicht weg, es hat nur ein anderer«, lautet ein von mir häufig angebrachter Spruch. Wer auf falsche Finanzberater setzt, also auf Finanzrater, riskiert falsche Geldentscheidungen. Denn ein Finanzrater, also ein Finanzberater, der selbst nicht locker und leicht rechnen kann, ist auch nicht in der Lage, für Sie die besten Geldentscheidungen zu treffen. Die Botschaft lautet: Setzen Sie auf Finanzberater! Setzen Sie auf solche Berater, die leicht und mühelos mit Zahlen umgehen können. Nur er kann – vorausgesetzt, er berät grundsätzlich seriös – Sie und Ihre private Finanzplanung optimieren.

Kapitel 11
Erbitte mehr Geld, aber handle richtig!

Ob ein hohes Ziel und eine Begeisterung echt sind,
das merkt man nicht an den euphorischen Stunden, sondern im Alltag.
Ob einer mit seinen Geldplänen ernst machen will, merkt man nicht
an den großen Worten, sondern den kleinen Geldschritten.

K. Walter, amerikanischer Erfolgspsychologe

Abdu'l Al Moneta war von einem Freund zu einer besonderen Versammlung eingeladen. Von nah und fern reisten die Menschen an. Bei dieser Versammlung sollte nämlich ein berühmter Geldprophet den Menschen zeigen, wie sie ihr Vermögen mehren und reich würden. Es kam der Tag und die Stunde, und der Prophet sprach. Sein Geheimnis war: Die Menschen sollten das Geld nach festen Regeln in Aktien anlegen. Reichtum, so versprach er, wäre die Folge. Er nannte die Regeln und schenkte jedem ein kleines Geldbüchlein mit den wichtigsten Regeln. Dieses Geldbüchlein, so verkündete er, würde alle Weisheiten der letzten Jahrhunderte beinhalten, um ein reicher Mensch zu werden, um so viel Geld zu besitzen, wie es das Herz begehrt. Die Menschen waren angetan von den Botschaften des Propheten. Sie taten, wie ihnen geheißen. So wurde die Versammlung aufgelöst. Die Menschen gingen dahin, wo sie hergekommen waren.

Abdu'l Al Moneta trennte sich von seinem Freund und reiste für lange Zeit gen Süden. Es geschah sieben Jahre später, dass Abdu'l Al Moneta seinen Freund wieder traf. Er fragte ihn, ob er den Weisungen des Geldpropheten gefolgt und ein reicher Mann geworden sei. Sein Freund entschuldigte sich jammernd. Er habe die ersten Seiten des Geldbüchleins sorgsam studiert. Er habe ferner zunächst sein Geld angelegt und getan wie geheißen. Doch dann habe er während der Zeit, in der sich das Geld vermehren sollte, Gebete gelesen. Er hatte so gehofft, sein Geld würde dadurch besonders große Früchte tragen. Jetzt aber wäre sein Geld verschwunden. Für seine Aktien, ursprünglich im Wert einer ganzen Kamelherde, bekäme er jetzt – obwohl er so sehr um Reichtum gebetet habe – noch nicht einmal ein einziges Kamel. Da sprach Abdu'l Al Moneta mit gütiger Stimme und einem ebenso gütigen Lächeln:»Mein Sohn! Wahrlich es ist gut, dass du betest, deine Geldentscheidungen mögen dich zum reichen Mann machen. Doch wenn du das nächste Mal betest, nimm bitte das Geldbüchlein.«

Viele Leute wünschen sich mehr Geld, tun jedoch nichts dabei, während sie auf mehr Geld warten. Diese Leute tun einfach nichts. Sie lesen schlaue Bücher, erfahren alles über die richtige Geldanlage. Sie lesen teure Bücher über die richtige Geldanlage in Investmentfonds. Aber diese Leute tun einfach nichts. Sie schließen keinen Fondssparvertrag ab. Sie lesen in Büchern, dass Kapital bildende Lebensversicherungen häufig eher unrentabel seien, zumal dann, wenn sie bei teuren Versicherungsgesellschaften abgeschlossen werden. Und was tun diese Leute: Schließen beim nächstbesten Vertreter oder Bankberater eine Kapital bildende Lebensversicherung ab. Dann hoffen sie darauf, dass es schon gut gehen werde. Diese Leute beten und hoffen, statt so zu handeln, wie sie es gelesen haben. Am Ende sind sie dann zwar klug, aber arm. Eine wirklich dumme Sache.

Geldregel 11

Die Botschaft lautet: Lesen Sie! Aber handeln Sie dann auch!

Kapitel 12
Lösen Sie Finanzkrisen ein für alle Mal!

Endlich weiß ich, was den Menschen vom Tier unterscheidet:
GELDSORGEN!

Jules Renard

Ich habe ein besonderes Anliegen an Sie: Nutzen Sie die folgenden Kapitel nicht nur, weil Sie womöglich aktuell einen Rat zum richtigen Umgang mit Geld brauchen. Nutzen Sie dieses Buch, um Ihr Geldverhalten ein für alle Mal festzulegen. Lesen Sie Kapitel für Kapitel sehr sorgfältig. Dann treffen Sie Ihre Geldentscheidungen und halten sich an diese Entscheidungen. Es geht mir nicht darum, Ihnen einmalig ein Hochgefühl in der Art »Ich gehe jetzt meisterhaft mit Geld um« zu vermitteln. Denn allzu oft erlebe ich, wie die Leute kurzfristig einige Zeit alles richtig machen, dann jedoch in alte Geldfehler zurückfallen.

Machen Sie es besser! Nehmen Sie sich mit diesem Buch vor, alle Ihre Geldprobleme ein für alle Mal zu lösen. Ich verspreche Ihnen: Das ist möglich. Sicherlich wird es immer wieder mal zu neuen Geldentscheidungen kommen. Und sicherlich sollten Sie es zur Routine werden lassen, einmal im Monat einen Geldtag einzulegen. Doch gehen Sie mit dem Anspruch an die Sache heran, Ihren Umgang mit Geld mit Hilfe dieses Buches einmal so zu trainieren, dass Sie danach Ihre privaten Finanzen im Griff haben. Reichtum und Wohlstand sind die Folge von Gelddisziplin. Reichtum und Wohlstand kommen zu niemandem, der lediglich einmal kurzfristig seine Geldhandlungen umstellt, der dann jedoch wieder in die alten Verhaltensweisen zurückfällt. Um auf Dauer reich und wohlhabend zu werden, müssen Sie Jahr für Jahr die in diesem Buch beschriebenen Gesetzmäßigkeiten für finanziellen Erfolg anwenden.

Geldregel 12

Sorgen Sie für die richtige Einstellung, während Sie dieses Buch lesen! Das müssen Sie tun! Ihr brennender Wunsch muss es sein, Finanzprobleme, gleich ob große oder kleine, aktuelle oder bevorstehende, ein für alle Mal zu lösen. Das gilt auch für alle künftigen Finanzprobleme. Schieben Sie die Klärung solcher Probleme auf keinen Fall wieder auf. Machen Sie sich vielmehr einen Plan. Dann handeln Sie. Machen Sie sich einen privaten Finanzplan mit Hilfe der Kapitel dieses Buches. Dann handeln Sie!

Kapitel 13
Strebe nach Geld, aber erwarte nicht, dass dich dein Geld glücklich macht!

*Geld ist nicht alles. Keiner weiß das besser
als die Reichen und Vermögenden.*

Nikolaus Cybinski

*Eines Tages traf Abdu'l Al Moneta, während er im Fernen Osten
unterwegs war, zwei sich mit einem Propheten streitende Brüder. Er
fragte, ob er dem Streit beiwohnen dürfe. Er sei auf Reisen, um
alles über die Menschen und das Geld zu lernen, und er könne sicher
von ihnen lernen. Die beiden Brüder unterbrachen kurz ihren Streit.
Sie luden ihn ein zu bleiben. Schließlich sei ein Zeuge niemals
schlecht. Und um Geld gehe es im Übrigen auch. Kaum ausgesprochen, waren sie bereits wieder mitten im Streit. Abdu'l Al Moneta
lauschte aufmerksam. Es ging um die Frage, ob Geld nun glücklich
mache oder nicht. Der Prophet verneinte dies, die beiden Brüder jedoch ließen sich nicht beirren. Geld, so riefen sie immer und immer
wieder, sei die Wurzel ihres Glücks.*

*Als der Streit immer heftiger wurde, hob der Prophet einen Arm,
und es wurde ruhig. Er sprach:»Es werden euch fünf Jahre geschenkt.
Diese Jahre werden unterschiedliche Ereignisse für jeden bereithalten.
Dann urteilt selbst, ob Geld und Glück zusammenhängen.« Er verabschiedete sich und ging – wie Abdu'l Al Moneta – seines Weges. In den
folgenden fünf Jahren erlebten beide Brüder ein unterschiedliches
Schicksal. Während der erste vor Liebe blind ein sich als zänkisch und
keifend herausstellendes Weib zur Frau nahm, wurde dem zweiten
eine liebevolle und fürsorgliche Gattin geschenkt. Während der erste
keine Kinder von seiner Frau geschenkt bekam, gebar die Frau des
zweiten ihm vier gesunde Kinder. Während der erste seinen Reichtum
mehrte und einer der reichsten Männer der Stadt wurde, hatte der
zweite sein Einkommen. Er wurde nicht besonders reich. Aber für
seine Familie war es ausreichend.*

*Dann kam eine lange Zeit der Dürre. Die Felder verdorrten. Das
Wasser versiegte. Es war schwer in dieser Zeit, am Leben zu bleiben.*

Zu dieser Zeit war der Prophet auf Durchreise. Er bat beide Brüder zu einem Treffen. Sie kamen, und er sprach:»Beide habt ihr kein Geld, doch einer von euch ist dennoch glücklich. Urteilt nun selbst, ob Geld glücklich macht oder nicht.«

In vielen Gesprächen mit hunderten von Menschen und in vielen Zuschriften meiner Leser stellte sich immer wieder heraus, dass viele Geldanleger viel Geld mit viel Glück gleichsetzen. Diese Menschen meinen, wenn sie mehr Geld besäßen, wären sie glücklicher. Je glücklicher sie wären, desto mehr Geld würden sie verdienen, was wiederum zu noch mehr Glück führen würde.

Dieses Denken ist ein grundlegender Irrtum. Aufgabe des Geldes ist die Tauschfunktion. Das ist alles. Geld ist ein Tauschmittel, um auf indirektem Weg Leistungen austauschen zu können. Nicht mehr. Nicht weniger. Geld macht weder glücklich noch unglücklich. Sie machen sich glücklich oder unglücklich. Sie sind glücklich oder unglücklich. Geld spielt hierbei keine Rolle. Geld darf hierbei keine Rolle spielen. Viele Menschen erinnern sich an das Glück, was sie zur Hochzeit empfanden. Oder an das Glück, als sie das erste eigene Kind in den Armen hielten. Das ist Glück.

Die entscheidende Botschaft für Sie lautet: Lassen Sie Geld sein, was es ist und sein soll: ein Tauschmittel. Ihr persönliches Glück ist von nichts abhängig. Sie sind glücklich, oder Sie sind es nicht. Dabei gilt: Ein armer Mensch, der Glück empfinden kann, hat immer eine Chance auf Reichtum und Wohlstand. Ein armer Mensch, der unglücklich ist und dafür sein weniges Geld verantwortlich macht, wird niemals Reichtum erlangen. Auch wer reich und unglücklich ist, ist ein armer Mensch. Werden Sie ein reicher und glücklicher Mensch. Das ist die wundervolle Kombination. Das ist es, was Sie erreichen müssen.

Noch eine sehr entscheidende Sache kommt dazu. Kurt Tepperwein hat in seinem Buch »Das Geldgeheimnis« darauf Bezug genommen. Wer sein Glück vom Geld abhängig mache, tue Geld Unrecht! Es sei nicht die Aufgabe des Geldes, glücklich zu machen. Wer so denke, erwarte durch Geld einen Zustand, den Geld nicht verursachen kann. Er erwartet also etwas, was Geld nicht leisten kann. Im schlimmsten Fall wird ein Mensch, der so denkt, immer reicher und reicher. Aber er wird dennoch immer unglücklicher, wenn er ausschließlich über Geld künftiges Glück erwartet.

Geldregel 13

Die entscheidende Botschaft lautet also: Trennen Sie Geld und Glück. Beides hat nichts miteinander zu tun. Es mag Ihnen besser gehen, wenn Sie mehr Geld besitzen. Aber das bedeutet nicht, dass Sie glücklicher sind.

Kapitel 14
Finanzieller Reichtum und Wohlstand sind für jeden möglich

Ein wohlhabender französischer Geschäftsmann der napoleonischen Zeit
bewarb sich um die Hand einer sehr schönen Marquise.
Ein Freund warnte ihn: »Weißt du denn nicht, mein Bester, dass sie außer
dir noch vier weitere Liebhaber hat und du somit der fünfte bist?«
Da lächelte der Kaufmann und erwiderte: »Mein Guter!
Seit ich Geschäfte mache, bin ich an einer guten Sache lieber zu
20 Prozent beteiligt als an einer schlechten zu hundert!«

Frei nach Michael Schiff

Immer wieder habe ich mit Menschen zu tun, die der Meinung sind, sie hätten den falschen Beruf und wären deswegen nicht wohlhabend. Diese Leute denken dann sehr häufig:»Wenn ich Bankberater, Arzt oder Rechtsanwalt wäre, wäre das was anderes. Dann wäre es einfacher, reich zu werden, eines Tages reich zu sein.« Oder die Leute sagen Dinge wie:»Ich war schon in der Schule nicht gut und habe keine gute Ausbildung. Wie soll ich mich dann mit Geld auskennen?« Das ist dummes Gerede dieser Leute. Denn selbst Menschen, die ausgezeichnete Schüler waren, die womöglich studierten und vielleicht noch ihren Doktor machten, treffen häufig falsche Geldentscheidungen. Aus eigener Erfahrung nach über einem Jahrzehnt, in dem ich anderen Menschen den richtigen Umgang mit Geld auf deren Wunsch beibringe, darf ich sogar sagen: Diese Menschen sind diejenigen, die am häufigsten schlechte, falsche und teure Geldentscheidungen treffen. Selbst die klügsten Menschen verschulden sich manchmal so sehr, dass sie die Schulden ein Leben lang nicht zurückzahlen können. Nehmen wir die verschiedenen Staaten als Beispiel. Hoch bezahlte und zum Teil hervorragend ausgebildete Politiker sorgen seit Jahren und Jahrzehnten dafür, dass die Staatsverschuldung ins Unermessliche steigt.

Die Botschaft lautet: Finanzielle Bildung ist das, was Sie sich selbst an Geldwissen beibringen. Ein Mensch mit geringem Einkommen kann über Jahre mehr finanziellen Wohlstand erreichen als ein Mensch mit sehr hohem Einkommen. Hat nämlich der eher arme Mensch zu sparen gelernt, der reiche Mensch jedoch nicht, wird am Ende der eher arme Mensch ein kleines Vermögen besitzen und der reiche Mensch wegen Verschuldung den persönlichen Bankrott anmelden. Wer auch immer Sie heute sind, was auch immer Sie heute sind, gleich, wie viel Sie heute verdienen, jeder hat die gleiche Chance auf finanziellen Reichtum und Wohlstand. Finanziell frei und unabhängig zu werden ist das Recht eines jeden von uns. Es ist wichtig, dass Sie diesen Punkt akzeptieren. Akzeptieren Sie ohne Wenn und Aber, dass Sie allein die verantwortliche Person sind dafür, ob Sie eines Tages ein reicher oder ein armer Mensch sind.

Training der Geldgedanken und der »Geldmuskeln«

Auch Sportler wissen: Im Alphabet kommt A vor E, also Arbeit vor Erfolg! Es gibt niemanden, der ein Spitzensportler nur deswegen wurde, weil er einen anderen Spitzensportler heftig beneidete. Es gibt niemanden, der hinsichtlich eines bestimmten Sports stets denkt: »Ich kann das nicht erreichen«, und dann erfolgreich in dieser Sportart wird. Das Geheimnis jedes finanziellen Erfolges ist – mit Ausnahme von unerwarteten Lottogewinnen oder Erbschaften – TRAINING! *Die Botschaft lautet:* Trainieren Sie, immer und immer wieder. Angenommen, es gibt einen wirklich dicken Menschen. Dieser Mensch hat noch nie etwas für seine Gesundheit getan. BEWEGUNG kann er noch buchstabieren, bewegt hat er sich noch nie so richtig. Nun aber verspürt dieser Mensch das dringende Bedürfnis, endlich abzunehmen. Er hat nur zwei Möglichkeiten. Er denkt entweder:
1. Das kann ich nicht erreichen! – oder
2. Wie kann ich das erreichen?
Nicht anders ist es bei Geld. Wer den richtigen Umgang mit Geld lernen will, muss lediglich seine Geldgedanken und »Geldmuskeln« trainieren. Wenn Sie selbst trainieren wollen, tragen Sie ab sofort jeden Tag die zweite Frage im Herzen. Fragen Sie sich bei allen möglichen Gelegenheiten: **Wie kann ich das erreichen?**
Erfolgsgeheimnisse sind selten großartige, unverständliche Dinge. Erfolgsgeheimnisse sind häufig fast banale, jedoch sehr wirkungs-

volle Regeln. Wenn Sie ab sofort die Frage »Wie kann ich das erreichen?« bei jeder sich bietenden Gelegenheit stellen, trainieren Sie Ihre Geldgedanken, Ihre »Geldmuskeln«. Sie werden auf diese Weise finanziell immer stärker. Sie konzentrieren sich mit dieser Frage darauf zu erfahren, wie andere Menschen zu ihrem Geld gekommen sind. Ein Klassiker unter der Erfolgsliteratur ist »Gesetze des Erfolges« von Napoleon Hill. Er untersuchte unzählige Lebensgeschichten erfolgreicher Männer und schrieb dazu ein viele hundert Seiten dickes Buch. Aber auch die in diesem Buch zusammengefassten Erfolgsregeln sind sehr einfach. Pflegen Sie den Kontakt zu erfolgreichen Menschen. Lernen Sie erfolgreiche Menschen kennen. Analysieren Sie deren Erfolgsstrategien, und übertragen Sie diese Strategien auf Ihre persönliche Situation. Vermeiden Sie ab sofort jeden »Ich kann mir das nicht leisten«-Gedanken. Trainieren Sie die Anwendung des »Wie kann ich das erreichen«-Gedankens. Das ist eine der wichtigsten Gesetzmäßigkeiten auf dem Weg zu finanziellem Reichtum und Wohlstand.

Bleiben Sie realistisch

Wenn Sie im Monat einige tausend Euro verdienen, bringen Ihnen die Strategien eines mehrfachen Millionärs nur wenig. Das ist das, was die Leute immer wieder falsch machen. Sie überschätzen, was sie in kurzer Zeit erreichen können, und geben am Ende einmal mehr frustriert auf. Machen Sie es anders. Suchen Sie sich solche Menschen als Beispiele, deren Situation der Ihren ähnlich ist. Ein Beispiel: Sie sind Sekretärin. Jeden Monat fragen Sie sich, wie Sie noch etwas sparen können, wo doch ohnehin am Ende des Geldes noch so viel Monat übrig ist. *Die Botschaft lautet:* Suchen Sie sich einen Menschen, der ebenfalls in einem Sekretariat arbeitet, aber seine Finanzen im Griff hat. Irgendwo gibt es einen Menschen, der in einer ähnlichen Situation wie Sie ist, jedoch über eine Menge mehr Geld verfügt. Dann fragen Sie sich: »Wie kann ich das erreichen?« Finden Sie ganz schnell heraus, was diese Person, die in der gleichen Situation wie Sie ist, besser macht? Was macht diese Person anders? Warum steigt das Vermögen dieser Person und Ihr Vermögen schmilzt, schmilzt, schmilzt. Lernen Sie die Gesetze finanziellen Erfolgs von den Menschen, die es aus sich selbst heraus geschafft haben.

Geldregel 14

Trainieren Sie ab heute bei jeder passenden Gelegenheit den »Wie kann ich das erreichen«-Gedanken. Dazu kann es viele Gelegenheiten geben. Beobachten Sie aufmerksam im Alltag, wie viele erfolgreiche Menschen und Geschäfte es gibt. Fragen Sie sich immer wieder: Was tun diese Leute für ihren Erfolg? Fragen Sie sich: »Wie kann ich das erreichen?«

Kapitel 15
Warum 95 Prozent der Menschen nie wirklich reich werden

Ein kleiner Bankier war in eine schwierige Situation geraten.
»Ich möchte wissen, wie sich Rothschild in dieser Affäre verhalten hätte«,
meinte er und erhielt zur Antwort:
»Rothschild hätte sich nie auf sie eingelassen.«
Michael Schiff

Die wichtigste Botschaft vorab: Geld und Geldwissen werden zu allen Zeiten stets gleich bleiben. Es gibt keine großartigen Geheimnisse. Es gibt lediglich Menschen, die sich mehr mit Geld und dem richtigen Umgang mit Geld beschäftigen, und solche Menschen, die weniger von Geld verstehen. Erstaunlich ist jedoch, wie viele Menschen über Jahre und Jahrzehnte vergeblich dem Ziel »finanzieller Reichtum und Wohlstand« hinterherlaufen. Woran liegt das? Was ist die Ursache? Eine der entscheidenden Ursachen liegt darin, dass die Menschen zu gierig sind und dann, nachdem sie zu gierig waren, Angst haben, sich irgendeine Sache nicht leisten zu können. Lesen Sie hierzu auch das Buch »Reichtum kann man lernen« von Robert T. Kiyosaki. Angst und Gier, schreibt auch Kiyosaki, sind die beiden Verursacher von bleibender Armut, sind die Ursache eines möglicherweise über Jahre und Jahrzehnte anhaltenden Verliergefühls.

Dazu ein Beispiel: Kinder und Jugendliche sind alle bis zu einem bestimmten Alter glücklich mit ihrem Geld. Klar, das Taschengeld könnte ein wenig höher sein. Wer wünscht sich das nicht. Aber es genügt irgendwie. Dann irgendwann beginnt die erste Ausbildung. Nehmen wir das wahre Beispiel Marion und Jürgen. Marion ist 18 Jahre, Jürgen 20 Jahre jung. Beide kennen sich seit frühester Kindheit, und es sieht alles so aus, als würden beide zusammenbleiben. Beide sind nun in der Ausbildung. Marion lernt Bankkauffrau. Jürgen ist im Informatikbereich tätig. Die ersten Monate der Ausbildungszeit gehen vorüber, die ersten Gehaltszahlungen sind auf dem Konto eingegangen. Endlich können sich beide leisten, was sie schon immer haben wollten. Und beide beschließen, sich eine gemeinsame Zwei-Zimmer-Wohnung zu mieten. Gedacht, getan. Die Zwei-Zimmer-Wohnung ist gemietet. Dazu fahren beide ein Auto. Am Monatsende ist das Geld aufgebraucht. Gedanken an Vermögensaufbau und Sparpläne sind fern. So vergehen rund drei Jahre. Beide schließen ihre Ausbildung mit Erfolg ab. Beide verdienen nun mehr. Endlich ist es Zeit, sich die so lange aufgeschobenen Wünsche zu erfüllen. Jeder leistet sich jetzt ein neues Traumauto, zum Teil auf Kredit. Die alte Wohnung wird gekündigt, sie ziehen in eine Drei-Zimmer-Wohnung um. Marion und Jürgen verdienen jetzt zusammen ein paar tausend Euro netto im Monat. Abzüglich der Kreditraten für das teure Schlafzimmer und abzüglich der Miete, der Kreditraten für die Autos und so weiter bleibt am Ende des Monats kaum was übrig. »Macht nichts«, denken sich beide. Schließlich hat die Karriere erst begonnen, und es bleibt genügend Zeit, um noch zu sparen. »Wenn wir erst einmal in der nächsten Gehaltsklasse sind«, denken beide, »dann werden wir auch zu sparen beginnen.« Die Angst, sich eigentlich alles nicht leisten zu können, schwindet angesichts der Aussichten.

So vergehen weitere vier Jahre. Die Autos sind nun abbezahlt. Die Hochzeit ist geplant. Im Nachbarort entsteht ein Neubaugebiet. Marion und Jürgen wollen nun heiraten und eine Familie gründen. Es muss mehr Platz her, und ein Van für die Familie wäre auch nicht schlecht. Schon kommt die Hochzeit näher, kurz davor erhält Jürgen eine dicke Gehaltserhöhung. Und das Schönste: Marion ist schwanger. Die nächsten zwölf Monate vergehen wie im Flug. Es wird geheiratet, eine hübsche kleine Tochter kommt auf die Welt, das Haus wird errichtet. Marions Verdienst fällt nun für einige Jahre weg. Von Jürgens Gehalt bleibt nach Abzug aller Kosten wie Autokredit, Hausfinanzierung usw. kaum etwas übrig. Jürgen hat nun noch mehr Verantwortung. Er hat Angst, sein Gehalt könne nicht reichen. Er beschließt, ab sofort noch härter zu arbeiten, um baldmöglichst wieder befördert zu werden. Und so weiter und so fort.

Ahnen Sie, wie diese Geschichte endet? Marion und Jürgen leben in einem ständigen Kreislauf aus Angst und Gier. Mal ist es die Gier, dringend Dinge besitzen zu müssen (neue Wohnungseinrichtung, neues Auto usw.), dann ist es die Angst, wiederum zu wenig zu verdienen. Ist die Angst besiegt und steht der nächste

Gehaltssprung bevor, kommt sofort wieder die Gier zum Vorschein, und es wird so lange gekauft, bis die Angst größer ist als die Gier. Auf diese Weise bleibt über Jahre und Jahrzehnte nichts zum Sparen übrig. Jahr für Jahr geht vorbei, Marion und Jürgen legen kein Geld zur Seite. Dann plötzlich, als Marion 33 und Jürgen 35 Jahre alt ist, beginnen beide nachzudenken. *Die Botschaft, die entscheidende Botschaft lautet:* Dieser ständige Wechsel zwischen Gier und Angst (meist beginnend mit dem ersten selbst verdienten Geld) hört bei den meisten Menschen nicht auf. Aus der Angst, sich das einmal Geleistete nicht auf Dauer leisten zu können, verdienen diese Menschen immer mehr, und aus der Gier heraus, alles haben zu wollen, geraten diese Menschen immer wieder in den Zustand finanziell knapper Mittel und sind so selbst für ihre neue Angst verantwortlich. Angst und Gier: Dieser Kreislauf ist der gefährlichste für jede Form gewollten finanziellen Reichtums und Wohlstands.

Noch ein Zahlenbeispiel: Angenommen, Marion und Jürgen hätten gemeinsam seit 15 Jahren jeden Monat einen Betrag von 100 Euro zur Seite gelegt, per Dauerauftrag diesen Betrag monatlich vom Konto abbuchen lassen. Bei einem angenommenen effektiven Zins von jährlich 10 Prozent (Anlage in erfolgreiche Aktienfonds) wären diese Sparraten auf rund 40 000 Euro angewachsen. Würden Marion und Michael nun mit dem Sparen aufhören und die 40 000 Euro über weitere 25 Jahre als Spareinlage liegen lassen, verfügten sie am Ende über 430 000 Euro. Würden sie das Geld anlegen und monatlich weitersparen, wären es sogar rund 560 000 Euro. Wird dagegen 15 Jahre lang nicht gespart, und wollten nun Marion und Jürgen in den letzten 25 Jahren bei gleichen Voraussetzungen ebenfalls 560 000 Euro ansparen, müssten sie monatlich 460 Euro sparen.

Warum es viel Geld spart, wenn Sie möglichst früh den Kreislauf aus Gier und Angst durchbrechen, zeigt folgender Vergleich zum Schluss: Während im ersten Fall Marion und Jürgen 15 + 25 Jahre, zusammen also 40 Jahre 100 Euro monatlich sparen (Gesamtsumme 48 000 Euro), müssten Marion und Jürgen im zweiten Fall, also wenn sie in nur noch 25 Jahren die 560 000 Euro Vermögen ansparen wollen, insgesamt 460 Euro monatlich über 25 Jahre (Gesamtsumme 138 000 Euro) sparen. Dabei gilt: Die 460 Euro monatlich zu sparen fällt zu dem Zeitpunkt, wo die ganzen finanziellen

Verpflichtungen zu leisten sind, genauso oder sogar noch schwerer, als wenn Marion und Jürgen zu Beginn der Lehre 100 Euro gemeinsam zur Seite gelegt und in einem Aktienfonds angelegt hätten.

Geldregel 15

Durchbrechen Sie diesen Kreislauf aus Gier und Angst. Sofort! Gleich, ob Sie heute beim Lesen dieses Buches 25, 35, 45 oder 55 Jahre alt sind. Stoppen Sie das Programm GIER. Stoppen Sie dadurch das Programm ANGST. Sie werden, wenn Sie das Programm GIER erfolgreich stoppen, feststellen, dass Sie monatlich viel mehr Geld zur Verfügung haben, als Sie bislang dachten.

Kapitel 16
Die Nie-genug-Geld-Falle

Man kann Geld auch zu Tode sparen.

Arthur Lassen

Abdu'l Al Moneta wollte von dem Geldpropheten wissen, wie er einen Freund heilen solle, der an der »Nie genug«-Krankheit litt. Dieser Freund, so erzählte Abdu'l Al Moneta dem Propheten, würde seit vielen, vielen Jahren dem Reichtum hinterherlaufen. Aber das Geld würde offensichtlich stets vor ihm davonlaufen. Sein Freund war der Meinung, er habe einfach kein Glück im Umgang mit Geld. Er hatte einfach nie genug. Zwar wuchs sein Reichtum langsam, Jahr für Jahr. Doch angesichts der vielen Arbeit hätte sein Freund viel mehr Geld haben müssen.

Der Prophet hatte aufmerksam zugehört. Dann schlug er vor, Abdu'l Al Moneta solle seinen Freund zu einem gemeinsamen Gespräch mitbringen. »Ich glaube, man kann ihm helfen, mein Freund«, sprach er. Da eilte Abdu'l Al Moneta zu seinem Freund und sprach: »Komme mit mir! Ich habe einen Geldpropheten gefunden, der dir helfen kann. Nun wird dir der Weg zu Reichtum und Wohlstand gezeigt!« Sein Freund entgegnete: »Ich hatte all die Jahre nie genug Geld. Wie will sich das ändern? Doch ich will mitkommen. Wir werden ja sehen, wie weise dein Prophet wirklich ist.« Beide machten sich auf den Weg zum Propheten. Der saß auf einem Stein und wartete. Als Abdu'l Al Moneta und sein Freund vor ihm standen, sprach er: »Nun, ich habe gehört, du hättest nie genug Geld. Ich habe auch gehört, du hast eine junge, hübsche Frau zur Gemahlin. Wenn du mir eine Aufgabe erfüllst, will ich dich dafür belohnen und du wirst dein Leben lang genug Geld haben. Sprich, ob du meine Aufgabe lösen willst.« »Ja, sofort«, entgegnete Abdu'l Al Monetas Freund, ohne zu zögern. »Stelle mir deine Aufgabe. Ich verspreche, sie zu erfüllen.« Da sagte der Prophet: »Gehe nach Hause. Wenn du heute dein Weib siehst, sage ihr, sie würde nicht gut genug kochen. Und wenn sie dich liebt, sage ihr, das, was sie böte, sei dir nicht genug. Wenn sie dir abends das Essen bereitet, sage ihr, das Essen sei dir nicht gut genug. Handele so sieben Tage und Nächte, dann lasse uns wieder treffen.«

In seiner Gier tat Abdu'l Al Monetas Freund, wie ihm geheißen. Bei jeder sich bietenden Gelegenheit sagte er seinem Weib, dass es ihm nicht gut genug sei. Was auch immer seine Frau tat, er beschimpfte sie und sagte:»Das ist nicht genug.«

Als sieben Tage vergangen waren, trafen Abdu'l Al Moneta und sein Freund zur vereinbarten Zeit am vereinbarten Treffpunkt ein. »Nun«, fragte der Prophet, »hast du das Geheimnis wirklichen Reichtums entdeckt?« Wütend zischte Abdu'l Al Monetas Freund den Propheten an:»Du bist ein wirrer Zauberer. Nichts hat dein Rat bewirkt. Im Gegenteil: Meine junge und hübsche Frau will in wenigen Tagen mit einem anderen Mann gehen. Dabei tat ich nur, wie du mir geheißen hast. Nun verliere ich meine Frau, und Geld habe ich dennoch nicht genug!« Da lächelte der Prophet und sprach: »Mein Freund. Du hast gelernt, was du lernen solltest. Deinem Geld geht es nicht anders als deinem Weib. Beide laufen dir weg, wenn dir nie genügt, was sie dir bieten. Dein Geld hat ebenso Recht wie dein Weib, vor dir davonzulaufen. Wenn du deinem Weib sagst, es sei dir nie genug, hältst du dein Weib von dir fern. Wenn du das Gefühl hast, du hättest nie genug Geld, hältst du ebenso das Geld von dir fern. Bedanke dich öfter, als zu klagen. Sei dir gewiss: Dein Glück wird sich verdoppeln. Dein Weib wird deine Nähe ebenso mehr suchen als je zuvor, wie auch das Geld deine Nähe lieben wird.« Dann wandte sich der Prophet ab.

Abdu'l Al Moneta und sein Freund gingen nach Hause. Man erzählt sich, dass seit diesem Tag der Reichtum im Haus von Abdu'l Al Monetas Freund Einzug hielt. Den Menschen schien er verwandelt, und jedem, der wissen wollte, was geschehen sei, erwiderte er nur: »Ich habe genug, und ich bin dankbar.«

Diese Geschichte von Abdu'l Al Moneta kann uns einiges lehren. Wussten Sie, dass Sie zu den sieben Prozent reichsten Menschen gehören? Zumindest ist das sehr wahrscheinlich. »Oh«, denken die Leute, »so reich fühle ich mich aber nicht«, oder: »Pah, wie kann der so etwas sagen. Der hat meinen letzten Kontoauszug nicht gesehen.« Doch ich bleibe dabei: Sie gehören zu den sieben Prozent der reichsten Menschen. Das ist so. Denn Autobesitzer machen sieben Prozent der reichsten Menschen der Welt aus. Sie besitzen ein Auto. Ich sagte es bereits: Sie gehören zu den sieben Prozent der reichsten Menschen. Wir wollen das nicht hören. Und schon sitzen wir wie Abdu'l Al Monetas Freund in der »Nie genug«-Falle. Diese Geldfalle ist deswegen besonders heimtückisch, weil der Gedanke »Ich habe noch nicht genug« uns ununterbrochen klagen lässt. Es ist wie mit der Frau von Abdu'l Al Monetas Freund. Es würde uns mit unserem Partner ebenfalls so gehen. Stellen Sie sich vor, Sie trainieren seit Jahren, um Ihr Gewicht zu halten. Und seit ebenso vielen Jahren sagt Ihr Partner: »Das ist ja wohl noch nicht genug.« Wie lange würden wir einen solchen Partner ertragen? Ein Jahr, vielleicht ein zweites Jahr? Dann jedoch wäre Schluss.

Nicht anders ist es beim richtigen Umgang mit Geld. Sie allein entscheiden, wann was genug ist und wann nicht! Sie gehören, vorausgesetzt, Sie fahren ein Auto, zu den sieben reichsten Prozent der Menschen. Das ist doch was! Haben Sie darüber schon einmal nachgedacht? Nein? Dann tun Sie es! Sie haben allen Grund zur Dankbarkeit. Je intensiver Sie das Gefühl von Dankbarkeit und Überfluss empfinden können, desto leichter wird weiteres Geld zu Ihnen fließen. Natürlich gibt es schlimme Situationen. Es gibt Situationen wirtschaftlicher Pleite oder finanzieller Probleme. Aber selbst in diesen schlechten Zeiten versuchen Sie, dankbar zu bleiben. Finden Sie selbst in schlechtesten Zeiten eine Sache, für die Sie zu Recht DANKE sagen können. Trainieren Sie so das Gefühl der Dankbarkeit als eine wichtige Voraussetzung für dauerhaften Reichtum und Wohlstand. Selbstverständlich wird niemand reich und wohlhabend, weil er stets nur dankbar ist. Darum geht es nicht! Es geht schlichtweg darum, dass ein handelnder und dankbarer Mensch Geld eher magnetisch anzieht als ein handelnder und stets unzufriedener Mensch.

Geldregel 16

Das innere Gefühl von Dankbarkeit ist eine grundlegende und entscheidende Voraussetzung für Reichtumsempfinden! Trainieren Sie diese Dankbarkeit. Mir selbst hat in vielen schlechten und schwierigen Zeiten ein Satz geholfen. Diesen Satz sagte ich mir dutzende Male vor. Auf dem Weg morgens ins Büro, auf dem Weg zu Kunden, auf dem Weg abends nach Hause. Ich werde Ihnen den Satz nun ver-

raten. Gehören Sie zu den Leuten, die solche Suggestions-Techniken als Unsinn empfinden, lesen Sie einfach weiter. Gehören Sie jedoch zu den Menschen, die solche Techniken bereits angewandt haben oder anwenden wollen, prägen Sie sich den Satz ein und sagen ihn mehrfach am Tag, laut hintereinander vor sich hin: »*Jeden Tag geht es mir in jeder Hinsicht besser und besser. Ich bin gesund, reich und erfolgreich, und ich lebe die Liebe.*« *Ich verspreche Ihnen: Wenn Sie diesen Satz immer wieder zu allen denkbaren Gelegenheiten wiederholen, werden Sie selbst den schwierigsten Zeiten mit einem dankbaren Gefühl entgegentreten.*

Kapitel 17
Neid – der Anfang vom Ende

Diogenes lag müde in seiner Tonne. Jemand ging vorbei:
»Du, Diogenes, pass gut auf, dort knabbert eine Maus an deinem Brot und überhaupt:
Man erzählt sich, dir wäre großer Brotreichtum zu Eigen!«
»Das ist ja großartig«, rief Diogenes. »Jetzt bin ich reich.
Ich habe Neider und Schmarotzer!«

Frei nach Michael Schiff

Über die Wirkung von Neid wurde in vielen Büchern bereits einiges geschrieben. Was aber ist die wirklich negative Wirkung von Neid? Betrachten wir zunächst gemeinsam, was der Duden zu NEID sagt: Neid, so steht dort, ist eine »Empfindung, Haltung, bei der jemand einem anderen dessen Besitz oder Erfolg nicht gönnt und selbst haben möchte.« »Paahh«, sagen nun manche Leute. Und: »Ich kann doch neidisch und dennoch erfolgreich sein. Warum schließt das eine das andere aus?« Sicherlich kennen Sie den Ausspruch »vor Neid erblassen«. Das bedeutet: Neid wirkt in seiner extremen Form stets auf denjenigen, der neidisch ist (man spricht auch von Neidhammel). Manche Menschen platzen regelrecht vor Neid. Wer das Gefühl des Neides schon einmal wissentlich gespürt hat, weiß, wie mit diesem Gefühl das Gefühl des Verlierens einhergeht. Wer neidisch ist, fühlt sich selbst als Verlierer. Schließlich hat er von einer bestimmten Sache viel weniger als derjenige, den er beneidet. Das Fatale an Neid ist: Derjenige, der einem anderen Menschen eine Sache nicht gönnt, versucht üblicherweise, diese Sache, um die er die andere Person beneidet, herabzusetzen. »Der ist ja stinkreich« oder »Der kann ja vor lauter Geld in den Taschen kaum noch laufen« sind typische Gedanken.

Mit diesen Gedanken kommen wir der Gefährlichkeit des Gefühls »Neid« immer näher. Wollen Sie ernsthaft so reich sein, dass Sie vor Geld *stinken*? Nein, das wollen Sie gewiss nicht. Fatal an diesem und ähnlichen Gedanken ist: Sie verknüpfen im Neid durchaus erstrebenswerte Zustände mit negativen Gefühlen und Gedanken. Sie wollen nicht stinken. Sie wollen nicht vor Geld stinken. Also wollen Sie auch nicht so viel Geld. Ob Sie gegen diese Gedanken steuern oder nicht, bleibt gleich. Neid macht Sie selbst erfolglos, weil Neid Ihr Unterbewusstsein auf »Vermeiden« programmiert. Ihr Unterbewusstsein will vermeiden, dass Sie vor Geld stinken. Sie vermeiden so Reichtum und Wohlstand. Was Sie als neidischer Mensch im Alltag merken werden, ist, dass Sie immer und immer wieder mit Ihren Geldplänen scheitern. Was Sie nicht merken werden, ist, dass Sie selbst, dass Ihr Unterbewusstsein für dieses Scheitern verantwortlich ist. Aus dieser Tatsache heraus entstand auch die Bedeutung des positiven Denkens. Denken Sie positiv, wenn Sie erfolgreiche Menschen sehen. Fragen Sie sich: »Was hat dieser Mensch genau getan? Was waren seine einzelnen Erfolgsschritte? Dann handeln Sie ebenso. Einer der wichtigsten Grundsätze für persönlichen und finanziellen Erfolg ist ein zugegeben sehr salopper, aber umso zutreffenderer Spruch, im Übrigen einer meiner Lieblingssprüche des amerikanischen Erfolgspsychologen K. Walter. Entschuldigen Sie die etwas derbe Formulierung, aber nur im Originalwortlaut entfaltet dieser Spruch seine Wirkung: **Besser genial geklaut als beschissen kreiert!**

Wer neidisch ist, wer ein sehr neidischer Mensch ist, nimmt sich selbst die Fähigkeit, genau und mit positiven Gedanken zu beobachten, was ein anderer, erfolgreicher Mensch richtig macht. Was er nicht weiß, kann er nicht kopieren. Was eine nicht besonders kluge Entscheidung ist. *Die Botschaft lautet:* Kopieren Sie die klugen Geldentscheidungen reicher Menschen in Ihrer Umgebung. Ersticken Sie jede Form von Neid auf andere reiche Menschen, die es geschafft haben, im Keim. Wenn Sie stets nur mit großem Neid andere Liebespaare beobachten, werden Sie niemals das Verhalten entwickeln, das Sie selbst zu einem begehrenswerten Partner macht. Sie werden mit Ihrer Art, mit Ihrem Verhalten niemals einen attraktiven Partner, eine wunderschöne Partnerin anziehen. Beobachten Sie stattdessen, wieso irgendein Typ mit einer wunderschönen Frau so glücklich und verliebt ist und wieso irgendeine Frau mit irgendeinem Typen so glücklich ist. Dann sind Sie auf dem besten Weg, selbst glücklich zu werden. Das ist alles.

Für den richtigen Umgang mit Geld, für Ihren Weg zu finanziellem Reichtum und Wohlstand ist das nicht anders: Beobachten Sie neidisch reiche Menschen, werden Sie niemals Geld anziehen. Sie werden alles erreichen, niemals jedoch Reichtum und Wohlstand.

Denken Sie auch daran: Persönlich und finanziell reiche Menschen werden häufig mit neidvollen Mitmenschen konfrontiert. Reiche Menschen erwarten eher neidvolle Blicke als wirklich gratulierende Worte. Wenn Sie einer der wenigen Menschen sind, die neidlos anderen Menschen ihre großen und kleinen Erfolge lassen, werden diese Menschen Ihnen einfach so vieles von dem erzählen, was ihren Erfolg ausmacht.

Geldregel 17

Meiden Sie jede Form von Neid. Trainieren Sie die Eigenschaft, anderen Menschen völlig neidlos gratulieren zu können. Sie werden auf diese Weise mit vielen reichen Menschen ins Gespräch kommen. Diese Menschen werden Ihnen gern mehr über ihre Geheimnisse erzählen. Zum Schluss dieses Kapitels über Neid möchte ich Ihnen ein afrikanisches Sprichwort weitergeben, das mir mein dänischer Trainerkollege Edlef Bucka-Lassen einmal schrieb: »Wende dein Gesicht der Sonne zu, dann fallen die Schatten hinter dich.« *Handeln Sie ebenso. Schauen Sie nach vorne, ohne Neid. Lassen Sie so Ihre Schatten hinter sich.*

Zusammenfassung

Diese 17 Kapitel des ersten Teils waren und sind eine wichtige Einstimmung für den aktiven zweiten Teil. Denn gleich sind Sie gefragt. Gleich erstellen Sie mittels zahlreicher Checklisten Ihren ganz persönlichen Finanzplan. Zuvor jedoch bitte ich Sie darum, zu jedem Kapitel des ersten Teils jeweils ein oder zwei Sätze zu notieren, die Sie sich gemerkt haben. Das ist eine wichtige Übung. Wenn Sie feststellen, dass Sie die Botschaft eines oder einiger Kapitel nicht richtig behalten haben, schlagen Sie noch einmal auf den entsprechenden Seiten nach. Sie müssen die Botschaften dieser Kapitel verinnerlichen. Sie müssen die Gesetzmäßigkeiten für den Zustand finanziellen Erfolgs, insbesondere auch diese mentalen Gesetzmäßigkeiten wirklich kennen und behalten, nicht nur lesen und vergessen. Und dann denken:»Geld und Erfolg, kommt nun zu mir!« Los geht's also: Notieren Sie jeweils ein oder zwei kurze Sätze, ein oder zwei wichtige Stichpunkte zur Botschaft des jeweiligen Kapitels:

Kapitel 1 (Seite 19)
Sapren? Keine Zeit!
Die Botschaft lautet:

_____

_____

Kapitel 2 (Seite 27)
Was an Reichtum interessierte Menschen
von den Gänsen lernen können
Die Botschaft lautet:

_____

_____

Kapitel 3 (Seite 29)
Erlauben Sie sich finanziellen Erfolg!
Die Botschaft lautet:

_____

_____

Kapitel 4 (Seite 33)
Kaufen Sie Geldbücher, aber lesen Sie sie auch richtig!
Die Botschaft lautet:

_____

_____

Kapitel 5 (Seite 38)
Lernen Sie von solchen Geldmenschen,
deren Geldleben gut läuft!
Die Botschaft lautet:

_____

_____

Kapitel 6 (Seite 41)
Glaube an Berater, aber prüfe selbst
deine Geldentscheidungen!
Die Botschaft lautet:

_____

_____

Kapitel 7 (Seite 44)
Wer Spannung und Aufregung braucht,
sollte einen Krimi lesen
Die Botschaft lautet:

_____

_____

Kapitel 8 (Seite 50)
Micro-Actions: Machen Sie den ersten Schritt!
Die Botschaft lautet:

Kapitel 9 (Seite 54)
**An Beratung sparen bedeutet,
am falschen Ende zu sparen**
Die Botschaft lautet:

Kapitel 10 (Seite 65)
Checkliste zum Finanzberatertest
Die Botschaft lautet:

Kapitel 11 (Seite 69)
Erbitte mehr Geld, aber handle richtig!
Die Botschaft lautet:

Kapitel 12 (Seite 71)
Lösen Sie Finanzkrisen ein für alle Mal!
Die Botschaft lautet:

Kapitel 13 (Seite 73)
**Strebe nach Geld, aber erwarte nicht,
dass dich dein Geld glücklich macht!**
Die Botschaft lautet:

Kapitel 14 (Seite 76)
**Finanzieller Reichtum und Wohlstand sind
für jeden möglich**
Die Botschaft lautet:

Kapitel 15 (Seite 80)
**Warum 95 Prozent der Menschen nie
wirklich reich werden**
Die Botschaft lautet:

Kapitel 16 (Seite 84)
Die Nie-genug-Geldfalle
Die Botschaft lautet:

Kapitel 17 (Seite 88)
Neid – der Anfang vom Ende
Die Botschaft lautet:

Sie haben zu jedem Kapitel Ihre ganz persönliche Zusammen-
fassung geschrieben? Dann gratuliere ich Ihnen und freue mich mit
Ihnen auf den wichtigen Teil II.

TEIL II

DAS ARBEITSBUCH

Im Teil I haben Sie Wesentliches über die richtige Einstellung zum Geld gelesen. Im Teil II geht es nun um die Grundlagen einer jeden Finanzplanung. Es ist ein aktiver Teil. Ihre Mitarbeit ist von großer Bedeutung.

Geld ist schön!

Die meisten von uns arbeiten Monat für Monat für ihr Geld. Viele Leute sagen oder denken Dinge wie:»Oh, über Geld nachzudenken, dazu habe ich keine Zeit. Ich bin ein viel beschäftigter Mensch...« Sich mit Geld zu beschäftigen, dafür bleibt offensichtlich keine Zeit. Interessanterweise behaupten wir sogar, Geld sei doch nicht alles, und dennoch geben wir für das, was angeblich nicht alles sein soll, unsere gesamte Lebensarbeitszeit. Nicht nur das: Wir opfern für Geld unsere Zeit, unsere Energie, unsere Gesundheit. Am Ende des (Geld-)Lebens sind wir dann alt und krank. Der Geldstress hat an uns genagt, und unsere Gesundheit ist in vielen Fällen ruiniert. Auf einen Nenner gebracht: Erst riskieren wir unsere Gesundheit, um so viel Geld wie möglich zu scheffeln. Und dann müssen wir unser ganzes Geld wieder investieren, um unsere Gesundheit zurückzukaufen, um ein Jahr nach dem anderen zurückzuerobern. Wer nicht aufpasst und dieser»Oh, über Geld nachzudenken, habe ich keine Zeit«-Illusion hinterherläuft, ist nicht selten eines Tages alt, arm und krank. Eine wirklich dumme Geschichte, kein besonders kluges Geschäft. Fatal daran ist: Wer regelmäßig auch nur einen Geldtag im Monat einlegt, verdient auf Dauer mehr, als er erarbeiten kann.

Was ist finanzieller Erfolg?

In meinem Buch»Die Magie des Erfolges« beschreibe ich verschiedene Erfolgszustände. Was ist überhaupt ein Erfolg? Was ist ein finanzieller Erfolg? Ein finanzieller Erfolg ist, wenn die Statistiken, die sinken sollten, sinken und die Statistiken, die steigen sollten, steigen. Hierzu im nächsten Kapitel, gewissermaßen als Einstieg zu diesem Arbeitsbuch, mehr.

Was ich Ihnen bereits jetzt versprechen kann: Wenn Sie ab sofort ein klein wenig mehr Zeit für Ihre privaten Finanzen aufwenden, werden Sie ein Vielfaches dessen an Reichtum und finanziellem Wohlstand erzielen, was Sie erreichen, wenn Sie einfach nichts tun. Wenn Sie immer nur für Ihr Geld arbeiten, statt Ihr Geld für sich arbeiten zu lassen. Besonders wichtig: Ich verspreche keinen Reichtum in drei, vier, fünf oder wer weiß wie viel Jahren. Solche Versprechen sind schlichtweg unseriös. Solche Versprechen erwiesen sich zudem in der Vergangenheit fast ausnahmslos als unhaltbar! Ich spreche von Reichtum, der nach und nach aufgebaut wird. Ich spreche von systematischer Vermögensplanung und von richtigem Umgang mit Geld. Jahr für Jahr – und dann, nach 15, 20 oder 25 Jahren, ist ein Vermögen vorhanden.

Planen und handeln Sie!

Der Weg zu Reichtum beginnt damit, dass Handeln und Planen miteinander kombiniert werden. Ich habe viele Menschen im Lauf der letzten Jahre kennen gelernt, die in Gelddingen stets nur planen, aber nie handeln. Ich habe ebenso viele Menschen kennen gelernt, die in Gelddingen immer handeln, jedoch immer ohne Plan. Beide Versuche, reich zu werden, scheitern bis auf wenige glückliche Ausnahmen. Für Sie gilt: Handeln und planen Sie! Planen und handeln Sie! Der erste Schritt dazu ist: Tragen Sie in Ihrem Kalender ab sofort jeden Monat einen Geldtag ein. Beginnen Sie nicht mit dem nächsten Monat! Beginnen Sie diesen Monat! Das ist alles. Das ist der erste und wichtigste Schritt zur wirklichen Veränderung.

Die folgenden Seiten sollen Sie durch Ihre Geldtage der nächsten Monate begleiten. Ich verrate Ihnen auf jeder Seite einfaches, praxisorientiertes Geld-Know-how. Sie können jedes Kapitel unmittelbar selbst anwenden. So nehmen Sie Seite für Seite Ihren Vermögensaufbau in die eigene Hand. Damit beachten Sie eine der wichtigsten Erfolgsregeln. Geben Sie hinsichtlich Ihrer finanziellen Planung die Regeln vor, niemand sonst. Vermeiden Sie den Zustand, dass Sie auf Grund mangelnder Geldkontrolle und dadurch entstehender Schulden beispielsweise von Ihrer Bank geführt werden. Geben Sie die Regeln vor.

In einem der folgenden Kapitel haben Sie die Möglichkeit, Ihren Anlegertyp zu testen. Checken Sie in jedem Fall Ihre Versorgungslücken. Welche gibt es? Wie können Sie diese Lücken schließen? Dieses Arbeitsbuch entstand ursprünglich in Zusammenarbeit mit dem FID-Verlag während meiner Zeit als Chefredakteur für einen Newsletter. Zahlreiche Tabellen, Grafiken, so manche Erklärung usw. wurden mit freundlicher Genehmigung des FID-Verlags – zum Teil verändert oder ergänzt – übernommen. Wer sich für regelmäßige Geldinformation zu Spezialgebieten – besonders zur Aktienanlage – interessiert, dem empfehle ich neben einem Abonnement meines eigenen Coaching-Briefs, sich einmal die verschiedenen Publikationen aus dem Haus FID anzusehen. Einer meiner Tipps für (eher) konservative Investoren: der monatlich erscheinende, zwölfseitige »Value Investor«. Näheres zu diesem und den übrigen interessanten und geldwerten Newslettern im Internet unter www.fid-verlag.de oder am Ende dieses Buches bei meinen persönlichen Empfehlungen.

Zurück zu diesem Arbeitsbuch. Wichtig ist: Sie allein sind in diesem zweiten Teil für zufrieden stellende Ergebnisse verantwortlich. Sie allein entscheiden, wie gut die Ergebnisse sind, die Ihnen dieser Teil II hinsichtlich Ihres richtigen Umgangs mit Geld bietet. *Meine Botschaft an Sie lautet:* Nutzen Sie dieses Arbeitsbuch für Ihren Vermögensaufbau. Lassen Sie Ihr Geld mit System und Gewinn arbeiten. Dieser Teil des Buches ist das Ergebnis aus meiner über 15-jährigen Tätigkeit als Geldtrainer, Geldautor, Berater und Seminarreferent. Seit über 15 Jahren beschäftige ich mich mit dem richtigen und erfolgreichen Umgang mit Geld. In diesen Jahren habe ich viele zehntausend Menschen kennen gelernt. Was mir auffiel, war: Immer dann, wenn sich Menschen mit Geld intensiver beschäftigen wollen, ist die Ehrlichkeit sich selbst gegenüber zu Beginn der wichtigste Schritt. Es ist ein entscheidender Schritt. Deswegen stelle ich Ihnen jetzt zehn Geldfragen, die ich Sie bitte, spontan mit einem klaren Ja oder Nein zu beantworten. Antworten Sie, ohne lange zu überlegen. Je schneller Sie antworten, desto ehrlicher ist die Antwort.

Der meisterhafte Umgang mit Geld: Testen Sie sich!

- Haben Sie schon einmal darüber nachgedacht, welcher Anlegertyp Sie wirklich sind?
- Wissen Sie, wie viel Geld Sie jeden Monat ausgeben?
- Haben Sie schon mal über ein Haushaltsbudget Ihre wirkliche Sparquote ermittelt?
- Wissen Sie, wie hoch Ihre Sparquote sein könnte?
- Haben Sie innerhalb der letzten drei Monate Ihre persönliche Vermögensbilanz erstellt?
- Kennen Sie auf Anhieb die wichtigsten Bausteine eines sinnvollen Vermögensaufbaus?
- Kennen Sie die wesentlichen Checkpunkte, die Sie vor Abschluss einer Berufsunfähigkeitsversicherung beachten müssen?
- Kennen Sie Ihre Versorgungslücke im Alter?
- Kennen Sie Ihr Sparziel für Ihren geplanten Vermögensaufbau?
- Kennen Sie den Betrag, mit dem Sie in einem von Ihnen gewählten Zeitraum die erste Million erreichen?

© Text: Bernd W. Klöckner, Konzeption:
Bernd W. Klöckner und FID-Verlag, www.berndwkloeckner.de

Auswertung: Konnten Sie mehr als acht Fragen mit einem deutlichen Ja beantworten? Dann gratuliere ich Ihnen. Sie haben offensichtlich Ihre Finanzen wie ein Profi im Griff. Waren es jedoch nur wenige klare Jas, dann trösten Sie sich. Sie sind keine Ausnahme. Im Gegenteil: Die meisten Menschen gehen mit Geld unkontrolliert um und haben sich über Dinge wie Sparquote, mögliche Sparquote und so weiter noch keine Gedanken gemacht. Das ist nicht weiter verwunderlich. Denn während wir Lesen, Schreiben und Rechnen in der Schule lernen, gibt es keinen Geldunterricht in diesem Sinn. Alles, was wir über den richtigen Umgang mit Geld erfahren wollen, müssen wir uns selbst beibringen. Oder, um es drastischer auszudrücken: Wer reich werden will, darf nicht zur Schule gehen. Denn dort lernt er nichts über den richtigen Umgang mit Geld.

Nun aber wünsche ich Ihnen viel Spaß bei den folgenden Kapiteln. Legen Sie sich einen Stift und vielleicht einige Blätter Papier zurecht. Dann starten Sie!

Kapitel 18
Ihre heutige finanzielle Situation

Mit den folgenden Fragen zu Ihrer heutigen finanziellen Situation kommen Sie – besonders als Geldeinsteiger – Ihren Geldschwächen, Ihren Schwächen im Umgang mit Geld schneller auf die Schliche. Je genauer und ehrlicher Sie die Fragen beantworten, desto klarer wird das Bild Ihrer Situation. Diese persönliche Analyse ist deswegen besonders wichtig, weil niemand anderes Sie besser zum richtigen Umgang mit Geld motivieren kann als Sie selbst. Nicht ich will Sie überzeugen, wieso der richtige Umgang mit Geld so wichtig ist. Sie müssen sich selbst überzeugen. Sie müssen in Ihrem Innersten davon überzeugt sein, dass es sich lohnt, sich intensiv mit dem richtigen Umgang mit Geld zu befassen. Sie müssen den meisterhaften Umgang mit Geld wollen! Niemand sonst! Halten wir uns dabei an einen Ausspruch von Thornton Wilder. Er sagte einmal:»Ein Mann ist keinen Cent wert, solange er noch nicht vierzig ist. Bis dahin zahlen wir ihm sein Gehalt lediglich dafür, dass er Fehler macht.«

Die entscheidende Botschaft lautet: Wo auch immer Sie heute stehen, wer auch immer Sie heute sind: Sie werden in den letzten Jahren viele kleine oder auch größere Geldfehler gemacht haben. Nutzen Sie nun diese Geldfehler, sorgen Sie für eine lückenlose Bestandsaufnahme Ihrer heutigen finanziellen Situation. Dann handeln Sie! Lernen Sie aus Ihren Geldfehlern, betrachten Sie realistisch, wo Sie heute finanziell stehen. Dann kommen Sie am Ende zu einem Urteil und – was viel wichtiger ist – zu einem Entschluss. Damit meine ich keinen großartigen, großspurigen Entschluss. Ich meine vielmehr, dass Sie es sind, der am Ende dieser persönlichen Analyse sich selbst sagen muss, was er ab sofort ändern will. Je klarer und verbindlicher Sie Ihren Entschluss notieren, desto aufmerksamer werden Sie dieses Buch lesen. Je klarer Ihr Entschluss formuliert ist, desto größer ist die Bereitschaft, sich den notwendigen Veränderungen in Ihrem Geldverhalten zu stellen. Um Ihren Entschluss am Ende dieser Analyse zu unterstützen, werde ich Sie immer wieder nach einigen Fragen auffordern, ein kurzes Fazit zu schreiben. Bevor wir nun zur Analyse Ihrer finanziellen Situation kommen, möchte ich Ihnen einige Gründe nennen, weshalb nicht mehr Menschen wohlhabend sind. Die meisten Menschen…

- …haben Wohlstand niemals klar definiert. Diese Menschen reden immer wieder von »Wohlstand«, wissen jedoch überhaupt nicht, was »Wohlstand« für sie konkret sein soll.
- …leben in finanzieller Hinsicht derart unkontrolliert und in einer Weise, die es auf Dauer unmöglich macht, wirklichen Wohlstand zu erreichen.
- …erleben nur, wie ihnen das Geld immer und immer wieder durch die Finger rinnt. Sie glauben nicht daran, dass sie den richtigen Umgang mit Geld lernen können.
- …machen den Wunsch nach Reichtum und Wohlstand nie zu einem wirklichen Bedürfnis.
- …haben sich noch nie Gedanken über die ihren Wünschen entsprechenden Geldziele gemacht oder haben völlig unrealistische Ziele (Millionär in fünf Jahren oder so).
- …planen über Jahre immer, wann sie wie viel Geld für welche Dinge ausgeben wollen (in drei Jahren ein neues Auto, nächstes Jahr ein toller Luxusurlaub). Doch diese Menschen versäumen es schlichtweg, endlich einen SPAR-PLAN aufzustellen.
- …denken, dass – wenn es hart auf hart kommt – vermeintliche Geldexperten und Gurus schon wissen werden, wie man schnell zu Geld kommt.
- …versäumen es schlichtweg, ihr finanzielles Leben zu strukturieren.

Die Botschaft lautet: Überprüfen Sie, wo Sie jetzt stehen. Überprüfen Sie Ihre finanzielle Situation. Lernen Sie alles über die in diesem Buch beschriebenen Gesetzmäßigkeiten zu Reichtum und Wohlstand. Dann handeln Sie. Das ist alles! Betrachten Sie Ihren Weg zu Reichtum und Wohlstand als Reise. Sie brauchen ein (Reise-)Ziel. Dann gehen Sie los. Jeder Erfolg beginnt mit dem ersten Schritt. Jeder Gelderfolg beginnt mit der ersten richtigen Geldhandlung. Wenn Sie wegen des künftigen Geldweges unsicher sind, fragen Sie jemanden, der diese Reise bereits erfolgreich hinter sich hat, nach seiner Karte. Lassen Sie sich eine Karte geben. Nehmen Sie dieses Buch als Karte!

Analysebogen: Finanzielle Situation

1. Wie schätzen Sie Ihre persönliche finanzielle Situation ein?
( ) traumhaft
( ) sehr gut
( ) gut
( ) mittel
( ) gering
( ) erschreckend (wenig)

2. Wie sehr genießen Sie bereits heute finanzielle Freiheit?
( ) traumhaft
( ) sehr gut
( ) gut
( ) mittel
( ) gering
( ) erschreckend (wenig)

3. Wenn Sie von heute auf morgen alles verkaufen, auflösen, alle Kredite zurückzahlen müssten, und Sie dürften nur noch Bargeld mitnehmen, wie schätzen Sie die Höhe Ihres Nettovermögens ein?
( ) traumhaft
( ) sehr gut
( ) gut
( ) mittel
( ) gering
( ) erschreckend (wenig)

4. Wie schätzen Sie Ihre Liquidität ein?
( ) traumhaft
( ) sehr gut
( ) gut
( ) mittel
( ) gering
( ) erschreckend

5. Entspricht Ihr Einkommen Ihren Lebensverhältnissen?
( ) traumhaft
( ) sehr gut
( ) gut
( ) mittel
( ) gering
( ) erschreckend (wenig)

6. Wie bezeichnen Sie die Qualität Ihres Umgangs mit Geld?
( ) traumhaft
( ) sehr gut
( ) gut
( ) mittel
( ) gering
( ) erschreckend (wenig)

7. Wie schätzen Sie unter Berücksichtigung der ersten sechs Fragen Ihre gesamte finanzielle Situation ein?
( ) traumhaft
( ) sehr gut
( ) gut
( ) mittel
( ) gering
( ) erschreckend (gering)

Beschreiben Sie, welche Gedanken Ihnen bei diesen Fragen durch den Kopf gingen. Welche Bilder haben Sie gesehen? Fiel es Ihnen schwer, die ehrliche Antwort anzukreuzen, auch wenn es eine unangenehme Erkenntnis war? Was haben Sie bereits bei diesen Fragen gelernt oder zu welchem Ergebnis sind Sie möglicherweise gekommen?

_____

_____

_____

_____

_____

Analysebogen: Geld/Geldpsychologie

1. Wenn Sie über Geld nachdenken: Was sind Ihre größten Sorgen, Ängste, Zweifel?

_____

_____

_____

_____

_____

2. Wenn Sie Ihre Freunde betrachten: Wie gut gehen diese mit Geld um?
( ) traumhaft
( ) sehr gut
( ) gut
( ) mittel
( ) gering
( ) erschreckend

3. Wie gut können Sie von Geld und Geldzielen träumen?
( ) traumhaft
( ) sehr gut
( ) gut
( ) mittel
( ) gering
( ) erschreckend

4. Haben Sie eine Einstellung zu Geld? Wie können Sie Ihre Einstellung zu Geld bezeichnen? Wie beurteilen Sie persönlich den Ausspruch »Ich liebe Geld«?
( ) traumhaft
( ) sehr gut
( ) gut
( ) mittel
( ) gering
( ) erschreckend

5. Wenn Sie Ihre Antworten dieses zweiten Analysebogens noch einmal durchlesen, wie beurteilen Sie dann Ihre persönliche Einstellung zu Geld?

( ) traumhaft
( ) sehr gut
( ) gut
( ) mittel
( ) gering
( ) erschreckend

Beschreiben Sie auch jetzt, welche Gedanken Ihnen bei diesen Fragen durch den Kopf gingen. Welche Bilder haben Sie gesehen? Fiel es Ihnen schwer, die ehrliche Antwort anzukreuzen, auch wenn es eine unangenehme Erkenntnis war? Was haben Sie bereits bei diesen Fragen gelernt oder zu welchem Ergebnis sind Sie möglicherweise gekommen? Betrachten Sie, bevor Sie Ihre Gedanken notieren, nochmals Ihre angekreuzten Antworten! Je schonungsloser Sie Ihre eigene Geldwirklichkeit beurteilen, desto besser.

_____

_____

_____

_____

_____

_____

Analysebogen: Geld-Know-how

1. Wie beurteilen Sie Ihre Kenntnisse von verschiedenen Geldanlageprodukten?
( ) traumhaft
( ) sehr gut
( ) gut
( ) mittel
( ) gering
( ) erschreckend

2. Wie beurteilen Sie Ihre Kenntnisse wichtiger Geldstrategien?
( ) traumhaft
( ) sehr gut
( ) gut
( ) mittel
( ) gering
( ) erschreckend

3. Wie beurteilen Sie Ihre Kenntnisse von gefährlichen Geldfehlern?
( ) traumhaft
( ) sehr gut
( ) gut
( ) mittel
( ) gering
( ) erschreckend

4. Wie beurteilen Sie Ihre Fähigkeit, einen persönlichen Finanzplan aufzustellen?
( ) traumhaft
( ) sehr gut
( ) gut
( ) mittel
( ) gering
( ) erschreckend

5. Wie beurteilen Sie Ihr Know-how, um Ihre Geldangelegenheiten selbst erfolgreich zu managen?
( ) traumhaft
( ) sehr gut
( ) gut
( ) mittel
( ) gering
( ) erschreckend

6. Wenn Sie Ihre Antworten dieses dritten Analysebogens noch einmal durchlesen, wie beurteilen Sie dann Ihr persönliches Geldverständnis und das Maß Ihres Geld-Know-hows?

( ) traumhaft
( ) sehr gut
( ) gut
( ) mittel
( ) gering
( ) erschreckend

Beschreiben Sie auch jetzt wieder, was Sie bei der Beantwortung dieser Fragen gelernt haben. Welche Frage war für Sie besonders wichtig? Welche Antwort war für Sie besonders erkenntnisreich?

_____

_____

_____

_____

_____

_____

Analysebogen: Richtiger Umgang mit Geld

1. Wie genau sind Ihre Geldziele definiert? Wie zufrieden sind Sie mit Ihrer eigenen Zielsetzung? Wie würden Sie das Maß Ihrer Geldziele bezeichnen?

( ) traumhaft
( ) sehr gut
( ) gut
( ) mittel
( ) gering
( ) erschreckend

2. Wie genau halten Sie sich an Ihr monatliches Budget?
( ) traumhaft
( ) sehr gut
( ) gut
( ) mittel
( ) gering
( ) erschreckend (= es gibt keines!)

3. Sparen und investieren Sie jeden Monat einen festen Prozentsatz Ihres Einkommens? Also: In welchem Maß bezahlen Sie sich jeden Monat selbst zuerst?
( ) traumhaft
( ) sehr
( ) gut
( ) mittel
( ) gering
( ) erschreckend (= ich bezahle mich so gut wie gar nicht!)

4. Wie gut erfüllen Sie die wichtige Geldregel, dass die Einnahmen jeden Monat größer sein müssen als die Ausgaben, um dann das überschüssige Kapital Gewinn bringend anzulegen?
( ) traumhaft
( ) sehr
( ) gut
( ) mittel
( ) gering
( ) erschreckend

5. Wie sehr haben Sie sich mit Sparprinzipien und Gewinnstrategien vertraut gemacht? Wenden Sie diese Prinzipien und Strategien an?
( ) traumhaft
( ) sehr
( ) gut
( ) mittel
( ) gering
( ) erschreckend

6. Wie sehr haben Sie sich mit Ihren möglichen Versorgungslücken
beschäftigt?
( ) traumhaft
( ) sehr
( ) gut
( ) mittel
( ) gering
( ) erschreckend

7. Wie sehr bemühen Sie sich auf alle erdenkliche Weise, Ihr Einkommen zu steigern? Setzen Sie alle Ressourcen ein, sei es durch
erstklassige Arbeit, durch ausnahmslos mit Erfolg durchgeführte
Tätigkeiten usw?
( ) traumhaft
( ) sehr
( ) gut
( ) mittel
( ) gering
( ) erschreckend

8. Wie sehr arbeiten Sie mit ein oder zwei Beratern, einem speziellen Coach zusammen?
( ) traumhaft
( ) sehr
( ) gut
( ) mittel
( ) gering
( ) erschreckend (= es gibt keine/n Berater/Coach!)

9. Wenn Sie Ihre Antworten dieses vierten Analysebogens noch
einmal durchlesen, wie beurteilen Sie dann das Maß Ihres Umgangs mit Geld?
( ) traumhaft
( ) sehr gut
( ) gut
( ) mittel
( ) gering
( ) erschreckend

Beschreiben Sie auch jetzt wieder, was Sie bei der Beantwortung dieser Fragen gelernt haben. Welche Frage war für Sie besonders wichtig? Welche Antwort war für Sie besonders erkenntnisreich? Was ist Ihre wichtigste Erkenntnis aus dieser vierten Analyse?

_____

_____

_____

_____

_____

Ergebnis: Sie haben nun einen weit besseren Überblick über Ihre finanzielle Situation. Sie haben wesentliche Antworten, kennen Ihre Stärken und Schwächen in Zusammenhang mit Geld und dem richtigen Umgang mit Geld besser als zuvor.

Bitte beachten Sie dabei: Nicht weil der richtige Umgang mit Geld schwierig ist, wagen wir es nicht, unser Geldleben in die eigene Hand zu nehmen. Richtig ist vielmehr: Weil wir es nicht wagen, weil wir uns nicht dazu entscheiden, ab heute alle unsere Geldentscheidungen in den Griff zu bekommen, erscheint uns der richtige Umgang mit Geld so schwierig! Das ist eine grundlegende Gesetzmäßigkeit, Voraussetzung für den Zustand finanziellen Erfolgs! Machen Sie es besser! Lernen Sie in den folgenden Kapiteln den richtigen Umgang mit Geld!

Bevor Sie und ich nun gemeinsam auf Ihrem persönlichen Weg zu Reichtum und Wohlstand fortfahren, fassen Sie noch einmal Ihre aus allen vier Analysen bis hierhin gewonnenen Erkenntnisse zusammen. Was ist Ihr persönliches Fazit? Versuchen Sie, es in einem Satz zu formulieren.

Mein persönliches Fazit lautet:

_____

_____

_____

_____

_____

_____

Lassen Sie mich nun dieses Kapitel mit einem sehr schönen, zutreffenden und wichtigen Zitat von Benjamin Franklin abschließen: »Es gibt zwei Möglichkeiten, glücklich zu sein. Wir können entweder unsere Wünsche senken oder unsere Mittel erhöhen – beides funktioniert –, das Ergebnis ist das gleiche; und es obliegt jedem Menschen, diese Entscheidung selbst zu treffen und das zu tun, was ihm am leichtesten fällt.

Sind Sie entweder krank oder arm, kann es noch so schwer sein, Ihre Wünsche zu senken, es wird immer schwerer sein, die Mittel zu erhöhen.

Sind Sie aktiv und erfolgreich, oder jung und gesund, so kann es leichter sein, Ihre Mittel zu erhöhen, als Ihre Wünsche zu senken.

Sind Sie jedoch weise, werden Sie beides gleichzeitig tun, egal ob jung oder alt, reich oder arm, krank oder gesund; und wenn Sie sehr weise sind, so werden Sie beides tun, da Sie dabei das Glück der gesamten Gesellschaft erhöhen.«

Geldregel 18

Erstellen Sie diesen vollständigen Selbsttest immer mal wieder zwischendurch. Mindestens einmal im Jahr! Auf diese Weise stellen Sie sehr schnell fest, wie Ihre aktuelle finanzielle Situation beschaffen ist.

Kapitel 19
Sorge dich um mehr Geld, doch sorge noch
mehr für die richtigen Geldhandlungen

Seit vielen Monaten war Abdu'l Al Moneta unterwegs. Er lernte viele unterschiedliche Länder, Sitten und Menschen kennen. Bei so mancher Begegnung konnte er mit seinem weisen Rat Ruhe stiften, wo Unruhe herrschte, für Ordnung sorgen, wo Unordnung war. Eines Tages begab es sich, dass er durch ein Dorf schlenderte. Aufmerksam nahm er den Trubel und das Stimmengewirr wahr. Auf einem großen Platz gab es eine Versammlung. Drei Propheten saßen vor drei sich heftig streitenden Männern. Der eine dieser drei Streithähne sah gut gekleidet aus und sprach in überlegenem, jedoch freundlichem Ton, der andere jammerte auch, jedoch nur wenig, der dritte jammerte und beschimpfte den gut Aussehenden.

Abdu'l Al Moneta ging neugierig näher und lauschte der heftigen Auseinandersetzung. Die Männer stritten um Geld. Der Jammernde schrie, der gut Aussehende und offensichtlich Wohlhabende habe ihn bestohlen. Er sei nun ein armer Mann und habe keinen Dinar mehr. Der zweite jammerte nicht ganz so sehr, doch auch er beschimpfte den gut Aussehenden, ihn bestohlen zu haben. Der gut Aussehende widerlegte die Vorwürfe des Jammernden immer und immer wieder. So fand der Streit kein Ende.

Immer mehr Menschen versammelten sich. Neugierig warteten sie auf das Urteil der Propheten. Diese betrachteten einige Zeit schweigend das Schauspiel. Dann stand einer von ihnen auf und sprach:
»Noch wissen wir nicht, ob an eurem Zustand Neid, Ungerechtigkeit oder eure Unkenntnis schuld sind. Ihr werdet also euer Vermögen zusammenlegen. Jeder erhalte die gleiche Summe. Wir werden euch zur rechten Zeit zusammenrufen. Doch schon heute sagen wir, was geschehen wird. Der, der am meisten jammert, wird wieder jammern. Der, der wenig jammert, wird wenig jammern. Der, der nicht jammert und wohlhabend ist, wird wohlhabend sein.« So legten die Männer ihr Vermögen zusammen. Der eine hatte nichts, der andere 50 Goldstücke, und der Dritte gab 100 Goldstücke dazu. Dann bekam jeder 50 Goldstücke, und die Menge lief auseinander.

Viele Monate darauf ereilte die Männer der Ruf der Propheten. Sie folgten dem Ruf und kamen an gleicher Stelle des ersten Streits zusammen. Die Propheten sprachen:»Nun legt Zeugnis ab, wie wahr ihr vor einiger Zeit geredet. Ein jeder zeige, was er besitzt. Die Höhe seines Vermögens soll zeigen, was er bereits vor Monaten zu Recht besessen.« So leerte der Jammernde seine Taschen. Kein einziges Goldstück fiel heraus. Der weniger Jammernde leerte seine Taschen. 50 Goldstücke kamen zum Vorschein. Dann leerte der gut Aussehende seine Taschen. 100 Goldstücke fielen zu Boden. Die Propheten sprachen:»Geld hat zwar keine Beine. Aber Geld kann laufen. Es läuft zu den Menschen, die Geld behalten und mehren. Wer Geld zu Recht verdienen will, muss verstehen, es zu geben.«

Da gab der Jammernde zu, dass er den Reichen aus Neid beschimpft hatte. Der weniger Jammernde beschloss, mehr darüber zu lernen, wie man Geld vermehren kann. Dem Wohlhabenden jedoch hingen die Menschen an den Lippen, um zu erfahren, wie es ihm gelungen war, sein Geld zu mehren.

Diese Geschichte zeigt: Reich wird, wer mit Geld umzugehen weiß. Wer mit Geld richtig umgehen will, muss wissen, wo er finanziell steht. Im Folgenden geht es deshalb darum, wie Sie eine private Haushalts- und Vermögensbilanz erstellen können. Es geht um den notwendigen Überblick und die beiden Fragen: Woher kommt Ihr Geld? Wohin fließt Ihr Geld? Der erste und entscheidende Schritt zur finanziellen Freiheit, erfolgreichen Veränderung beim Umgang mit Geld lautet dabei:

Übernehmen Sie die Schuld und damit die VerANTWORTung für Ihren finanziellen Zustand.

Persönlicher und finanzieller Erfolg folgt klaren Gesetzmäßigkeiten und Mechanismen. Finanziellen Erfolg hat, wer die Gesetzmäßigkeiten für den richtigen Umgang mit Geld kennt und anwendet. Es ist nicht damit getan, mehr Geld zu bekommen. Wichtig ist: Wenden Sie die richtigen Geldhandlungen an. Behalten Sie möglichst viel Geld. Dann legen Sie es an. Das ist die entscheidende Botschaft!

Geldregel 19

Paul Getty sagte einmal: »*Wenn alles Geld und aller Grundbesitz der Welt gleichmäßig verteilt würden, sagen wir um 15 Uhr, dann hätten wir eine halbe Stunde später bereits merkliche Unterschiede in den finanziellen Verhältnissen der Empfänger.*« *Die entscheidende Botschaft lautet: Wichtig ist nicht nur, was Sie verdienen. Wichtig ist, wie Sie Geld behalten und vermehren.*

Kapitel 20
Ihre persönliche Haushaltsbilanz

So wie jedes Unternehmen einmal im Jahr eine Bilanz erstellt, so müssen Sie mindestens einmal im Jahr Ihre Haushalts- und Vermögensbilanz erstellen. Dann – und nur dann – wissen Sie, ob Sie mehr einnehmen als Sie ausgeben, und vor allen Dingen, wo Ihr Geld verschwindet. Eine solche Aufstellung erleichtert zudem erheblich die Übersicht, an welchen Positionen Sie gegebenenfalls sparen können. In einem ersten Schritt erstellen Sie also Ihre persönliche Haushaltsbilanz.

Haushaltsbilanz

Einnahmenbudget	Euro/Monat					
Brutto-Einkommen						
Rente/Pension						
Kapitalerträge						
vermietete/verpachtete Gebäude						
sonstige Einnahmen, z. B. Kindergeld etc.						
Gesamteinkommen						
Sozialversicherungsabzüge						
Steuerabzüge						
Verfügbares Einkommen						

© Bernd W. Klöckner, www.berndwkloeckner.de

Wer unsicher ist, über welche Einnahmen er tatsächlich verfügt, legt sich am besten die Kontoauszüge der letzten Monate nebeneinander. Wichtig ist dabei, einen Schritt nach dem anderen zu machen. Konzentrieren Sie sich in diesem ersten Schritt nur auf die Einnahmenseite. Erst dann kommen wir gemeinsam zum zweiten Schritt, nämlich zu Ihrem persönlichen Ausgabenbudget. Hier zunächst zu den von mir so genannten festen Ausgaben:

Ausgabenbudget

Feste Ausgaben	Euro/Monat					
Wohnen						
Energie, Wasser, Heizung						
Versicherungen						
Sparausgaben						
Tilgung von Schulden						
Unterhalt						
sonstige feste Ausgaben						
Summe feste Ausgaben						

Hinweis: Berücksichtigen Sie auch die Kosten für Telekommunikation und Ähnliches. Nicht selten machen allein die Telefonkosten (inklusive Handy) monatlich einige hundert Euro aus!

Wichtig ist bei diesem Schritt: Erfassen Sie insbesondere die Zahlen, die Sie so nebenbei über die Wochen und Monate immer mal wieder vom Konto abheben. Ich verspreche Ihnen: Viele von Ihnen werden überrascht sein, wie viel Geld so nebenbei in irgendwelche Ausgabenpositionen fließt, an die wir uns nicht mehr erinnern. Ich habe diese Positionen »Variable Ausgaben« genannt.

Variable Ausgaben	Euro/Monat					
Ernährung						
Kleidung						
Auto, Benzin, Steuern etc.						
Zeitungen, TV, Telefonkosten						
Anschaffungen						
Hobby, Urlaub, Freizeit						
sonstige variable Ausgaben						
Summe variabler Ausgaben						
Gesamtausgaben						

Sie haben nun zwei wichtige Schritte hinter sich. Auf der Grundlage der bis jetzt berechneten Zahlen kann mühelos der Überschuss – sofern es denn einen gibt – ermittelt werden. Und die Frage, ob es einen Überschuss gibt, ist entscheidend für Ihre gesamte Vermögensplanung. Zeigt sich bereits hier, dass Ihre Ausgaben die Einnahmen weitaus überschreiten, müssen Sie blitzartig reagieren. Sonst sind Sie auf Dauer erledigt!

Privates Ergebnis

Verfügbares Einkommen
minus Gesamtausgaben

verfügbarer Überschuss

Sparbudget	**Euro/Monat**
Wertpapiere und Fondsanlagen	
Bausparen	
Lebensversicherung	
Kontosparen/Sparbuch	
sonstiges Sparen	
Regelmäßiges Sparen	
Einmalanlagen (im Monatsdurchschnitt)	

Tilgungen Wohneigentum	**Euro/Monat**
Rendite-Immobilien	
Wertpapierkredit	
Summe der Tilgungen	

Gesamtsumme Sparen und Tilgungen

Im nächsten Schritt geht es nun um die Ermittlung der persönlichen Sparquote. Wer beispielsweise nur behauptet: »Ich spare jeden Monat 200 Euro«, hat damit noch längst keinen Maßstab dafür, ob dies im Vergleich zum jeweiligen Einkommen viel oder wenig ist. Ich habe viele gut verdienende Leute kennen gelernt, die Dinge sagten wie:»Ich spare jeden Monat 400 Euro. Das ist doch wirklich genug.«Was diese Leute nicht sagten (und auch sich selbst nicht zugestehen wollten), war in vielen Fällen, dass sie theoretisch auch 600 Euro monatlich hätten sparen können. Daher ist es wichtig, die persönliche Sparquote zu berechnen.

Ermitteln Sie Ihre persönliche Sparquote!

Mit Hilfe dieser Haushaltsbilanz können Sie nun Ihre persönliche Sparquote ermitteln:

$$\text{Sparquote} = \frac{\text{Gesamtsumme Sparen und Tilgung x 100}}{\text{verfügbares Einkommen}}$$

$$\text{Sparquote} = \frac{\boxed{\;\;\;}}{\;\;\;} \text{ x 100}$$

$$\text{Sparquote} = \boxed{\;} \; \%$$

© Bernd W. Klöckner, www.berndwkloeckner.de.

Beispiel: Liegt die Summe für Sparen und Tilgungen in Ihrer Haushaltsbilanz bei 500 Euro und Ihr verfügbares Einkommen bei 2500 Euro, dann können Sie wie folgt Ihre Sparquote ermitteln:

$$\text{Sparquote} = \frac{\begin{array}{|c|c|c|c|}\hline & & 5 & 0 & 0 \\\hline & 2 & 5 & 0 & 0 \\\hline\end{array}}{} \text{ x 100}$$

$$\text{Sparquote} = \boxed{2 \;\; 0} \; \%$$

So steigern Sie Ihre persönliche Sparquote

Wenn Ihre Sparquote bei 10 bis 20 Prozent, besser noch höher liegt, dürfen Sie grundsätzlich zufrieden sein. Ein Wert von 20 bis 30 Prozent ist bereits sehr gut, und ein Wert von mehr als 30 Prozent ist hervorragend. Wenn Sie nun nach diesem Test nicht zufrieden sind, denken Sie einmal in Ruhe darüber nach, wo Sie bei Ihren Ausgaben Einsparpotenzial haben. Oder wo Sie über zusätzliche Überschüsse verfügen. Dann ermitteln Sie mit diesen Zahlen Ihre persönliche Sparquote.

Sparquote steigern

Gesamtsumme Sparen/Tilgung					
verfügbarer Überschuss					
eingesparte Ausgaben bei Reduzierung der Ausgaben					
mögliche Sparsumme					

$$\text{mögliche Sparquote} = \frac{\text{mögliche Sparsumme x 100}}{\text{verfügbares Einkommen}}$$

mögliche Sparquote = ⎡⎢⎣ ⎤⎥⎦ x 100

mögliche Sparquote = ⎡ ⎤ %

© Bernd W. Klöckner, www.berndwkloeckner.de

Weiter mit dem Beispiel: Nehmen wir an, Sie sehen, dass Sie die variablen Ausgaben um 50 Euro senken können. Der verfügbare Überschuss im privaten Ergebnis liegt bei 200 Euro. Somit errechnen Sie Ihre neue Sparquote:

Gesamtsumme Sparen/Tilgung			5	0	0
verfügbarer Überschuss			2	0	0
eingesparte Ausgaben bei Reduzierung der Ausgaben				5	0
mögliche Sparsumme			7	5	0

$$\text{Sparquote} = \frac{\boxed{}\ \boxed{}\ \boxed{7}\ \boxed{5}\ \boxed{0}}{\boxed{}\ \boxed{2}\ \boxed{5}\ \boxed{0}\ \boxed{0}}\ \text{x}\ 100$$

Sparquote = $\boxed{3\quad 0}$ %

Durch den verfügbaren Überschuss und durch einige Sparmaßnahmen bei den variablen Ausgaben haben Sie Ihre Sparquote um 10 Prozent erhöht. *Die Botschaft lautet also*: Versuchen Sie, Ihre Kaufentscheidungen zu disziplinieren, und fragen Sie sich beim Kauf eines Produkts, ob Sie dieses wirklich brauchen. Weitere wirkungsvolle Techniken und Tipps rund um das Thema Schulden und Konsum erfahren Sie im weiteren Verlauf.

Merke:
1. Sparen Sie mindestens 10 Prozent Ihres Einkommens, noch besser sind 20 oder 30 Prozent!
2. Machen Sie aus Sparen eine Gewohnheit. Nicht sparen um des Sparens willen. Das ist Geiz. Sparen Sie, weil Sie sich finanzielle Ziele setzen und diese erreichen wollen. Nochmals: Machen Sie aus Sparen eine Gewohnheit.

Geldregel 20

Diese Haushaltsbilanz ist ein erster und umfassender Schritt hin zum richtigen Umgang mit Geld. Betrachten Sie ab sofort Geld als ein »Unternehmen Geld«. Die Bilanz ist das A und O. Die Bilanz muss stimmen.

Kapitel 21
Ihre persönliche Vermögensbilanz

Eine Haushaltsbilanz zeigt Ihnen, wie Sie mit Ihrer aktuellen Situation klarkommen, wie gut Sie die beiden entscheidenden Positionen Einnahmen und Ausgaben im Griff haben. Ihre persönliche Vermögensbilanz zeigt Ihnen dagegen, was Sie bis heute erreicht haben. Wo genau, in welchen Positionen ist Ihr Vermögen enthalten (oder manchmal auch versteckt)? Wie hoch sind Ihre Schulden? Was kommt unterm Strich heraus? Sind Sie unterm Strich wirklich vermögend oder trotz vermeintlichen Vermögens möglicherweise überschuldet? Auch für die folgende Tabelle gilt: Ergänzen Sie einzelne Positionen, wenn diese bezogen auf Ihre individuelle Situation fehlen.

Aktive Vermögensbilanz

Die aktive Vermögensbilanz steht für Ihr Vermögen und Ihr Eigentum. Tragen Sie in diese Positionen Ihre aktiven Vermögenswerte ein und errechnen zum Schluss die Summe.

Geldwerte
Barvermögen
Guthaben auf Konten
Festgeld
Außenstände
Geldforderungen an Dritte
Sonstiges
Grundbesitz
Haus und Grundstücke
Teileigentum
Immobilien im Ausland
Sonstiges

Sachwerte						
Schmuck, Edelmetalle						
Besondere Sammlungen						
Antiquitäten						
Fahrzeuge (Auto, Zweitwagen, Boot)						
Wert der Wohnungseinrichtung						
Sonstiges						
Bausparen/Lebensversicherung						
Guthaben aus Bausparverträgen						
Rückkaufswerte Lebensversicherungen						
Wertpapiere						
Festverzinsliche Wertpapiere						
Bundeswertpapiere						
Rentenfondsanteile						
Sonstiges						
Aktien						
Aktien						
Aktienfondsanteile						
Spekulationen						
Optionen, Optionsscheine						
Sonstige Risikowerte						
Betriebsvermögen/Beteiligungen						
Anteil an geschlossenen Immobilienfonds						
Genossenschaftsanteile etc.						
Sonstiges						
Summe						

© Bernd W. Klöckner, www.berndwkloeckner.de

Diese Finanz-Inspektion ist gewissermaßen ein Pflichtprogramm für jeden, der sich ernsthaft mit der eigenen Finanzplanung und dem richtigen Umgang mit Geld beschäftigen will. Er weiß dann, welches Vermögen er bereits hat.

Passive Vermögensbilanz

Im Gegensatz zur aktiven Vermögensbilanz tragen Sie hier alle Geldwerte ein, die Sie an Dritte zu zahlen haben. Das sind alle Schulden, die Sie zurzeit an Banken oder sogar an Freunde haben. Summieren Sie diese!

Schulden
Ratenkredite
Darlehen
Hypotheken, Grundschulden
Betriebsbedingte Schulden
Noch zu zahlende Steuern
Sonstiges
Summe:

© Bernd W. Klöckner, www.Berndwkloeckner.de

Nettovermögensberechnung

Stellen Sie nun die Summe der aktiven und der passiven Vermögensbilanz gegenüber. Das Ergebnis ist Ihr Nettovermögen. Ist das negativ, wäre dies ein sehr schlechtes Zeichen. Sie müssen sich dann schnellstens eine Sparmaßnahme einfallen lassen. Sie müssen dann dringend Ihre Schulden minimieren.

Vermögen
Schulden
Nettovermögen

© Bernd W. Klöckner, www.berndwkloeckner.de

125

Für die schnellen Leser unter Ihnen habe ich eine gekürzte Fassung der Vermögensbilanz entwickelt.
Tragen Sie zuerst Ihr Eigentum ein.

Girokonto _____

Sparbuch _____

Festgeld _____

Sparverträge _____

Lebensversicherungen _____

Eiserne Reserve _____

Haus/Wohnung _____

Fahrzeuge (PKW, Fahrrad ...) _____

Edelmetalle, Schmuck _____

Ihr gesamtes Vermögen _____

Fassen Sie alle Verbindlichkeiten und Verpflichtungen zusammen.

Kredit Haus/PKW _____

sonst. Kredite _____

Sonstige Verpflichtungen _____

Gesamte Verbindlichkeiten _____

Zum Schluss berechnen Sie Ihre aktuelle Vermögenslage, indem Sie Ihr summiertes Vermögen Ihren summierten Verbindlichkeiten gegenüberstellen:

Ihr Vermögen _____

– Ihre Verbindlichkeiten _____

= Ihre Vermögenslage _____

Ergebnis: Sie haben nun einen sehr wichtigen Schritt hinter sich gebracht: Ihren persönlichen Kassensturz. Mit diesem Kassensturz ist nun klar, ob Sie derzeit reich (Einnahmen größer als Ausgaben) oder arm (Einnahmen kleiner als Ausgaben) sind. Ferner ist Ihnen Ihre persönliche Sparquote bekannt. Und Sie wissen, wie Sie diese Quote steigern können, kennen Ihren Vermögensstatus. An dieser Stelle wiederhole ich die wichtigste Formel für dauerhaften Vermögensaufbau. Die Formel lautet:

Einnahmen > Ausgaben

Wer diese Formel verletzt, ist auf Dauer erledigt. Verstehen Sie? Wer diese Formel auf Dauer verletzt, gerät unweigerlich in eine Notlage. Beachten Sie deshalb diese Formel. Sie ist entscheidend für Ihren Weg zu Reichtum und Wohlstand. Es gibt keinen dauerhaften Reichtum und Wohlstand, wenn diese Formel verletzt wird, wenn Ihre Ausgaben ständig die Einnahmen überschreiten. Weil die Ausgabenseite so entscheidend ist, steht in den folgenden Kapiteln der Konsum im Mittelpunkt.

Geldregel 21

Die Vermögensbilanz ist der zweite, wichtige Schritt für den richtigen Umgang mit Geld. Letztlich ist es völlig gleichgültig, wie Sie Ihre Vermögensbilanz aufstellen. Hauptsache ist, Sie sichern sich diesen Überblick!

Kapitel 22
Seien Sie ehrlich im Umgang mit so genannten Finanzproblemen!

Man fragte Cato nach der lohnendsten Art, seinen Besitz zu mehren.
Cato schlug vor: »Viehzucht!« – »Und was käme noch in Frage?«
»Auch noch Viehzucht«, antwortete Cato, »wenn auch mit weniger Erfolg.«
»Und wie wäre es mit dem Ausleihen von Geld?«
Cato schüttelte den Kopf und meinte: »Dann kann man auch gleich morden!«
Michael Schiff

Wer das Verhältnis Einnahmen zu Ausgaben im Griff haben will, muss lernen, mit Krediten und zu hohem Konsum umzugehen. Nehmen wir diese Geschichte über Catos Meinung zu Krediten als Einstieg zum Thema Ausgaben, Konsum und Kredite. Nur selten sind Geldanleger ehrlich, wenn sie sich über ihre finanzielle Situation, über ihren Umgang mit Geld unterhalten. Dann sagen die Leute Dinge wie

1. »…der Kredit fürs Haus kostet zu viel Geld.«
2. »…ich habe im Moment ein kleines finanzielles Problem.«
3. »…mich plagen zurzeit finanzielle Sorgen.«
4. »…ich müsste ein bisschen mehr verdienen.«
5. »…einige Kunden zahlen nicht, deswegen…«
6. »…die Firma hat mein Gehalt nicht überwiesen, daher habe ich im Moment ein Problem.«

Am häufigsten kommt Unehrlichkeit im Umgang mit den Finanzen im Übrigen unter (Ehe-)Partnern vor. Finanzielle Engpässe werden dem Partner nicht eingestanden oder erst dann, wenn es sich nicht mehr vermeiden lässt. Das Problem dabei ist: Wären wir öfter ehrlich zu uns selber, würden wir möglicherweise schneller Änderungen herbeiführen. Nehmen wir die Ausreden und übersetzen sie einmal in eine etwas ehrlichere Sprache:

1. »…ich habe mich beim Hauskauf übernommen und mir mehr geleistet, als ich mir leisten durfte. Ich sollte dringend mein Haus verkaufen und diese Situation bereinigen.«

2. »...zurzeit gebe ich mehr Geld aus, als ich verdiene. Ich bin schlichtweg verschuldet und kann diese Schulden nicht bezahlen.«
3. »...zurzeit leiste ich mir zu viel und gebe im Verhältnis zu meinem Einkommen zu viel aus. Ich verschulde mich von Monat zu Monat mehr.«
4. »...ich muss meine Ausgaben einschränken, weil ich mich sonst ständig weiter verschulde.«
5. »...mein Unternehmen befindet sich in einer Schuldenspirale. Ich muss meine Kosten dringend in den Griff kriegen. Ich muss mich und mein Unternehmen so organisieren, dass auch dann meine Einnahmen über meinen Ausgaben liegen, wenn einige Kunden mal nicht zahlen.«
6. »...ich befinde mich stets an der Verschuldungsgrenze. Ich gebe mein Einkommen immer ganz aus und spare nicht. Sobald nur eine unvorhergesehene Sache eintritt, gerate ich in Verschuldung.«

So oder so ähnlich wären die ehrlichen Sätze zur jeweiligen Situation. Wer sich zu dieser Ehrlichkeit zwingt, wird in jedem Fall belohnt. Wenn Sie einmal in einer solchen Situation sind, also wenn Sie Finanzprobleme haben – also verschuldet sind –, suchen Sie das Gespräch mit einem wirklich guten Freund, einer wirklich guten Freundin. Bitten Sie diese Person, Ihnen einmal eine Stunde lang zuzuhören. Dann erzählen Sie schonungslos, was zurzeit mit Ihren Finanzen alles nicht stimmt. Immer wieder bestätigen mir von Verschuldung betroffene Menschen nach einem solchen Gespräch von einem Gefühl der Erleichterung. Endlich haben Sie sich jemandem mitgeteilt. Endlich weiß einer um Ihre Situation. Zu wissen, dass jemand von der eigenen Verschuldung weiß, zwingt zum Handeln. Es sind also zwei positive Konsequenzen. Erstens sind betroffene Menschen erleichtert, zweitens konzentrieren diese Menschen sich jetzt darauf, zu handeln und die Situation zu verbessern.

Geldregel 22

Sorgen Sie dafür, dass es in Ihrer Umgebung einen Menschen gibt, mit dem Sie regelmäßig über Geld sprechen, mit dem Sie sich regelmäßig über den richtigen Umgang mit Geld austauschen. Machen

Sie aus einer Verschuldung kein Geheimnis. Sonst wird die Situation schlimmer, nicht besser! Wenn Sie also ahnen, dass in wenigen Monaten große Steuerzahlungen auf Sie zukommen, sprechen Sie mit einer Person Ihres Vertrauens. Wenn Sie ahnen, dass Sie die Kreditraten für Ihr Haus auf Dauer nicht zahlen können und diese Raten bereits jetzt jeden Monat Ihr Nettovermögen mindern, reden Sie, Mensch! Teilen Sie sich einer Person mit. Dabei spielt es keine Rolle, ob Sie ein 10 000-Euro- oder Eine-Million-Euro-Problem haben. Ob Sie einem Menschen 20 000 Euro schulden und nicht zahlen können, oder ob Sie zehn Millionen Euro schulden und diese voraussichtlich nicht mehr zurückzahlen werden. Reden Sie mit einer Person Ihres Vertrauens! Zwingen Sie sich so zum Handeln! Das ist alles. Geldfehler machen ist keine schlimme Sache. Auch in Verschuldung geraten ist an für sich keine bedrohende Angelegenheit. Bedrohlich wird es erst, wenn Sie mit niemandem sprechen. Wenn die Verschuldungsphase immer größer und größer wird, bis sie eines Tages platzt. Dann erst dann haben Sie ein Problem. Denken Sie ab heute immer daran: Ihr Leben will Sie wegen Ihres Umgangs mit Geld, wegen Ihres finanziellen Erfolges nicht bestrafen. Dieses Leben will Sie trainieren.

Kapitel 23
Gebe dein Geld aus, aber verschwende es nicht!

Ein Bauer erklomm eines Abends die in einen Berg gemeißelten Stufen, um Abdu'l Al Moneta zu besuchen. Er wollte diesem ein wichtiges Problem vortragen und erhoffte sich Hilfe. Abdu'l Al Moneta empfing ihn mit einem stillen Lächeln und ließ ihn eintreten. Er bat seinen Besucher, sich zu setzen, und forderte ihn auf zu sprechen. Da erzählte der Bauer davon, wie sein Geld ihm durch die Finger rinne. Reich zu sein sei sein größter Wunsch, doch sein Geld werde trotz aller Arbeit immer weniger und weniger. Als er schwieg, schaute Abdu'l Al Moneta ihn lange an. Dann sprach er:»Gehe hinaus und betrachte die Zeit. Dann komme wieder und sage mir, was du gelernt hast. Stehe nun auf und verlasse mein Haus.« Verwundert über diesen seltsamen Rat des als weise bekannen Abdu'l Al Moneta hob sein Besucher die Hand zum Abschied. Er verließ das Haus und stieg die Stufen zur Stadt hinab. Die Tage vergingen. Der Bauer ging seiner Arbeit nach. Er kam dieser Arbeit kaum hinterher. Das lag weniger an der Arbeit als daran, dass der Bauer seine Zeit nicht im Griff hatte. Und weil er keine Zeit hatte, vergaß er auch den erneuten Besuch bei Abdu'l Al Moneta. Nachdem viele Monate vergangen waren, wanderte Abdu'l Al Moneta an den Feldern des Bauern vorbei. Der Bauer, einmal mehr in Eile, sah ihn, lief zu ihm hin und sprach:»Ich versprach mir Rat von dir. Aber du meintest, ich solle die Zeit beobachten. Dann würde ich ein wohlhabender Mann, und mein Geld würde mir nicht so in den Händen zerrinnen. Ich habe aber keine Zeit, die Zeit zu beobachten. Ich habe zu tun. Ich verstehe deine Lehren nicht.« Auf seinen Wanderstock gestützt hatte Abdu'l Al Moneta aufmerksam den Worten des Bauern gelauscht. Dann sprach er: »Mein lieber Freund: Deine Arbeit erscheint dir so viel, weil du immer wieder deine Zeit verschwendest. Deine Arbeit ist weit weniger, als deine Zeit, die du aufwendest, vermuten lässt. So, wie deine Verschwendung der Zeit einen Mangel entstehen lässt, führt die Verschwendung deines Geldes dazu, dass du unter Geldmangel leidest. Du sieht: Hättest du die Zeit gefunden, deine Zeit zu beobachten, hät-

test du den Schlüssel zu deiner trotz hoher Einnahmen herrschenden Armut erkannt.« Dann ging Abdu'l Al Moneta seines Weges. Es wird erzählt, dass die Menschen in der Stadt davon erzählten, wie sich der Bauer seit diesem Tag änderte. Wie er plötzlich Zeit für jeden hatte und seinen Reichtum genoss.

Jede Form der Geldverschwendung führt auf Dauer zu Armut. So, wie Zeitverschwendung zu Zeitmangel führt, bedeutet Geldverschwendung auf Dauer Geldmangel. Einer der häufigsten Gründe für Geldverschwendung ist der Wunsch nach Bedeutsamkeit, der Wunsch danach, besonders gekleidet zu sein und aufzufallen, eine besonders teure Uhr zu tragen und dafür bewundert zu werden. Rechnen Sie selbst einmal nach, wie viel Geld Sie im letzten Jahr dafür ausgegeben haben, um sich etwas vermeintlich Besonderes zu kaufen. Rechnen Sie einmal nach, wie oft Sie bei anderen Gelegenheiten Geld regelrecht verschwendet haben. Wer nach erfolgreicher Arbeit einen Teil seines verdienten Geldes »verschwendet«, um sich selbst für die geleistete Arbeit zu belohnen, handelt – sofern diese Verschwendung nicht überhand nimmt – durchaus korrekt. Es geht also nicht um ewiges Geizen. Es geht nicht darum, mit Geld zu knausern. Eine der wichtigsten und entscheidenden Botschaften lautet: Es wächst nur, was wir beachten. Nehmen Sie Ihre Kinder. Sie kümmern sich um Ihre Kinder. Sie sorgen gut für sie. Ihre Kinder wachsen und gedeihen. Sie sind stolz auf sie. Nehmen Sie Ihr neues Auto. Sie haben lange für dieses Traumauto gespart und es sich jetzt geleistet. Was tun Sie? Sie beachten und pflegen es. Sie kümmern sich um Ihr Auto, und die Leute sagen: »Seht, das ist aber ein schönes Auto«. Nehmen wir – viel einfacher – Ihre Blumen im Haus, die Sie so gern mögen. Ihre Pflanzen, auf die Sie so stolz sind. Fast unbewusst streift Ihr Blick jeden Abend, wenn Sie nach Hause kommen, eine Pflanze nach der anderen. In wenigen Augenblicken stellen Sie fest, ob es einer Pflanze gut geht. Sie fühlen, ob genug Wasser vorhanden oder die Erde womöglich zu feucht ist. Auf den Punkt gebracht: Sie beachten Ihre Pflanzen. Das Ergebnis kann sich sehen lassen: Die Pflanzen wachsen und gedeihen wunderschön. Jeder Besucher ruft, wenn er diese Pflanzen sieht: »Oh, wie schön diese Blume ist, sieh mal, wie herrlich diese Pflanze wächst.« Stellen Sie sich vor, Sie würden Ihren Partner nicht beachten. Die Folge wären Depressionen, Streit, Auseinandersetzung, womöglich eine Trennung. Bei Geld ist es nichts anderes. *Die entscheidende Botschaft lautet:* Beachten Sie Ihr Geld. Schenken Sie Ihrem Geld Achtung. Der Duden übersetzt Achtung auch mit »Meinung, Schätzung«. Schätzen Sie Ihr Geld, sehen Sie es als Schatz! Ich habe immer wieder erlebt, dass Geldwert und Selbstwert unmittelbar miteinander zu tun haben. Viele Leute, die Geld nicht beachten und sinnlos verschwenden, haben einen geringen Selbstwert. Diese Leute verschwenden das Geld Woche für Woche, Monat für Monat, Jahr für Jahr. Statt sich endlich selbst zu bezahlen, sich selbst zu belohnen, geben Sie das Geld, das sie oft nicht mal haben (Kredit), aus, um Dinge zu kaufen, die sie nicht brauchen (Missachtung des Geldes), um damit Leuten zu imponieren, die sie überhaupt nicht mögen (geringer Selbstwert, geringe Selbstachtung). Geldverschwendung ist also wie Zeitverschwendung eine wirklich dumme Geschichte! Verschwenden wir unsere Zeit, werden wir immer an Zeitmangel leiden. Verschwenden wir unser Geld, werden wir immer an Geldmangel leiden. Beachten wir unser Geld nicht, beachten wir uns selbst nicht. Machen Sie es besser! Ab heute! Schätzen Sie Ihr Geld! Betrachten Sie es als Schatz! Teilen Sie es wie Ihre Zeit sorgfältig ein! Beachten Sie es! Kümmern Sie sich um Geld so, wie Sie sich täglich um Ihre Blumen oder Kinder kümmern.

Geldregel 23

Vermeiden Sie sinnlose Verschwendung! Vermeiden Sie sinnloses Kaufen! Vermeiden Sie das von mir so genannte Imponierkaufen! Das sind die Einkäufe, die nur dazu dienen, andere Menschen möglichst zu beeindrucken. Beachten Sie Geld! Teilen Sie es ein! Jeden Tag!

Kapitel 24
Fünf wichtige Gründe,
keine Konsumschulden zu machen

Wer bereits mehrere meiner Bücher gelesen hat, weiß, dass Cialdini einer meiner Lieblingsautoren ist. Sein Buch »Überzeugen im Handumdrehen« ist ein Meisterstück psychologischer Überzeugungskunst. Erkundigen Sie sich nach Robert B. Cialdini! Unter anderem beschreibt er sehr deutlich und anhand überzeugender Praxisfälle, warum Menschen mehr Erfolg haben, wenn Sie ein »weil« als Begründung angeben können. Wer sich also in einer Menschenschlange vor irgendeinem Schalter ohne jegliche Begründung vordrängelt, hat entscheidend weniger Erfolg als derjenige, der sein Vordrängeln mit irgendeinem Argument begründet. Also Dinge sagt wie: »Würden Sie mich bitte vorlassen, weil…« Bei Cialdinis Untersuchungen erfüllten 95 Prozent der so mit einem drängelnden Bittsteller Konfrontierten den Wunsch. Besonders interessant wurde es, als lediglich die Wirkung des Wortes »weil« untersucht wurde. Um auszuschließen, dass die Menschen einen Bittsteller nur wegen einer besonders guten Begründung vorlassen, wurde die Erfolgsquote gemessen, wenn in einem Kopierladen sich eine Kundin vordrängelte mit der Begründung »Entschuldigen Sie, ich habe nur fünf Seiten zu kopieren. Darf ich mich vordrängeln, weil ich einige Kopien zu machen habe?« Obwohl es in diesem Fall offensichtlich keinen richtigen Grund für die Bitte gab, ließen 93 Prozent der Befragten die Kundin vor. Warum erzähle ich diese Anekdote aus Cialdinis Buch in Zusammenhang mit Konsum? Es geht um eine wichtige Übung. Bei dieser Übung geht es darum, sich selbst möglichst wirkungsvoll zu überzeugen, warum Konsumschulden dumme Schulden sind. Würde ich lediglich davon schreiben, dass dies so ist, wäre die Wirkung auf Ihr Handeln weitaus geringer, als wenn ich Sie dazu bringen kann, sich selbst (wirkungsvoll) zu überzeugen, dass Konsumschulden dumme Schulden sind. Hier nun die Übung, anschließend dann ein paar Erläuterungen dazu.

Vervollständigen Sie den folgenden Satz mit verschiedenen Varianten. Denken Sie gut über diese einzelnen Ergänzungen nach »weil« nach.

Ich sollte besser keine Konsumschulden machen, *weil*

1. _____ _____
2. _____
3. _____
4. _____
5. _____
6. _____

Nachdem Sie nun diese sechs Gründe aufgeschrieben haben, nenne ich Ihnen einige Gründe aus meiner Sicht. Es kann sein, dass meine Ausführungen mit Ihren übereinstimmen. Möglicherweise nenne ich Ihnen aber auch zusätzlichen Begründungen.

Ich sollte besser keine Konsumschulden machen, *weil*
1. ... kaufen auf Pump den Anschein einer kurzfristigen Lösung erweckt. Man weiß zwar im Innersten selbst, dass man derzeit kein Geld hat, und fühlt sich dementsprechend unwohl. Doch man »löst« das Problem, indem man sich schnell mal etwas leistet. Man löst das »Ich habe keine Geld«-Problem damit sehr, sehr kurzfristig, zu Lasten einer immer schwieriger werdenden, langfristigen Lösung.
2. ... zunehmende Konsumschulden, zunehmende Belastung durch Konsumkredite auf Dauer jegliche Motivation zunichte machen. Niemand arbeitet gerne einen Monat nach dem anderen, wenn er jeden Monat weiß, wie ein Großteil seines Geldes für das Abzahlen angehäufter Konsumkredite verschwindet. Damit beginnt ein Teufelskreis: Mangelnde Arbeitsmotivation bedeutet auf Dauer eine schlechte Arbeitsleistung. Je schlechter die Arbeitsleistung, desto geringer die Chance auf eine dringend nötige Gehaltserhöhung. Auf Dauer führt die fehlende Arbeitsmotivation so zur Kündigung, wodurch sich die Geldprobleme vervielfachen.
3. ... ein Schuldner selbst dann, wenn er weiterhin eine Topleis-

tung bringt, keinen Lohn mehr für seine Arbeit erhält. Mehr Geld zu haben ist das gewünschte Ziel, wenn jemand mehr arbeitet. Wer jedoch nur mehr arbeitet, um Konsumschulden zu bezahlen, wird auf Dauer keinen Sinn darin sehen, sich anzustrengen. Dieser Punkt ist also der zweiten Begründung sehr ähnlich.

4. ... jeder unbewusst ohnehin »weiß«, dass Konsumschulden dumme Schulden sind. Wer das jedoch im Innern weiß und es trotzdem tut, also für Konsum Schulden macht, fühlt sich wenige Sekunden lang glücklich und bestätigt, anschließend jedoch längere Zeit unglücklich und dumm. Die fatale Folge: Wer sich zu häufig dumm fühlt, verliert an Selbstvertrauen und Selbstbewusstsein. Wer wenig Selbstvertrauen und Selbstbewusstsein hat, wird immer unsicherer. Auf Dauer wird die Arbeitsleistung nachlassen.

5. ... Konsumschulden den Spielraum für finanzielle Engpässe und unerwartete finanzielle Belastungen erheblich reduzieren. Kommt es dann zu einem unerwarteten Umstand – das Auto ist defekt, die Heizung fällt aus usw. –, droht schnell ein Engpass.

So weit einige Gründe meinerseits. Lesen Sie ruhig noch einmal Ihre eigenen und meine Gründe durch. Lesen Sie einmal laut. Jedes einzelne »weil« überzeugt Sie, künftig keine Konsumschulden mehr zu machen. Diese Methode geht weit darüber hinaus, einfach nur in einem Buch zu lesen:»Machen Sie keine Konsumschulden!« Sie haben im Lauf der letzten Seiten Ihren Glaubenssatz »Keine Konsumschulden machen« unbewusst erheblich gestärkt. Sie können auch auf die »harte« Tour versuchen, sich von immer neuen Konsumschulden zu befreien. Sagen Sie einfach zu sich selbst einmal:

Das muss auf der Stelle aufhören!

Sagen Sie es mit bösem, grollendem Unterton. Sagen Sie es so zu sich selbst, wie wenn es ein Dritter zu Ihnen sagen würde: Das muss auf der Stelle aufhören. Stellen Sie sich beim Lesen dieser Seiten vor, ich sage es soeben zu Ihnen: Das muss sofort aufhören!

Sieben magische Regeln, um Schulden künftig zu vermeiden

Auf etwas verzichten zu müssen bedeutet für viele Menschen Schmerz. Sich etwas nicht kaufen zu können bedeutet also ebenso Schmerz. Verständlicherweise entscheiden sich die Leute gegen den Schmerz. Diese Leute konsumieren dann, statt zu sparen. Je tiefer ein Mensch nun in eine Verschuldung gerät, desto weniger werden seine freudigen Erfahrungen mit Geld. Die schlechten Erfahrungen, die negativen Emotionen, die Schmerzen in Verbindung mit Geld nehmen immer mehr zu. Kommt dann eine Gelegenheit zum Kaufen oder Konsumieren, will der Betreffende nicht noch zusätzlichen Schmerz durch Verzicht spüren und kauft das, was er sich eigentlich nicht mehr leisten kann. Diese Handlungsweise erklärt auch, weshalb Menschen, die einmal die ersten kleinen Schulden und dann die ersten größeren Schulden gemacht haben, kaum noch aus dieser Verschuldungsfalle herauskommen.

Die entscheidene Botschaft lautet: Der einzige Weg, um aus einer Schuldenfalle zu entkommen, ist, sich die langfristigen Schmerzen bewusst zu machen. Wer den kurzfristigen Schmerz (Verzicht auf eine Sache) verspürt, wird konsumieren. Wer sich jedoch nach diesem Verspüren des kurzfristigen Schmerzes die langfristigen Auswirkungen bewusst macht und den langfristigen Schmerz zu spüren versucht, wird leichter Nein zu einer Sache, zu einem Gegenstand sagen. Dazu nun sieben magische Regeln, die den finanziellen Erfolg sichern:

Sieben magische Anti-Schulden-Gesetzmäßigkeiten
1 Verbinden Sie ab sofort Geld ausgeben mit Schmerz! Diese Technik klingt ein wenig banal, wirkt jedoch extrem. Verbinden Sie Geld ausgeben mit Schmerz, gleich, ob es sich um einen kleinen oder größeren Betrag handelt.

2 Jeder Betrag ist wichtig. Immer wieder bestätigen mir Menschen, dass sie Geld mal im Auto, mal zu Hause irgendwo herumliegen lassen. Das ist falsch! Behandeln Sie jedes Geldstück unabhängig vom Wert als eine wichtige Sache!

3 Zahlen Sie bar. Und: Wenn Sie für dieses Barzahlen Geld am Automaten abheben, fragen Sie zunächst Ihren Kontostand ab. Dann heben Sie Geld ab. Auf diese Weise behalten Sie die Geldkontrolle und den Überblick. Meiden Sie Kreditkarten. Kreditkarten sind etwas für Leute, die entweder nicht mehr auf Geld achten müssen, oder aber für Leute, die wirkliche Geldkontrolle haben, die ihr verfügbares Geldbudget quasi im Kopf haben und beim Bezahlen mit der Kreditkarte exakt wissen, ob sie sich diesen Kauf leisten können.

4 Wenn Sie eine Sache, einen Gegenstand unbedingt haben wollen, bewahren Sie bewusst einige Tage Abstinenz. Nach einigen Tagen Abstand verzichten viele Menschen auf viele Käufe, die sie im Geschäft beim ersten Anblick unbedingt haben *mussten*.

5 Legen Sie sich einen Betrag fest, den Sie monatlich oder wöchentlich ausgeben können und ausgeben wollen. Wenn dieser Betrag ausgeschöpft ist, verbieten Sie sich jeden weiteren Konsum. Freuen Sie sich darauf, dass Sie so auch im nächsten Zeitraum Ihr Geld im Griff haben.

6 Kommen Sie der Ursache Ihrer Schulden auf die Spur! Ist es der Wunsch nach Bedeutsamkeit, der Sie Geld über Gebühr ausgeben lässt? Sind es andere Probleme? Kommen Sie Ihrem »Schuldenmachen« auf die Spur. Suchen Sie keine(n) Schuldigen. Übernehmen Sie die Macht! Dann handeln Sie und ändern, was zu ändern ist.

7 Suchen Sie im Fall hoher Verschuldung das Gespräch mit Ihren Gläubigern. Jeder Gläubiger kennt den Spruch: »Einem Nackten kann man nicht in die Taschen fassen.« Jeder Gläubiger weiß, dass er nichts davon hat, wenn Sie nichts mehr haben. Überwinden Sie die Scham, über die Rückzahlung und die Höhe der zurückzuzahlenden Beträge verhandeln zu müssen. In den meisten Fällen erklären sich Gläubiger mit 50 Prozent der ursprünglichen Summe einverstanden, wenn dieser Betrag zumindest sicher ist.

Zum Schluss noch ein kleiner Spruch, den ich einmal in einer Kneipe in einem vergilbten Rahmen an der Wand hängen sah. Es geht zwar in diesem Fall um Kredit geben und nicht um Kredit nehmen, aber dennoch passt es zum Thema. Der zugegeben etwas einfache aber doch irgendwie amüsante Spruch lautete:

**Ich nix pumpen
Du böse**

**Ich dir pumpen
Du nix
wiederkommen
Ich böse**

Besser: Du böse!

Merken Sie sich diesen Spruch zum Thema Kredit und Schulden einmal für den Fall, dass jemand bei Ihnen Konsumschulden »aufnehmen« will.

Geldregel 24

Sie haben sich nun mit Ihren sechs eigenen Begründungen und vielleicht auch mit dem einen oder anderen von mir erwähnten, »weil« selbst davon überzeugt, dass Sie besser keine Konsumschulden machen sollten. Ich verspreche Ihnen: Es wird Ihnen künftig schwerer fallen, als bisher einfach mal so Ihr Geld zu verschwenden. Sie werden, insbesondere bei größeren Ausgaben, immer mal wieder an Ihre eigenen Begründungen denken und einzelne Dinge, die Sie kaufen wollen, wieder zurücklegen. Ich wiederhole an dieser Stelle: Es geht bei solchen selbst auferlegten Einschränkungen nicht darum, sich nicht auch mal etwas zu leisten. Die entscheidende Botschaft lautet jedoch: Finanzieren Sie Ihren Konsum nicht auf Kredit! Niemals!

Kapitel 25
Vermeiden Sie teuren Geldmüll, und sparen Sie so ein Vermögen nebenbei!

Immer wieder behaupten trotz aller möglichen Sparvorschläge irgendwelche Leute, sie könnten definitv nichts sparen. Deshalb verrate ich eine Methode, mit der sich jeder Sparer innerhalb kurzer Zeit selbst überzeugen kann, wie leicht Sparen sein kann, auch wenn angeblich kein Geld zum Sparen da ist. Diese Methode ist so einfach wie überzeugend.

Nehmen Sie dieses Buch zur Hand. Dann gehen Sie zu Hause, in Ihrer Wohnung oder in Ihrem Haus einmal systematisch alle Räume durch. Ob Keller, Wohnraum, Speicher oder Garage. Notieren Sie aufmerksam alle (Wert-)Gegenstände, die Sie seit Wochen, teils seit Monaten oder gar Jahren unbeachtet in der Ecke liegen haben. Notieren Sie Gegenstände, die Sie seit langem nicht mehr benutzen, aber zum Zeitpunkt des Kaufs unbedingt haben *mussten*. Dieser Test hängt einmal mehr von Ihrer Ehrlichkeit ab. Notieren Sie die Inlineskates, die nach zweimaligen Gebrauch in irgendeiner Schublade verschwanden. Notieren Sie die teure Jacke, die im Geschäft so toll aussah, die Sie unbedingt haben wollten, aber die Sie

Liste meines persönlichen Geldmülls	Kaufpreis
1. _____	_____
2. _____	_____
3. _____	_____
4. _____	_____
5. _____	_____
6. _____	_____
7. _____	_____
usw.	

© Bernd W. Klöckner, www.berndwkloeckner.de

nie wieder getragen haben. Nehmen Sie irgendeine Play-Station, irgend ein anderes elektronisches Spielzeug oder was auch immer. Notieren Sie, was immer Sie sehen und finden und wobei Sie denken:»Ach, das habe ich auch mal gekauft?«

Wenn Sie in dieser Liste und möglicherweise auf einem weiteren Blatt alle Gegenstände notiert haben, die Sie irgendwann einmal unbedingt haben wollten, doch dann nie wieder richtig genutzt haben, addieren Sie die einzelnen Beträge. Nochmals an dieser Stelle: Es geht nicht um die wertvollen Gegenstände, die Sie gekauft haben und an denen Sie bis heute Gefallen finden. Das ist die Erfüllung wirklicher Wünsche. Geldmüll ist in der Regel das Ergebnis erzeugter Wünsche. Und ausschließlich darum geht es. Zurück zu unserer Liste: In meinen Seminaren kommen Teilnehmer, die um die 30 sind im Durchschnitt auf eine Summe von 4000 Euro. Je nach Alter variiert dieser Betrag wie folgt:

Alter	Geldmüll
10 bis 20	2500 Euro
20 bis 25	3000 Euro
25 bis 35	4000 Euro
35 bis 45	7000 Euro

Nehmen wir jetzt einmal an, alle Betroffenen hätten das Geld noch, was in diesem Geldmüll steckt.

Angenommen ferner, dieser Betrag würde nun zu unterschiedlichen Zinsen bis zum 55. Lebensjahr angelegt. Dann handelt es sich um folgende Beträge:

Alter	Geldmüll	angelegt bis zum 55. Lebensjahr bei	
		8 Prozent	10 Prozent
10 bis 20	2500	80 000/37 000	182 000/70 000
20 bis 25	3000	44 000/30 000	84 000/52 000
25 bis 35	4000	40 000/19 000	70 000/27 000
35 bis 45	7000	33 000/15 000	47 000/18 000

© Bernd W. Klöckner, www.berndwkloeckner.de

Wohl gemerkt: Bei dieser Berechnung wurde völlig außer Acht gelassen, dass die in dem jeweiligen Geldmüll steckenden Beträge bereits all die Jahre seit Kauf Zinsen und Zinseszinsen gebracht hätten. *Die entscheidende Botschaft lautet:* Reduzieren Sie Ihre Ausgaben für Geldmüll. Reduzieren Sie diese Ausgaben drastisch. Nicht immer alles haben wollen! Nicht immer bei jeder Gelegenheit zugreifen! Nicht jedem Schnäppchen-Angebot erliegen! Haben Sie schon einmal darüber nachgedacht, dass Schnäppchen-Jagd auch noch eine ganz andere Bedeutung haben kann? Sicherlich, es gibt zu Ausverkaufszeiten wirklich tolle Schnäppchen. Aber wie oft wird etwas als vermeintliches Schnäppchen deklariert, damit Sie zugreifen. In diesem Fall jagen die Schnäppchen Sie, und Sie lassen sich fangen. Betrachten Sie die Sache einmal von dieser Seite, und Sie werden künftig viel Geld sparen. Ich wiederhole an dieser Stelle: Wer Geld machen will, darf kein Geizhals sein. Es geht also bei allem Sparappell nicht darum, sich jede Kauffreude zu verkneifen, sich nichts mehr zu leisten. Das wäre Unsinn. Es geht schlichtweg um ein überlegtes Konsumverhalten. Es geht darum, manche Gegenstände einfach wieder einmal zurückzulegen oder zurückzustellen, um einige Tage später festzustellen, dass man es ohnehin nicht braucht. Das ist alles.

Geldregel 25

Kontrollieren Sie am Ende dieses Kapitels Ihre eigene Umgebung noch einmal mit kritischen Augen. Wie viele unsinnige, nicht gebrauchte Gegenstände stehen in den verschiedensten Räumen? Bei fast jedem Gegenstand waren Sie zum Zeitpunkt des Kaufs der festen Ansicht, Sie müssten diesen Gegenstand unbedingt haben. Und wie viele dieser »dringend notwendigen« oder »Das wollte ich schon immer haben«-Gegenstände stehen nun ungenutzt herum. Die entscheidende Botschaft lautet: Lassen Sie öfter los! Lassen Sie auch öfter in Gedanken los, wenn Sie etwas sehen und diesen »Das muss ich unbedingt haben«-Wunsch verspüren.

Kapitel 26
Verantwortung und Geldversuchungen

Viele Menschen haben zu wenig Geld. Die häufigste Ursache davon ist unkontrollierte Geldverschwendung und das unkontrollierte Geldausgeben. Aber immer wieder behaupten die Leute:»Ja, aber die Sachen waren so schön. Ich wurde einfach in Versuchung geführt.« Oder sie sagen Dinge wie:»Diese wunderschöne Sitzecke – ich konnte nicht widerstehen.« Diese Geldanleger irren. Diese Menschen nehmen sich, indem sie sich selbst belügen, die Chance zur Veränderung. Dass Behauptungen wie»... konnte nicht widerstehen«,»wurde verführt« oder»... konnte nicht widerstehen« unsinnig sind, merken wir spätestens dann, wenn wir feststellen, dass wir nicht zu Ungewolltem verführt werden, wenn wir nicht wollen. Hierzu ein Beispiel: Haben Sie schon einmal jemanden getroffen, der sagte:»Oh, ich wollte eigentlich einen Mercedes kaufen. Jetzt aber habe ich einen kleinen Ford. Ich habe jedoch keinerlei Schuld. Ich wurde einfach dazu verführt, diesen Ford zu kaufen statt den Mercedes.« Was würden wir einem Menschen sagen, der so handelt und so etwas behauptet? Wir würden ihm sagen:»Du wurdest nicht verführt. Du hast das ganz allein für dich so entschieden.« *Die Botschaft lautet:* Wir werden von nichts und niemandem beim Geldausgeben verführt. Zugegeben, Werbeprofis beherrschen jede Menge Tricks, um Ihnen etwas schmackhaft zu machen. Doch die letzte Entscheidung, die Entscheidung»Geld gegen Leistung« treffen Sie ganz allein.

Geldregel 26

Gestehen wir uns öfter zu, dass wir nicht verführt werden, sondern dass wir – wenn überhaupt – Opfer unseres Begehrens sind. Das ist alles. Wir werden weder zu Gutem noch zu Schlechtem verführt. Niemand verführt uns zu schlechten, bösen Dingen. Niemand verführt uns dazu, nichts zu kaufen (auch wenn das manchmal willkommen wäre). Also verführt uns auch niemand zu teuren Käufen, die wir uns womöglich nicht leisten können. Wir werden lediglich geködert vom eigenen Begehren. Von der Gier, eine Sache, ein Ding besitzen zu wollen. Reduzieren Sie dieses, Begehren. Reduzieren Sie Ihre Gier!

Kapitel 27
Erfülle deine Bedürfnisse, aber lass dir keine Bedürfnisse einreden!

Abdu'l Al Moneta kam eines Tages bei seinen Wanderungen in einem Dorf vorbei, wo soeben ein Immobilienhändler einem jungen Paar ein Haus verkaufen wollte. Abdu'l Al Moneta fragte höflich, ob er beim Gespräch zuhören dürfte, was ihm gestattet wurde. In höchsten Tönen pries der Immobilienhändler das kleine Haus.»Ihr seid jung. Ihr werdet eine Familie haben. Ihr braucht ein Haus«, sprach er lächelnd, nahm die Hand der jungen Frau und bat sie in den kleinen Garten des Hauses. Ihr Mann schwieg die ganze Zeit, betrat jedoch mit seiner Frau gemeinsam den Garten. Noch immer redete der Immobilienhändler auf die junge Frau ein. Dann gingen sie gemeinsam ins Haus. Der Händler zeigte der jungen Frau die herrlichen kleinen Fenster, die wunderschöne Tür, den herrlichen Innenraum. Da schaute die Frau den Händler an und sprach:»Wieso sprichst du von deinen Wünschen statt von meinen? Wozu brauchen wir ein eigenes Heim? Geboren wurden wir alle im Hause der Hebammen und Schwestern, erzogen wurden wir in der Schule, Verlobt habe ich mich auf dem Karren, den unser Pferd zog, und geheiratet haben wir in der Kirche. Unser Essen besorgen wir uns im Gemüseladen um die Ecke, abends gehen wir zu Freunden. Sind die Kinder krank, kommen sie zur Pflege ins Kloster, ist mein Mann oder bin ich krank, gehen wir ebenso dorthin. Und sollten wir sterben, ist bereits jetzt ein Platz reserviert. Das Einzige, was wir also wirklich brauchen, ist ein Unterstellplatz für unsere Pferde.« Sprach es, nahm ihren Mann an der Hand und ging zur Tür hinaus.

Jeden Tag werden wir an diese Geschichte erinnert! Die Werbung signalisiert uns, wir brauchen, um sauber zu werden, dringend das neue Duschgel. Und wir brauchen ebenso, damit wir unbeschadet vom Dach eines Hochhauses fallen können, unbedingt diesen neuen Wagen eines französischen Automobilherstellers. Denn dieser Wagen federt unseren Sturz ab, und wir überleben. Nicht zu vergessen, den neuesten Haarschnitt, das neueste Trendkostüm oder die neuen Billig-Häuser der Wohnbaukette BAUSUPERGUT GmbH. Gleich, wo wir hinsehen: Andere Leute geben viel Geld aus, um ihre Ziele (Verkauf ihrer Produkte) zu unseren Zielen (»Oh, ich will dieses Produkt kaufen, ich muss es unbedingt haben.«) werden zu lassen. Denken wir nur an den Run auf das jeweils neueste Handy, den breitesten Fernseher usw. Dabei gilt wie in der Geschichte von Abdu'l Al Moneta: Häufig müssten wir eigentlich ausrufen: »Wofür brauche ich das denn?« Statt das zu tun, lassen wir uns die Konsumziele über Dritte einreden und kaufen, was wir nicht brauchen. Auch hier gilt: Das Geld ist nicht weg, es hat nur ein anderer. In diesem Fall der Produzent.

Geldregel 27

Gewinner machen niemals die Ziele anderer zu den eigenen Zielen. Gewinner konsumieren auch nicht, was andere ihnen zum Konsum vorgeben. Gewinner überlegen sehr genau, ob ein Bedürfnis, ein Wunsch ein wirklich dringendes Bedürfnis oder ein wirklicher dringender Wunsch ist, oder ob es sich um Dinge handelt, die andere Leute einem einreden. Die entscheidende Botschaft lautet: Sichern Sie sich persönliche und finanzielle Freiheit auch dadurch, dass Sie niemals die Ziele anderer Menschen zu Ihren eigenen machen. Kaufen Sie dann ein Haus, wenn Sie sicher sind, dass Sie erstens ein Haus brauchen und zweitens ein bestimmtes Haus auch kaufen wollen. Kaufen Sie dann ein bestimmtes Auto, wenn Sie sicher sind, dass Sie wirklich so viel Geld für ein bestimmtes Auto ausgeben wollen. Es soll Leute geben, die kaufen für viele zehntausend Euro ein Auto. Im Grunde genommen brauchen und wollen sie gar kein neues Auto. Aber sie lassen sich die Ziele und Wünsche anderer als ihre Ziele und ihre Wünsche verkaufen. Dann plötzlich meinen sie, unbedingt ein neues Auto haben zu müssen. Diese Leute behaupten später, sie hätten kein Geld zum Sparen. Die Botschaft lautet: Prägen Sie sich diese Geschichte, die Abdu'l Al Moneta erlebte, ein. Widerlegen Sie selbst öfter Ihre vermeintlichen Kaufwünsche. Entlarven Sie öfter mal solche teuren Geldentscheidungen als die in Ihrer und für Ihre Situation völlig falsche Entscheidungen. Geldgeschäfte, bei denen Sie sich nicht zuvor vergewissert haben, ob Sie eine Sache, irgendein Eigentum wirklich haben wollen, sind nicht besonders klug. Sie sind vielmehr eine wirklich dumme Sache.

Kapitel 28
Geldtipps, wie Sie Ihre monatlichen Kosten reduzieren können

*»Spare in der Zeit, dann hast du in der Not«, behauptet der Volksmund.
Viele Leute scheinen das mit dem Sparen jedoch falsch
verstanden zu haben und handeln eher nach dem Sprichwort:
»Spare in der Not, dann hast du dafür Zeit.«*
K. Walter, amerikanischer Erfolgspsychologe

Sparen bedeutet in der Volkswirtschaftslehre Konsumverzicht. Konsum bedeutet wiederum für viele Leute ein Stückchen Lebensqualität. Die Folge: Sparen, regelmäßiges, konsequentes Sparen wird mit Verlust an Lebensqualität gleichgesetzt. Richtig ist jedoch: Wer clever spart, muss die eigene Lebensqualität keineswegs einschränken. Wer reich werden will, muss die Schere zwischen Einnahmen und Ausgaben vergrößern. Das bedeutet: Die Änderung des Ausgabeverhaltens ist eine wichtige Möglichkeit, künftig mehr Geld zu besitzen. Dabei gilt: Fangen Sie jetzt an! Es gibt viele Möglichkeiten, von denen ich Ihnen einige nennen möchte.

Handeln Sie immer!

Handeln, feilschen Sie immer, sooft wie möglich. Viele Leute haben erhebliche Schwierigkeiten, das zu tun. Diese Leute schämen sich. Stattdessen akzeptieren diese Leute lieber jeden Preis und verschenken so über die Jahre viele tausend Euro. Machen Sie es anders, ab sofort! Bevor Sie künftig eine größere Sache bezahlen, stellen Sie die entscheidende Frage: »Und was ist im Preis noch drin?« Wer nicht fragt, bekommt keinen Rabatt. So einfach das klingt, so richtig ist es. Wer dagegen nach Rabatt fragt, wird in nur den wenigsten Fällen ohne jedes Ergebnis bleiben. So schilderten mir Freunde, wie sie beim Kauf einer neuen Wohnzimmergarnitur statt 8000 Euro nur noch 4500 Euro zahlten. Zuvor hatten sie hart verhandelt. Aber das Beste daran war: Der Verkäufer hatte immer noch kräftig verdient! *Die Botschaft lautet:* Bei vielen Produkten sind die Gewinnspannen enorm. Nutzen Sie das, und handeln Sie. Es gibt ein sehr schönes Buch mit dem Titel »Mister 5 Prozent«. Die Hauptperson dieses Buches erhielt diesen Rufnamen, weil sie immer um mindestens fünf Prozent Rabatt nachfragte.

Überdenken Sie Ihre Einkaufsstrategie!

Wer häufiger beim teuren Kleinkrämerladen um die Ecke einkauft, dann hin und wieder was vergisst und schnell abends noch an der Tankstelle anhält, um die fehlenden Lebensmittel zu besorgen, darf sich nicht wundern, wie jeden Monat ruckzuck 100 Euro und mehr im Geldbeutel fehlen. Studenten der Fachhochschule Koblenz führten einmal in meinem Auftrag eine Studie unter Autofahrern durch. Ziel der Befragung war es zu erfahren, wie viel Geld durchschnittlich ein Autofahrer an einer Tankstelle für Lebensmittel ausgibt. Das Ergebnis: Besonders Singles kamen im Monat auf rund 50 Euro für Süßigkeiten, Lebensmittel, Getränke und anderes mehr. Da bekanntermaßen Tankstellenpreise um bis zu 100 Prozent über Supermarktpreisen liegen, sind das im Falle der Singles angenommen rund 25 Euro im Monat, die nicht sein müssen. Dieser Betrag hört sich nach nur wenig an. Aber nehmen wir einen 18-Jährigen, der diesen Betrag Monat für Monat »verschenkt«. In einen erfolgreichen Investmentfonds angelegt, wären es nach zehn Jahren bereits rund 5000 Euro, nach 15 Jahren immerhin rund 10 000 Euro. Es ist eben grundlegend und völlig falsch, Dinge zu denken wie: »25 Euro machen es doch auch nicht aus!« Doch, machen Sie! Nehmen wir an, unser 18-Jähriger würde nach 15 Jahren heiraten, und anschließend übernimmt seine Partnerin (Frauen sind oftmals die besseren Geldverwalter) die Finanzplanung. Angenommen ferner, er hätte die 10 000 Euro im Laufe der Jahre gespart und würde diese nun über die nächsten Jahre in einem erfolgreichen Aktienfonds anlegen. Das Endergebnis kann dann aussehen:

Anlagedauer	Vermögen am Ende
10 Jahre	26 000 Euro
20 Jahre	67 000 Euro
30 Jahre	175 000 Euro

»25 Euro machen es doch auch nicht aus!«, waren die Gedanken des damals 18-Jährigen. Monat für Monat 25 Euro über 15 Jahre und dann den gesamten Betrag über 30 Jahre zur Seite gelegt, ergeben bis zu 175 000 Euro an Vermögen und mehr. Fatal daran ist: Die Leute denken in jungen Jahren:»Pah, wenn ich einige Jahre älter bin und viel mehr verdiene, dann kann ich genug sparen.«Vergessen Sie ab heute nie wieder, wie aus einem Betrag von monatlich »nur« 25 Euro im Lauf der Jahre ein sechsstelliges Vermögen werden kann. Das bedeutet: Nehmen Sie ab heute jeden Euro ernst. Lernen Sie jeden einzelnen Euro schätzen! Kaufen Sie geplant, auf Vorrat und bei preiswerten Discountern.

Behalten Sie Ihre Restaurantbesuche unter Kontrolle!

Hier mal für 25 Euro – inklusive der kleinen Leckereien – ins Kino, dort zweimal die Woche mit Freunden für jeweils 20 Euro ins Restaurant. Schon kommen schnell 60 bis 100 Euro an Restaurant- und Kinokosten pro Woche zusammen. Im Monat sind das dann 240 bis 400 Euro. Geld, was so nebenbei verschwindet. Diese Kosten auf die Hälfte, auf 120 bis 200 Euro, reduziert und den Rest clever investiert, ergeben stolze Summen über die Jahre. Beispiel: Wer so vom 25. Lebensjahr bis zum 35. Lebensjahr seine Ausgaben kontrolliert, besitzt nach zehn Jahren ein Vermögen:

Sparrate/Monat	eff. 8 Prozent	eff. 10 Prozent
120 Euro	22 000 Euro	24 000 Euro
200 Euro	36 000 Euro	40 000 Euro

Auch hier gilt: Machen Sie sich die langfristigen Konsequenzen bewusst. Gehen wir von 40 000 Euro Vermögen am Ende der zehn Jahre aus. Diese 40 000 Euro über die nächsten Jahre in einem erfolgreichen Aktienfonds angelegt, können zu folgendem Ergebnis führen:

Anlagedauer	Vermögen am Ende
10 Jahre	104 000 Euro
20 Jahre	270 000 Euro
30 Jahre	700 000 Euro

Ist das nicht fast unglaublich? *Die Botschaft lautet:* Wer als junger Mensch lediglich zehn Jahre lang seine Ausgaben für Restaurant, Kinos usw. um die Hälfte reduziert, kann – in unserem Beispiel – mit 55 Jahren über zusätzlich 270 000 Euro Vermögen verfügen.

Kaufen Sie Jahreswagen statt Neuwagen!

Nur wer Geld zu viel hat, sollte sich Neuwagen kaufen. Denn bereits beim ersten Einsteigen verlieren Neuwagen einige tausend Euro an Wert. Es sei denn, Sie haben ohnehin gut gehandelt. Je nach Verhandlungskunst und Verkaufsdruck auf Händlerseite sind um die zehn Prozent Rabatt drin. Wie auch immer: Feilschen Sie! Handeln Sie, so gut Sie können! Jede 100 Euro zählen. Jede 1000 Euro sind eine gute Zusatzeinlage in Ihre Fondssparpläne. Um Ihnen künftig das Feilschen um Rabatt beim Autokauf schmackhafter zu machen, nenne ich die Zahlen, wie sich 500 gesparte Euro im Lauf der Jahre bei unterschiedlichem Anlagezins entwickeln. Wer ein Auto kaufen will, kann sich seinen persönlichen Erfolgsfaktor einprägen.

Erfolgsfaktor beim Autokauf
Start: einmalig 500 Euro

Anlagejahre	effektiver Zins	
	6 Prozent	10 Prozent
	konservativ	chancenorientiert
10	1,8	2,6
15	2,4	4,2
20	3,2	6,7
25	4,3	11,0
30	5,7	17,4
35	7,7	28,1

Beispiel: Alexandra ist 25 Jahre alt. Sie will ein Auto kaufen. Gleichzeitig gehört sie zu den Menschen, die die eigene Finanzplanung im Griff haben. Sie weiß also, dass sie mit 55 Jahren aufhören will zu arbeiten. Das sind noch 30 Jahre. Alexandra ist eine chancenorientierte Anlegerin und wählt sich aus der Tabelle den entsprechenden Faktor aus:

Erfolgsfaktor beim Autokauf
Start: einmalig 500 Euro

Anlagejahre	effektiver Zins	
	6 Prozent	10 Prozent
	konservativ	chancenorientiert
10	1,8	2,6
15	2,4	4,2
20	3,2	6,7
25	4,3	11,0
30	5,7	**17,4**

Ihr persönlicher Erfolgsfaktor beträgt also 17,4. Das bedeutet: Jeweils 500 in einem Aktienfonds gesparte Euro vervielfachen sich bis zum gewünschten »Ruhestand« mit dem Faktor 17,4. Alexandra merkt sich als Erfolgsfaktor die Zahl 18 und beginnt zu verhandeln. Sie weiß, dass nun 500 Euro Rabatt ein zusätzliches Vermögen von eines Tages 9000 Euro sein können. Es sind eben nicht »nur« 500 Euro mehr oder weniger. Es sind jeweils 9000 Euro mehr oder weniger.

Die entscheidende Botschaft bei den aufgezeigten Beispielen und für alle künftigen Einsparmöglichkeiten lautet: Verabschieden Sie sich von Gedanken wie: »Oh, das sind doch nur 40 Euro« oder »Hmm, für 80 Euro Nachlass so einen Ärger zu machen, das liegt mir nicht.« Ein kluger Kopf sagte einmal: 100 Euro haben oder nicht haben sind schon einmal 200 Euro! Machen Sie es besser! Zögern Sie nicht länger, und machen Sie sich den langfristigen Erfolg selbst kleiner Sparbeträge bewusst!

Wie Sie Ihre monatlichen Kosten weiter reduzieren können

• Setzen Sie auf Preisdatenbanken wie www.guenstiger.de, www. preisauskunft.de, www.preistrend.de und andere mehr. Im Zweifel suchen Sie bei Suchmaschinen wie www.google.de unter dem Stichwort *Preisagentur.*
• Kaufen Sie antizyklisch. Halten Sie die Augen auf nach Räumungsverkäufen. Das muss nicht in Schnäppchenjagd ausarten.

Es genügt, wenn Sie hin und wieder aufmerksam durch eine Einkaufsstraße bummeln. Immer wieder finden Sie um 50 Prozent und mehr reduzierte edle Schuhe.

* Reduzieren Sie Reise- und Urlaubskosten.
* Wechseln Sie den Stromtarif – Sie müssen nicht den Stromanbieter wechseln. Meistens bietet der bisherige Netzbetreiber auch Sondertarife. Fragen Sie nach!
* Überprüfen Sie Ihre Bankgebühren. Erteilen Sie die günstigeren Daueraufträge statt Einzugsermächtigungen. Überweisen Sie online. Checken Sie die Höhe Ihrer Guthabenzinsen.
* Vereinbaren Sie Jahresprämien bei Versicherungen.
* Holen Sie immer drei Angebote ein, wenn Sie etwas kaufen oder repariert haben wollen.
* Wechseln Sie – nach Rücksprache mit einem Versicherungsprofi – gegebenenfalls eine zu teure Krankenversicherung.

Geldregel 28

Reduzieren Sie kleinere wie größere Kosten. Entwickeln Sie ein Bewusstsein für kleine und größere Beträge. Nehmen Sie jeden noch so kleinen Betrag grundsätzlich ernst. Gönnen Sie sich zwischendurch Luxus. Gönnen Sie sich auch mal etwas ganz Besonderes. Aber versuchen Sie, ein Gefühl dafür zu bekommen, wie Sie Ihre Kosten reduzieren können. Die Beispiele dieses Kapitels zeigen: Es gibt mehr Möglichkeiten, als viele denken. Und jeder noch so kleine Betrag addiert sich im Lauf der Zeit mit Zins und Zinseszins zu einer hübschen Summe. Im Zweifel gilt: Unkluge Menschen denken immer ans Konsumieren. Kluge Menschen dagegen denken stets ans Investieren.

Kapitel 29
Wirkliche Vermögenswerte und Pseudo-Vermögenswerte

Wie kommt es eigentlich, dass so viele Menschen auf dem Papier so reich sind, so viele Häuser besitzen und anderes mehr und trotzdem pleite sind? Sicherlich kennen auch Sie solche Leute. Wie kann das geschehen? Vermögenswerte sind solche Werte, mit denen Sie kritische Situationen ohne Gefahr durchstehen. Ich nenne Ihnen ein Beispiel: Wer von diesen beiden Menschen ist vermögender? Derjenige, der ein Haus im Wert von 300 000 Euro besitzt und die Kreditraten für dieses Haus mit 1750 Euro im Monat abzahlen muss oder derjenige, der einen Fondssparplan im Wert von 300 000 Euro besitzt und zur Miete wohnt. Die Lösung lautet: Wer von beiden wirklich der Vermögendere ist, stellt sich erst in schlechten Zeiten heraus. Wenn Sie etwas danach beurteilen wollen, ob es sich um einen Vermögensgegenstand oder einen Pseudo-Vermögensgegenstand handelt, fragen Sie sich einmal, was es wert wäre, wenn Sie es plötzlich verkaufen müssten.

Nehmen wir als Beispiel jemand, der ein Haus finanziert hat, ein tolles Auto besitzt und dazu noch eine kleine Motoryacht. Nehmen wir ferner einen anderen, der in einer Mietwohnung lebt, ein kleines Auto fährt und kein Boot besitzt. Das Geld, was er zu viel hat, spart er. Während so der eine ein Haus, ein Auto und ein Boot im Wert von insgesamt 400 000 Euro besitzt, besitzt der zweite keine solchen Vermögenswerte, dafür weist jedoch sein Konto ein Guthaben von 120 000 Euro aus.

Welche von beiden Personen ist nun wirklich vermögender? Diese Frage lässt sich dann am besten beantworten, wenn wir einmal nachrechnen, was jedem von beiden übrig bleibt, wenn die »Vermögenswerte« kurzfristig verkauft werden müssen. Im ersten Fall muss das Haus unter Wert verkauft werden (Zeitdruck), das Auto bringt bei weitem nicht mehr das, was es gekostet hat, und das Boot muss ebenfalls mit einem erheblichen Abschlag verkauft werden. Abzüglich der Kredite verbleibt ein Guthaben von 30 000 Euro. Der zweite dagegen kann von heute auf morgen seine Fondssparpläne auflösen und verfügt so über die 120 000 Euro. Das Ergebnis: Auf den ersten Blick scheint es so zu sein, als wäre Typ 1 vermögender als Typ 2. Auch die Umgebung von Typ 1 wird das so wahrnehmen. Tatsache ist jedoch: Typ 2 ist weitaus vermögender, was sich spätestens dann herausstellt, wenn die vermeintlichen Vermögenswerte veräußert werden müssen.

Dazu kommt ein weiteres Entscheidungsmerkmal: Ein wirklicher Vermögenswert sorgt für zusätzliche Einnahmen, nicht für Ausgaben. Auch hier ein Beispiel: Wer eine Immobilie günstig ersteigert, vermietet und anschließend einen monatlichen Überschuss erzielt, besitzt mit dieser Immobilie einen Vermögenswert. Aber die meisten Immobilienbesitzer kaufen Immobilien, bei denen sie am Ende Monat für Monat draufzahlen. Nehmen wir als Beispiel einen Kunden, der mich eines Tages in der Philippsburg besuchte und um meine Meinung bat. Dieser Kunde hatte im Anflug von Verliebtheit in eine Immobilie ein altes Bauernhaus auf dem Land erworben. Die Kosten für Kauf und Renovierung lagen bei 250 000 Euro. Der Kunde hat eine zweiprozentige Tilgung vereinbart. Kurze Zeit nach dem Erwerb musste er aus der Region fortziehen. Er vermietete das Haus für 500 Euro. Seine Ausgaben (Zins und Tilgungsrate) betrugen zu diesem Zeitpunkt 1666 Euro. Die Unterdeckung (ohne laufende Kosten für Reparatur usw.) betrug somit 1166 Euro monatlich. Die Laufzeit bis zur Tilgung des Kredites betrug somit rund 23 Jahre. Jetzt die Schlussrechnung: Der Wert des Hauses, über 23 Jahre mit zwei Prozent Wertsteigerung hochgerechnet, beträgt eines Tages 400 000 Euro. Würden dagegen die 1666 Euro für das Haus über einen Fondssparplan angelegt, ergäben sich nach 23 Jahren folgende Endbeträge (Zinsangaben effektiv):

8 Prozent: 1,2 Millionen
10 Prozent: 1,6 Millionen
12 Prozent: 2,2 Millionen

Mein Kunde hatte, was ich ihm auch so sagte, nicht in einen Vermögenswert, sondern in eine teure Verbindlichkeit investiert. Er steckte schlichtweg in der Klemme. Der Verkauf des Hauses zum Zeitpunkt unseres Gesprächs hätte bei weitem nicht das gebracht, was er investiert hatte, das weitere Eigentum am Haus war eine tickende Zeitbombe und zudem selbst dann, wenn über 23 Jahre keine Investitionen anfielen, ein erhebliches Verlustgeschäft.

Es gibt viele Geldanleger, die sich mit Vermögenswerten glücklich machen, die überhaupt keine sind.

Geldregel 29

Investieren Sie in Vermögenswerte. Vermögenswerte sind solche Werte, die bei einem Verkauf einen verhältnismäßig guten Preis bringen und die zudem bis dahin kein Geld kosten, aber zusätzliche Einnahmen bringen.

Kapitel 30
Vor-jeder-Ausgabe-Checkliste

Diese Tabelle ist eine Art Checkliste, entnommen meinem Bestseller »Systematisch reich«. Lesen Sie einmal selbst nach, wie sich eine Ausgabe von X Euro über die Jahre vervielfacht. Prägen Sie sich einen Konsumfaktor ein, und rechnen Sie künftig in Gedanken damit.

Was aus einem Euro wird ...

Zins (Prozent) Jahre	6	7	8	9	10	11	12
5	1,3	1,4	1,5	1,5	1,6	1,7	1,8
10	1,8	2,0	2,2	2,4	2,6	2,8	3,1
15	2,4	2,8	3,2	3,6	4,2	4,8	5,5
20	3,2	3,9	4,7	5,6	6,7	8,1	9,7
25	4,3	5,4	6,8	8,6	10,8	13,6	17,0
30	5,7	7,6	10,1	13,3	17,5	22,9	30,0
35	7,7	10,7	14,8	20,4	28,1	38,6	52,8
40	10,3	15,0	21,7	31,4	45,3	65,0	93,1
45	13,8	21,0	31,9	48,3	72,9	109,5	164,0
50	18,4	29,5	46,9	74,4	117,4	184,6	289,0
55	24,7	41,3	68,9	114,4	189,1	311,0	509,3
60	33,0	58,0	101,3	176,0	304,5	524,1	897,6

© Bernd W. Klöckner (Kopien bei Quellenangabe erlaubt)

Diese Liste ist ein einfaches Hilfsmittel. Ein Beispiel: Sie überlegen, ob Sie eine Urlaubsreise für 4000 Euro buchen oder für 3000 Euro. Sie sind 35 Jahre jung. Beide Urlaubsorte gefallen Ihnen. Sie lesen dieses Buch und beschließen Folgendes: Sie buchen die Reise für 3000 Euro und legen die einmalig gesparten 1000 Euro konsequent weg. Da Sie in Aktienfonds anlegen und eine ausreichend lange Laufzeit zur Verfügung steht, rechnen wir einmal Ihren Gewinn mit einer angenommenen durchschnittlichen Verzinsung von 12 Prozent. Das Ergebnis: Auf Sicht von 25 Anlagejahren haben Sie durch eine kluge Entscheidung soeben rund 17 000 Euro verdient: 1000 Euro x Faktor 17 = 17 000 Euro.

Ein anderes Beispiel: Eines Ihrer Kinder, 20 Jahre alt, steht vor der Entscheidung, von einem Onkel geerbte 20 000 Euro für eine Wohnungseinrichtung auszugeben oder lieber zu sparen. Sie zeigen Ihrem Kind diese Tabelle, und es entscheidet sich, lediglich 10 000 Euro für die Einrichtung der Wohnung auszugeben und 10 000 Euro bis zum 65. Lebensjahr mit 12 Prozent Zins zu sparen.

Das Ergebnis: 10 000 Euro mal 164 = 1,64 Millionen Euro.

Fazit: Unglaublich, aber wahr. Durch die kluge Entscheidung, in jungen Jahren einen bestimmten Betrag der Erbschaft nicht anzutasten und über viele Jahre zu sparen, besitzt Ihr Kind eines Tages ein zusätzliches Vermögen von 1,64 Millionen Euro.

Geldregel 30

Nutzen Sie diese »Vor-jeder-Ausgabe-Checkliste« für Ihren meisterhaften Umgang mit Geld. Sehen Sie, wenn Sie künftig Geld ausgeben, nicht nur den Betrag, den Sie in der Hand halten. Sehen Sie vor allem den Betrag, den Sie auf lange Sicht durch die jetzige Ausgabe verlieren.

Bitte beachten Sie: Die Kontrolle und Optimierung Ihrer persönlichen Haushalts- und Vermögensbilanz ist ein ständiger Prozess. Am besten ist: Legen Sie *einen Geldtag im Monat* ein: einen Tag, an dem Sie sich eine Stunde mit nichts anderem beschäftigen als mit Ihrem Geld, mit Ihrer finanziellen Planung. Eine Stunde, in der Sie auf der Grundlage aktueller Informationen Ihre Geldgeschäfte so optimieren, dass Sie unterm Strich möglichst viel sparen oder schlichtweg das Beste für Ihr Geld herausholen. Es wird Monate geben, da verdienen Sie in dieser Stunde das Vielfache Ihres Monatsgehalts. *Denken Sie über Geld nach!* Es ist klüger, einen Tag im Monat über Geld nachzudenken, statt 20 Arbeitstage im Monat immer nur für Geld zu arbeiten.

*Wichtige Geld- und Konsumregeln
auf dem Weg zu Reichtum und Wohlstand*

1. **Sparen Sie mindestens 10 Prozent Ihres monatlichen Einkommens.** Wer niemals regelmäßig einen bestimmten Betrag seines Einkommens spart und investiert, kann niemals vermögend werden.

2. **Vermeiden** Sie die Erfüllung **erzeugter Konsumwünsche.** So erkennen Sie erzeugte Konsumwünsche: Sie haben eine Sache gesehen, die Sie meinen, unbedingt haben zu müssen. Jetzt, bevor Sie zugreifen und die Sache erwerben, warten Sie zehn Tage. Dann entscheiden Sie. Bei erzeugten Wünschen werden Sie feststellen, dass Sie plötzlich die Sache überhaupt nicht mehr besitzen wollen. Wenn Sie so vorgehen, kommen im Jahr schnell einige hundert bis einige tausend Euro zusammen, die Sie in erfolgreiche Geldanlagen investieren können.

3. Viele Menschen sagen:»Wenn ich endlich mehr verdiene, fange ich an zu sparen« oder bringen ähnliche Ausflüchte. Achten Sie auf diese Wenn-dann-Falle. **Übernehmen Sie Verantwortung** für Ihre Finanzen, und regeln Sie alles so, dass Sie bereits heute sparen können. **Beginnen Sie heute zu sparen!**

4. Die **Formel für Vermögen** lautet »**Zeit x Geld**«. Je mehr Sparzeit Sie noch vor sich haben, desto besser. Auf dem Weg zu einem kleineren oder größeren Vermögen zählt jeder Tag, den Sie früher mit Sparen und Investieren beginnen.

Kapitel 31
Die Bedeutung der Geldreserve

Der schlimmste Feind finanziellen Reichtums und Wohlstands sind Notfallsituationen, auf die Sie nicht vorbereitet sind. Vergleichen Sie das mit folgender Situation: Sie fahren eine einsame Strecke in der Wüste mit einem Auto. Sie fahren, fahren und fahren – plötzlich ist der Tank leer. Sie haben nicht darauf geachtet, und jetzt ist kein Tropfen Benzin mehr im Tank. Das Ergebnis: Sie bleiben auf der Strecke. Es mag sein, dass einige Stunden später ein Tankwagen vorbeikommt und ihnen helfen kann. Aber möglicherweise ist es dann für Sie zu spät. Zum Glück ist es jedoch nicht ganz so schlimm. Sie haben noch eine Reserve im Tank, mit der Sie sicher den nächsten Ort erreichen.

Ähnlich ist es in finanziellen Notlagen. Für diese Fälle müssen Sie vorbereitet sein. Das bedeutet: Sie brauchen eine Geldreserve. Ohne Geldreserve bleiben Sie auf der Strecke. Ohne finanzielle Reserve sind Sie im Zweifel erledigt. Es gibt viele unwägbare Geschehnisse, die Ihr Leben beeinflussen können.

Die Botschaft lautet daher: Gleich, ob Sie im öffentlichen Dienst beschäftigt sind, gleich, ob Sie Angestellter, Arbeiter oder selbstständig sind: Sorgen Sie für eine Notfallreserve! Sorgen Sie für eine Geldreserve! Diese Reserve sollte für mindestens drei Monate bis zu einem Jahre reichen. Wer einen sicheren Arbeitsplatz hat, wer über ausreichende Mittel auf Sparkonten oder anderen Konten verfügt, für den ist die Drei-Monats-Reserve ausreichend. Wer jedoch beispielsweise selbstständig ist, wer in seinem Beruf sehr kurzen Kündigungsfristen ausgesetzt ist, der sollte eine Geldreserve haben, die bis zu einem Jahre reicht. Nichts ist schlimmer, als wegen eines »Geldnotfalls« auf der Strecke zu bleiben.

Geldregel 31

Sorgen Sie für Ihre Geldreserve. Wenn es dennoch hart auf hart kommt, stellen Sie vorübergehend die Zahlungen für etwaige Versicherungen wie private Rentenversicherung, Kapitallebensversicherung und Ähnliches ein. Greifen Sie eher zu solchen Maßnahmen, statt Ihren Lebensunterhalt über Kreditkarte zu finanzieren.

Kapitel 32
Sieben Techniken, Ihr Geldverhalten leichter zu ändern

Viele Menschen verschulden sich deswegen so leichtfertig, weil die Lust am Konsum schwerer wiegt als der später einsetzende Schmerz, wenn sich die Bank meldet. Wohl einer der bekanntesten Fernsehspots ist der einer Sparkasse. Es ist der Spot, in dem sich zwei Schulfreunde nach langer Zeit treffen. Der eine zieht die Fotos seiner bislang erworbenen Statussymbole aus der Tasche, knallt ein Foto nach dem anderen auf den Tisch und protzt: »Mein Haus, mein Auto, mein Boot.« Sein Gegenüber lässt das völlig kalt. Denn der Schulfreund kontert ebenfalls mit stolzen Fotos und den Anmerkungen: »Mein Swimming-Pool, mein Pferd und mein Springbrunnen.« Bei diesem Wettbewerb leben manche Leute über ihre Verhältnisse, um um jeden Preis mitzuhalten, besser: mitzubieten!

Ein paar Zahlen und Fakten zum Thema Schulden:

- Verschuldung betrifft längst nicht mehr sozial schwache Menschen allein. Zunehmend stehen auch Leute mit mittlerem und gutem Einkommen vor dem finanziellen Ruin, sobald der Job weg ist.
- Schüler, die nicht selten bis zu 2500 Euro Dispokredit bekommen, geraten dadurch in lebenslange Schuldknechtschaft.
- Die Verschuldung der Privathaushalte liegt bei 700 Milliarden Euro, Tendenz kräftig steigend.
- Experten sprechen bereits von über zwei Millionen völlig überschuldeten Haushalten in Deutschland.
- Rund 10 Millionen Mal klingelte im letzten Jahr der Gerichtsvollzieher an irgendwelchen Türen irgendwelcher Haushalte.
- Rund 700 000 Menschen mussten im Jahr 2000 eine eidesstattliche Versicherung abgeben, sozusagen die persönliche Bankrotterklärung. Der Hintergrund: Diese Leute geben das Geld zunächst für Unterhaltungselektronik, Kleidung und Einrichtung aus. Mit dem kläglichen Rest wird dann versucht, die monatlichen Fixkosten zu senken. Das geht dann in die Hose.
- Dazu kommen mehrere zehntausend Konkurse im Jahr, besonders von kleineren und mittleren Unternehmen.

Aufhören fällt schwer. Das ist wie bei Rauchern, die das Rauchen aufgeben wollen. Die kurz- bis mittelfristig körperlichen und auch psychischen Schmerzen des Entzugs sind schlimmer als die langfristig um ein Vielfaches schlimmeren, gesundheitlichen Risiken. Diese Leute behaupten dann,»rechtzeitig« mit dem Rauchen aufhören zu wollen. Nur muss es ja nicht unbedingt heute sein. Dann, eines Tages ist es zu spät. In meinem Hörbuch zu»Die Magie des Erfolges« beschreibe ich in diesem Zusammenhang einen wichtigen Erfolgszustand. Die dort genannte Formel lautet: Bewahren Sie 100 Prozent! Immer und in allen Belangen. Hinsichtlich Ihrer Gesundheit. Hinsichtlich ihrer finanziellen Leistungskraft. Das bedeutet: Wer so lange wartet, bis er etwas merkt, kann kaum noch was ändern. Wer seine Finanzen nicht im Griff hat und nichts tut, um seine Finanzen in den Griff zu bekommen, hat nicht erst dann ein Problem, wenn die Bank anruft und Dinge sagt wie»Sie müssen Ihr Konto ausgleichen« oder»Wir müssen uns dringend unterhalten«.

Wenn Sie also zu den Menschen gehören, die beim Umgang mit Geld immer nur sagen:»Das wird schon«, täuschen Sie sich. Nichts wird schon! Wenn Sie Ihre Finanzen nicht im Griff haben, haben Ihre Finanzen – das ist nur eine Frage der Zeit – Sie im Griff.

Zurück nun zu den sieben Techniken, wie Sie in harten Zeiten schneller und konsequent eine Änderung im Umgang mit Geld bewirken.

Technik Nr. 1
Entscheiden Sie sich radikal für eine Änderung Ihres Umgangs mit Geld. Sagen Sie nicht:»In den nächsten Wochen werde ich nach und nach meine Kosten für … zurückschrauben.« Sagen Sie stattdessen vielmehr:»Ab morgen ist Schluss damit« oder»Damit höre ich ab morgen auf!« Das langsame Reduzieren mag zunächst verlockender erscheinen, ist jedoch meistens nicht so erfolgreich wie ein klarer Schnitt. Das lässt sich vergleichen mit einem Paar, das längst weiß, dass es sich trennen will. Hier käme auch niemand auf die Idee zu sagen:»Nun, dann lass uns die nächsten zwei Jahre mal langsam auseinander leben.« Es gibt dazu eine schöne Redensart: Wer eine Brennnessel mit einem Ruck aus dem Boden reißt, verbrennt sich weniger als derjenige, der eine Brennnessel langsam und vorsichtig Zentimeter für Zentimeter aus dem Boden reißt.

Die Botschaft lautet: Beenden Sie das unerwünschte Geldverhalten mit einem Schlag!

Technik Nr. 2
Suchen Sie Verbündete für Ihr Vorhaben. Erzählen Sie das, was Sie verändern wollen, ein oder zwei wirklich guten Freunden oder Bekannten. Es motiviert und spornt an, gemeinsam die eigenen Finanzen in den Griff zu bekommen. Es gilt jedoch, darauf zu achten, dass Sie nur mit solchen Leuten »zusammenarbeiten«, die ernsthaft die eigenen Finanzen in den Griff bekommen wollen.

Technik Nr. 3
Loben Sie sich selbst für noch so kleine Fortschritte! Viele Leute scheitern beim Erreichen ihrer selbst gesteckten Geldziele, weil sie auf dem Weg zum Ziel immer wieder unzufrieden sind, dass es nicht schneller geht. Wer sein Konto überzogen hatte und nun den Kredit abbauen will, sollte sich über jede 100 Euro freuen, um die der Kredit reduziert wird. Positive Bestätigungen wie »Schon einen Tag habe ich kein Geld für irgendwelchen Schund ausgegeben« oder »Schon sieben Tage habe ich kein Geld für irgendwelchen Schund ausgegeben« sind sehr wichtig.

Technik Nr. 4
Wer über lange Zeit über die eigenen Verhältnisse gelebt hat, verspürt nicht selten bei den ersten Sparbemühungen und Sparmaßnahmen Entzugserscheinungen der besonderen Art: Viele Teilnehmer, die einen Entzug in Sachen Schulden hinter sich gebracht haben, berichteten mir von dem Gefühl, nichts wert zu sein oder sich schlecht zu fühlen, weil sie sich nichts leisten. Manche von diesen Teilnehmern fühlten sich regelrecht schlapp und müde. *Die Botschaft lautet:* Haben Sie keine Angst vor solchen Gefühlen. Wer zu viel Geld ausgegeben hat und sich damit auch Bestätigung »kaufte«, wird sich selbstverständlich in den ersten Tagen des Geldentzugs schlapp fühlen.

Technik Nr. 5
Ebenso wie manche Alkoholiker in der ersten Zeit eines Entzugs die »gefährlichen« Orte wie Schrankbar im Wohnzimmer oder

Kneipe um die Ecke meiden sollten, sollten auch schuldengefährdete Leute Einkaufspassagen und Ähnliches meiden. *Die Botschaft lautet:* Halten Sie Abstand! Sie werden feststellen: Nichts passiert. Für einige Menschen ist es regelrecht eine Entdeckung, dass man nicht hier, jetzt und heute kaufen muss, dass die Kaufhäuser auch noch in drei Monaten volle Regale haben und man dann immer noch zugreifen kann (wenn man es sich leisten kann).

Technik Nr. 6
Manchmal ist ein gewisser – kleinerer oder größerer Abstand – der wichtigste Schritt hin zu einem geänderten Geldverhalten. Ergänzend zu Technik Nr. 5 gilt daher: Besonders anfällige Schuldenmacher nutzen zusammenhängende Feiertage, um sich vom übertriebenen Konsum zu verabschieden. Manche Leute müssen sich erst selbst davon überzeugen, dass sie sonntags schließlich auch leben, ohne ständig in Geschäften herumzulaufen und alles zu kaufen, was ihnen gefällt. Nehmen Sie einen solchen Geld-Sonntag, einen Geld-Feiertag zum Anlass, und beginnen Sie dann Ihren Entzug.

Technik Nr. 7
Konzentrieren Sie sich auf andere Tätigkeiten. Vielen Leuten, die regelmäßig zu viel Geld ausgeben, hat es bereits geholfen, dass sie sich auf ein Hobby konzentrierten. Damit verlagern sich das Interesse und die Gedanken weg vom Thema Konsum.

Zum Schluss noch eine kleine Checkliste, mit der die ganz Ehrlichen unter Ihnen prüfen können, wie schuldengefährdet sie sind. Beantworten Sie die Fragen ehrlich und ohne Zögern:

	JA	NEIN
Geben Sie jeden Tag Geld aus?	( )	( )
Haben Sie hin und wieder Erinnerungslücken, wo Ihr Geld geblieben ist, wenn am Ende des Geldes noch so viel Monat übrig ist?	( )	( )
Gehören Sie zu den Menschen, die, wenn sie unglücklich oder unzufrieden sind, schnell mehr Geld ausgeben?	( )	( )

Hatten Sie wegen Geldproblemen bereits häufiger

einen Anruf von Ihrer Bank, oder bekamen Sie
bereits mehr als einmal Mahnbescheide zugestellt?　　( )　　( )
Gehören Sie zu den Menschen,
die erkennbare Rechnungen öfters einige Tage
ungeöffnet liegen lassen?　　( )　　( )
Hatten Sie wegen Geldproblemen schon
häufiger Streit mit Ihrem Partner/Ihrer Partnerin?　　( )　　( )
Haben Sie wegen Geldschulden schon einmal oder
häufiger Schwierigkeiten mit Freunden gehabt?　　( )　　( )
Scheuen Sie sich häufiger am Geldautomaten
davor, den Kontostand abzufragen?　　( )　　( )
Mussten Sie schon einmal oder häufiger
Gegenstände verkaufen, um zu Geld zu kommen?　　( )　　( )
Käme es zu finanziellen Schwierigkeiten, wenn Sie
zwei Monate ohne Einnahmen (Gehalt, Honorare etc.)
auskommen müssten?　　( )　　( )
Gerieten Sie in eine finanzielle Notlage,
wenn Sie morgen auf Grund irgendeiner Sache
auf 10 000 Euro verklagt würden und diesen Betrag
zahlen müssten?　　( )　　( )
Denken Sie häufig darüber nach,
wie Sie schnell an zusätzliches Geld kommen können,
koste es was es wolle
und gleich, was Sie dafür tun müssten?　　( )　　( )
Fühlten Sie sich schon einmal oder häufiger
richtig schlecht, weil Sie Geldsorgen plagten?　　( )　　( )

© Bernd W. Klöckner, www,berndwkloeckner.de

Es ist ausschließlich in Ihrem persönlichen Interesse, wenn Sie
diese Fragen ohne Zögern und sehr ehrlich beantwortet haben.
Wenn Sie mindestens fünf Fragen spontan mit einem klaren Ja beantwortet haben, sollten Sie, schnell für finanzielle Ordnung sorgen. Gestehen Sie sich dann ein, dass Ihre private Finanzplanung
offensichtlich auf wackeligen Füßen steht. Reagieren Sie! Tun Sie
was! Machen Sie nicht so sorglos weiter wie bislang.

Geldregel 32

Es kann nicht oft genug betont werden: Sparen Sie so viel Sie können! Machen Sie aus Sparen eine Gewohnheit! Reduzieren Sie den Konsum bis auf die Erfüllung wirklicher Wünsche. Das ist die umfassendste und wichtigste Veränderung.

Kapitel 33
Ohne Absicherung der existenziellen Risiken droht ein Balanceakt

Unser Leben dreht sich darum, das zumindest behaupten Psychologen, dass wir fünf Grundbedürfnisse erfüllt haben wollen. Diese fünf Grundbedürfnisse sind:

- Sicherheit
- Anerkennung
- Liebe
- Abenteuer
- Kreativität

Betrachten wir das als kleine Pyramide:

© Bernd W. Klöckner

Vier dieser Grundbedürfnisse bauen auf dem Gefühl der Sicherheit auf. Sicherheit bedeutet stets auch finanzielle Sicherheit. Fehlt diese Sicherheit, wird das Leben – Ihr Leben – zu einem Balanceakt. Selbst in ruhigeren Zeiten können Sie dann Ihre Bedürfnisse nach Anerkennung, Liebe, Abenteuer und Kreativität nur teilweise stillen, weil über Ihnen stets das Damoklesschwert der finanziellen Unsicherheit schwebt. Bei finanzieller Unsicherheit leidet nicht selten die Beziehung zu einem Partner. Geldsorgen sind schwere Sorgen! Bei finanzieller Unsicherheit fühlt man sich schlecht und mies. Die Anerkennung bleibt aus. Nicht selten kommt es daher gerade in schlechten Zeiten zu so genannten »Glückskäufen«. Man will sich auch mal wieder was leisten können.

Bei finanziellen Schwierigkeiten leidet in jedem Fall das Bedürfnis nach Abenteuer und Kreativität. Unabhängig davon, dass so manches Abenteuer Geld kostet, leidet bei finanziellen Sorgen auch die Kreativität. Jemand, der ständig nur damit beschäftigt ist, die nächsten Rechnungen wieder so weit wie möglich wegzuschieben, wird in seiner Freizeit kaum kreative Gedanken entwickeln. Es ist eben schwer, an Erfolg zu denken, wenn der Gerichtsvollzieher bereits zweimal geklingelt hat oder gar – im Extremfall – bis zur Abgabe einer eidesstattlichen Versicherung mit der Einlieferung in die Haftanstalt droht.

Die Bedürfnispyramide sieht dann wackelig aus:

© Bernd W. Klöckner

Finanzieller Stress

Jetzt ist jede Anstrengung gefragt, die Situation wieder zu stabilisieren. Sie haben finanziellen Stress. Sie wissen: Jede unvorhergesehene Situation kann die Situation zum Kippen bringen. Jede kleine unvorhergesehene finanzielle Belastung bringt Sie in eine Schieflage. Die Erfüllung aller übrigen Bedürfnisse, also Anerkennung, Liebe, Abenteuer und Kreativität kommt schnell ins Rutschen. Und dann passiert es: Durch eine kleine Unachtsamkeit müssen Sie schnell 4000 Euro auftreiben. Das Konto gibt nichts mehr her, der Überziehungskredit ist bis zur Grenze ausgereizt. Sie haben ein Problem. Dieses Problem sieht so aus:

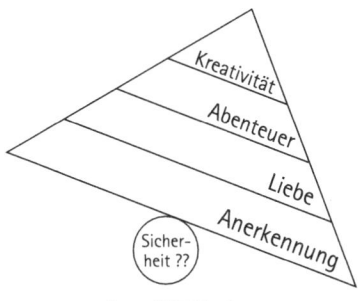

Bernd W. Klöckner

Geldregel 33

Die entscheidende Botschaft lautet: Meiden Sie diesen Zustand der ständigen Balance. Er kostet Kraft und Zeit. Wenn Sie mal die Balance verloren haben, ist es sehr anstrengend, wieder ins Gleichgewicht zu kommen. Und selbst wenn Ihnen das gelingt, ist es nur ein schwebender und höchst instabiler Zustand. Sorgen Sie für Sicherheit! Sorgen Sie vor allem für finanzielle Sicherheit!

Kapitel 34
Planen Sie Ihre finanzielle Zukunft – ermitteln Sie mögliche Versorgungslücken!

Hier geht es darum, dass Sie rechtzeitig für den Ernstfall planen. Drei Risikobereiche sind dabei zu beachten:
1. Berufsunfähigkeit
2. Rentensituation
3. Versorgung der Familie (Todesfall)

Sie können auf einfache Weise überprüfen, ob Ihre Versorgung oder die Ihrer Familie für diese drei Risikobereiche gesichert ist. Dabei gilt: Überlassen Sie es nicht dem Zufall, ob Ihre Versorgung gesichert ist. Werden Sie selbst aktiv!

Bitte beachten Sie: Die folgenden Faustformeln können keine vollständige Rentenberechnung ersetzen. Es handelt sich bei den Ergebnissen, die Sie ermitteln, stets nur um Näherungswerte. Diese Werte sollen Ihnen als Orientierung dienen.

Erster Schritt

Zunächst müssen Sie Ihre Ausgaben für die verschiedenen Risikobereiche ermitteln. Ausgehend von Ihrer aktuellen Ausgabensituation, ermitteln Sie die Ausgabenwerte für die drei Risikobereiche. Dabei gelten folgende Faktoren:

Erwerbsunfähigkeitsfaktor	**90** Prozent
Ruhestandsfaktor	**80** Prozent
Versorgung der Familie	**60** Prozent

Entscheidend ist aber letztlich Ihre individuelle Situation. So kann es sein, dass Sie als Ruhestandsfaktor von der Höhe der heutigen Ausgaben ausgehen oder diese noch höher ansetzen.

Ihre Ausgaben (monatlich in Euro)	Heute 100 %	Bei Erwerbsunfähigkeit 90 Prozent
Miete		
Mietnebenkosten (Strom, Wasser, Öl, Gas)		
Lebenshaltungskosten		
Kosten der Haushaltsführung		
Kleidung		
Sonstiger persönlicher Bedarf		
Freizeitkosten (Hobby, Urlaub)		
Auto		
Zahlungsverpflichtungen aus Darlehen		
Sonstige Zahlungs- verpflichtungen		
Versicherungsbeiträge		
Sparen		
Sonstiges		
Versorgungsbedarf:		

© Bernd W. Klöckner, www.berndwkloeckner.de
(angelehnt an Geldkompass Genossenschaftsverband)

Ihre Ausgaben (monatlich Euro)	Im Ruhestand 80 Prozent	Im Todesfall 60 Prozent
Miete		
Mietnebenkosten (Strom, Wasser, Öl, Gas)		
Lebenshaltungskosten		
Kosten der Haushaltsführung		
Kleidung		
Sonstiger persönlicher Bedarf		
Freizeitkosten (Hobby, Urlaub)		
Auto, Hobby		
Zahlungsverpflichtungen aus Darlehen		
Sonstige Zahlungsverpflichtungen		
Versicherungsbeiträge		
Sparen		
Sonstiges		
Versorgungsbedarf:		

Bitte erfassen Sie in jedem Fall Ihre Kosten für sämtliche Telekommunikationsdienste. Diese kosten nicht selten einige hundert Euro pro Monat, werden jedoch in solchen Aufstellungen gern vergessen.

Zweiter Schritt

Die Ausgabenseite ist nur die eine Seite der Vorsorge-Bilanz. Wichtig ist, dass Sie die Höhe Ihrer Ansprüche für die drei Risikobereiche kennen. In der Praxis zeigt sich, dass nur wenige Geldanleger darüber nachdenken. Die meisten kalkulieren stets auf der Grundlage des aktuellen Arbeitseinkommens. Die Sicherung Ihrer Existenz und die Ihrer Familie ist jedoch entscheidend. Sonst droht beispielsweise im Fall einer Erwerbsunfähigkeit der finanzielle Ruin. (Worauf Sie bei Abschluss einer Berufsunfähigkeitsversicherung achten sollten, erfahren Sie in einer der folgenden Lektionen.)

Einkunfts-Bilanz bei Erwerbsunfähigkeit

Schätzen Sie Ihre Einkünfte (monatlich in Euro)	Bei Erwerbsunfähigkeit
Renten- und Pensionseinkünfte	
Zusätzliche Versorgung aus Betrieb oder öffentlichem Dienst	
Einkünfte aus Vermietung und Verpachtungen von Gebäuden und Grundstücken	
Erträge aus Lebensversicherungen	
Einkünfte aus privater Berufsunfähigkeitsversicherung	
Sonstiges	
Summe der Einkünfte	
Versorgungsbedarf: (aus Tabelle auf Seite 171):	
Ergebnis:	gut versorgt ☐ Versorgungslücke ☐

173

Das Thema Berufsunfähigkeit scheint das große Tabuthema zu sein. Befragungen bei Verbrauchern zeigen: Nur zehn Prozent der Haushalte sind gegen dieses Risiko ausreichend abgesichert. Was nur wenige wissen: Die volle Leistung aus der gesetzlichen Rentenversicherung (Erwerbsminderungsrente) gibt es nur, wenn der Betroffene nicht einmal für drei Stunden täglich einer Beschäftigung nachgehen kann. Besonders fatal ist: Diese Beschäftigung muss keineswegs der Ausbildung der betroffenen Person entsprechen. So muss ein Akademiker beispielsweise auch einen Job als Pförtner ausüben, wenn ihm zumindest das drei Stunden täglich möglich ist.

Daraus gibt es nur eine Schlussfolgerung: Sichern Sie sich privat gegen Berufsunfähigkeit ab. Das müssen Sie tun! Das müssen Sie besonders dann tun, wenn Sie noch verhältnismäßig jung sind und noch kein anderweitiges Vermögen aufbauen konnten. Wer mit 50 Jahren teilweise berufsunfähig wird, kann womöglich über sonstige Einnahme- und Vermögensquellen einen Teil des Einkommensver-

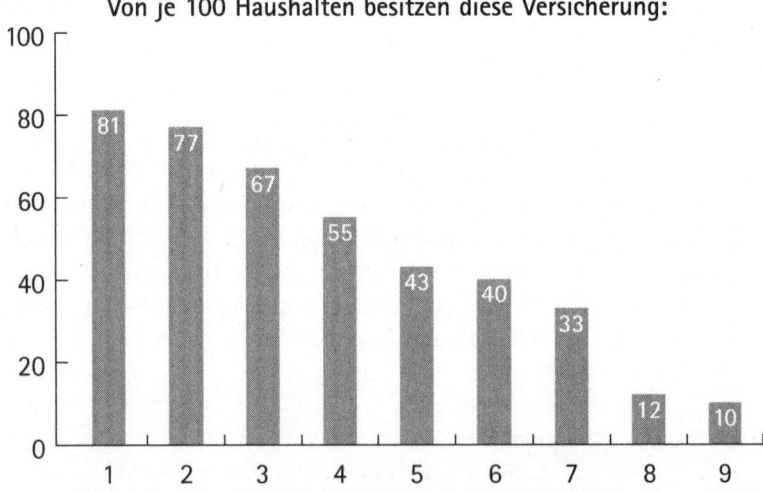

Von je 100 Haushalten besitzen diese Versicherung:

1 Pkw-Haftpflicht 2 Hausrat 3 Privathaftpflicht 4 Lebensversicherung 5 Rechtsschutz 6 Private Unfallversicherung 7 Vollkasko 8 Private Krankenversicherung 9 Private Berufsunfähigkeitsversicherung

© Bernd W. Klöckner, www.berndwkloeckner.de, Quelle: GDV

lusts auffangen. Wer jedoch erst 20, 25 oder 30 Jahre jung ist, steht schnell vor dem finanziellen Ruin. Betrachtet man die Zahlen des Gesamtverbands der Deutschen Versicherungswirtschaft, so bestätigt sich ebenfalls: Der Schutz vor Berufsunfähigkeit über eine private Berufsunfähigkeitsversicherung rangiert unter ferner liefen. Diese Versicherung bildet das mickrige Schlusslicht, wie die nächste Tabelle zeigt.

Was offensichtlich nur wenige bedenken: Wer unzureichend gegen Berufsunfähigkeit versichert ist und dennoch berufsunfähig wird, kann sich auch all die übrigen, offensichtlich höher geschätzten Versicherungen aller Voraussicht nach nicht mehr leisten.

Geldregel 34 – die Erste

Sorgen Sie sich zügig um Überprüfung Ihres Versicherungsschutzes im Fall einer Berufsunfähigkeit. Denn mit zunehmenden Jahren wird diese Versicherungsform immer teurer. Schließlich stellen Sie mit zunehmenden Jahren ein immer größeres (Gesundheits-) Risiko für die jeweilige Versicherungsgesellschaft dar.

Einkunfts-Bilanz im Ruhestand

Viele Menschen wissen nun nicht, wie hoch die spätere Rente oder Pension sein kann. Im Folgenden können Sie nun mit Faustformeln Ihre persönliche Rente oder Pension grob berechnen. Dabei gilt: Die so berechneten Zahlen sind lediglich Näherungswerte. Diese Zahlen sollen Ihnen helfen, sich beim Arbeiten mit diesem Buch zu orientieren.

RFF Rentenfaustformel
(ungefähre Pi-mal-Daumen-Näherungsformel – keine Gewähr!)
Beispiel   Ihre Angaben

Bruttojahreseinkommen
40 000   ⬜⬜⬜⬜⬜

Streichen der letzten drei Stellen
    40   □□

Multipliziert mit dem Faktor 0,9
    40 x 0,9 = 36,0   □□ x 0,9 = □□,□

Multipliziert mit den Berufsjahren
    36,0 x 42 = 1512   □□,□ x □□ = □□□□
                                  Monatsrente

PFF Pensionsfaustformel
(ungefähre Pi-mal-Daumen-Näherungsformel – keine Gewähr!)
Beispiel   Ihre Angaben

Letztes Monatsgehalt Ihrer Laufbahn
    2900   □□□□

Streichen der letzten 2 Stellen
    29   □□

Multipliziert mit Versorgungsgrad* (in %)
    29 x 68 = 1972   □□ x □□ = □□□□
                                 Monatspension

* siehe nächste Tabelle

Versorgungsgrad in Prozent

Dienstjahre	Versorgungsgrad
<=10	min. 35
11	37
12	39
13	41
14	43
15	45
16	47
17	49
18	51
19	53
20	55
21	57
22	59
23	61
24	63
25	65
26	66
27	67
28	68
29	69
30	70
31	71
32	72
33	73
34	74
35	max. 75

Zirka-Werte, keine Gewähr

Jetzt kennen Sie in etwa Ihre Renten- oder Pensionsansprüche und können die Einkunftsbilanz im Ruhestand entsprechend ausfüllen:

Schätzen Sie Ihre Einkünfte (monatlich in Euro)	Im Ruhestand
Renten- und Pensionseinkünfte	
Zusätzliche Versorgung aus Betrieb oder öffentlichem Dienst	
Einkünfte aus Vermietung und Verpachtungen von Gebäuden und Grundstücken	
Erträge aus Lebensversicherungen	
Einkünfte aus privater Berufs-unfähigkeitsversicherung	
Sonstiges	
Summe der Einkünfte	
Versorgungsbedarf: (aus Tabelle auf Seite 172):	
Ergebnis:	gut versorgt ☐ Versorgungslücke ☐

© Bernd W. Klöckner, www.berndwkloeckner.de

Ergebnis: Für alle drei Risikobereiche wissen Sie nun, ob Sie eine Versorgungslücke haben oder nicht. Und: Sie wissen vor allem, welche Angaben Ihnen möglicherweise noch fehlen oder um welche Zahlen Sie sich noch nie gekümmert haben.

Geldregel 34 – die Zweite

Haben Sie eine Versorgungslücke festgestellt, was in der Mehrzahl der Fälle zutrifft – reagieren Sie! Reagieren Sie schnell! Kümmern Sie sich darum, und schließen Sie die jeweilige Versorgungslücke! Welche Produkte sich in welcher Situation eignen, dazu später mehr.

Einkunfts-Bilanz für den Todesfall (Versorgung der Familie)

Schätzen Sie Ihre Einkünfte (monatlich in Euro)	Im Todesfall
Renten- und Pensionseinkünfte	
Zusätzliche Versorgung aus Betrieb oder öffentlichem Dienst	
Einkünfte aus Vermietung und Verpachtungen von Gebäuden und Grundstücken	
Erträge aus Lebensversicherungen	
Einkünfte aus privater Berufsunfähigkeitsversicherung	
Sonstiges	
Summe der Einkünfte	
Versorgungsbedarf: (aus Tabelle auf Seite 172):	
Ergebnis:	gut versorgt ☐ Versorgungslücke ☐

© Bernd W. Klöckner, www.berndwkloeckner.de

In der nächsten Lektion geht es darum, wie Sie planen müssen, wenn Sie sorglos und glücklich Ihr gewünschtes Rentenalter erreichen. Es geht also ausschließlich um die Phase des Ruhestandes. Oder, um es zutreffender auszudrücken: des Unruhestandes im Alter. Zuvor jedoch ist es wichtig zu wissen, welcher Anlagetyp Sie sind. Dazu finden Sie im nächsten Kapitel entsprechende Hilfe.

Kapitel 35
Welcher Anlegertyp bin ich?

Die folgende Auswertung ist meinem Buch »Systematisch reich mit Aktienfonds« entnommen. Diese Auswertung ist nur für solche Anleger gedacht, die sich noch nie so recht Gedanken um den eigenen Anlagetyp gemacht haben. Wer bereits seit Jahren an der Börse und in Aktienfonds investiert, sich dabei wohl fühlt und Gewinne macht, kann dieses Kapitel beruhigt überspringen. Ohnehin gilt: Kein Anlegertyp-Test kann zu einem immer und auf jeden Anleger passenden Ergebnis führen. Betrachten Sie also wirklich den folgenden Test und die Auswertung als grobe Orientierung.

Welcher Anlegertyp Sie sind **Ihre persönliche Risikoanalyse**				
	Nein	Ein wenig	Über- wiegend	Stimmt voll und ganz
Ich trage die Verantwortung für meine Geldrisiken	A	B	C	D
Bei Geld liege ich immer irgendwie richtig	A	B	C	D
Meine Aufgaben habe ich voll im Griff	D	C	B	A
Mein Streben ist es, ständig den Gewinn zu erhöhen	A	B	C	D
Ich spekuliere nicht, aber ich spare konsequent	D	C	B	A
Ich bin nie ganz sicher, ob ich bei der Geldanlage ein Risiko eingehen oder lieber konservativ sparen will	D	A	C	B

	Nein	Ein wenig	Über-wiegend	Stimmt voll und ganz
Ich bin immer wieder aufs Neue risikobereit	A	B	C	D
Bei Geldanlage lockt mich der Gewinn, vor Verlust habe ich Angst	D	A	C	B
Ich gehe zu leichtfertig mit meinem Geld um	A	B	C	D
Ich spekuliere geschickt	A	B	C	D
Alles was Gewinn verspricht, versuche ich auszuprobieren	A	B	C	D
Investieren ist mir weniger wichtig als Sparen	D	C	B	A
Ich lege Geld an, um zu gewinnen	A	B	C	D
Finanzielle Risiken sind nichts für mich	D	C	B	A
Je höher das Risiko, desto eher verliere ich manchmal die Kontrolle	D	A	C	B
Finanzielle Verluste halten mich nicht ab, neue Risiken einzugehen	A	B	C	D
Kontrolle bei meinem Vermögensaufbau ist das A und O	D	C	A	B
Wenn ich den finanziellen Überblick verliere, riskiere ich erst einmal kein Geld	D	C	B	A
Ich behalte Gewinne und Verluste im Überblick und weiß daher, ob ich unterm Strich einen Gewinn erziele	A	D	B	C
Ich spekuliere nie ohne ein klares Ziel	A	D	B	C

©Bernd.W.Klöckner&Herbert Kauth, 2000;
Quelle: zum Teil SGZ-Bank, Systematisch reich mit Aktienfonds,
eigene Ergänzung, Texte & Auswertung

Für die Auswertung müssen Sie nichts weiter tun, als die Anzahl der Buchstaben A bis D zu zählen. Der am häufigsten vorkommende Buchstabe kennzeichnet Ihre persönliche Risikoklasse. Bitte beachten Sie: Diese Auswertung nimmt Bezug auf die mögliche Anlage in Aktienfonds. Im Mittelpunkt steht also die Frage, ob und wenn ja, welche Aktienfonds in welchem Maß für Sie in Frage kommen.

Ihre persönliche Auswertung: Ich bin Anlegertyp ☐

Typ A

Sie gehören grundsätzlich zum sicheren Anlagetyp. Ein langfristig stabiler Vermögensaufbau ist Ihnen wichtig, Kursrückgänge sind nichts für Ihre Nerven. Tipp: Möglicherweise haben Sie Kursrückgänge bislang zu einseitig gesehen. Langfristig nämlich war die Geldanlage in Aktien und damit auch in Aktienfonds unschlagbar. Selbst große Kurseinbrüche wie der Börsencrash 1987 ändern an dieser Aussage nichts. Wenn Sie auch nach diesem Buch noch zum gleichen Anlegertyp gehören, dann sollten Sie Ihr Geld in einer ausgewogenen Mischung aus internationalen Rentenfonds und internationalen Aktienfonds anlegen. Auch offene Immobilienfonds, Bundesschatzbriefe, Festgelder und ähnliche Geldprodukte sind für Sie genau richtig. Möglicherweise auch, unter Beachtung bestimmter Voraussetzungen, die Wahl leistungsstarker Versicherungsangebote. Denken Sie bei allem Sicherheitsstreben jedoch daran: Aktienfond bleiben – wenn Sie die wichtigsten Erfolgsgeheimnisse beachten – auf lange Sicht ein sicherer Weg zu Reichtum.

Typ B

Sie gehen zwar grundsätzlich auf Nummer Sicher, kommen aber mit vorübergehenden Wertschwankungen bei Ihren Geldanlagen sehr gut klar. Außerdem wollen Sie schon für einen Großteil Ihres Vermögens bessere Renditen erzielen, als dies mit vermeintlich sicheren Geldanlagen wie festverzinslichen Wertpapieren der Fall ist. Tipp: Legen Sie einen kleineren Teil (wirklich einen kleinen Teil!) Ihres freien Vermögens oder Ihrer Sparraten in einen internationalen Rentenfonds an. Den größeren Teil verteilen Sie auf international anlegende Aktienfonds, und einen eher kleinen Teil können Sie auch mal in Spezialfonds wie Branchenfonds, Länderfonds usw. investieren. Möglich ist auch die Investition in sorgfältig ausgewählten Aktien.

Typ C

Sie wollen zum großen Teil auf Ertrag und Gewinn setzen. Vorübergehende Verluste sind Ihnen egal, weil Sie wissen, dass langfristig in der Vergangenheit Verlustsphasen immer gut überstanden wurden. Wegen Ihres Gewinndenkens sind Sie auch bereit, einmal überdurchschnittliche Risiken einzugehen, dann allerdings nur für einen kleineren Betrag Ihres Vermögens oder Ihrer Sparraten. Für Sie kommen ausschließlich Aktienfonds in Frage. Sie sollten einen größeren Betrag Ihres Vermögens oder Ihrer Sparraten in international anlegende Aktienfonds investieren. Dann aber kommen für Sie auch Spezialfonds in Frage. Beispielsweise bestimmte Themen-, Länder- oder Branchenfonds. Natürlich sind für Sie auch ausgewählte Aktien, ein größeres, selbst geführtes Aktiendepot, erste Wahl.

Typ D

Sie wollen nur eines: Gewinnen. Zwischenzeitliche Verluste stecken Sie locker weg und machen sich deswegen keine Gedanken. Sie wissen, dass Sie hohe Gewinnchancen nur dann haben, wenn Sie auch bereit sind, vorübergehend hohe Risiken einzugehen oder auch mal einen richtig dicken Verlust wegzustecken. Sie beschäftigen sich teils sehr intensiv mit allen Anlagemöglichkeiten und haben auch schon die eine oder andere Gewinnstrategie mit Erfolg angewandt. Tipp: Nutzen Sie die Chancen der Spezialfonds. Setzen Sie noch stärker auf Aktien, auch auf Optionsgeschäfte und Futures. Denken Sie daran: Das Risiko steigt parallel zu den gebotenen Chancen. Ihre Gier nach möglichst hohem Profit bezahlen Sie in schlechten Börsenzeiten auch mit möglicherweise hohen Verlusten.

Geldregel 35

Merken Sie sich Ihren Anlagetyp. Es bringt nichts, wenn Sie mit Aktien zocken, obwohl Sie kein spekulativer Typ sind. Ihre Anlageprodukte müssen zu Ihnen passen!

Kapitel 36
Wie Sie für Ihre Geldziele die richtigen Sparraten ermitteln

Ich habe im Lauf der Jahre viele Menschen kennen gelernt, die Dinge sagen wie »Wenn ich Rentner bin, brauche ich ja weniger Geld«. Dieser Gedanke ist falsch. Dieser Gedanke ist sogar äußerst gefährlich, denn Sie müssen plötzlich mit erheblich weniger Geld bei erheblich mehr Freizeit auskommen. Dazu eine Frage: Wann geben Sie heute das meiste Geld aus? Weder bei der Arbeit noch abends, wenn Sie mit der Familie zu Hause sitzen! Sie geben das meiste Geld aus, wenn Sie Freizeit haben. Auch auf Urlaubsreisen geben Sie besonders viel Geld aus. Jetzt kommen die beiden entscheidenden Fragen: Wie viel Urlaubstage haben Sie heute im Jahr?

Und wie viel Urlaubstage haben Sie im Jahr, wenn Sie eines Tages nicht mehr arbeiten müssen oder wollen?

Die richtige Antwort lautet: Während Sie heute etwa 25 bis 35 Urlaubstage im Jahr haben, sind es im Alter, im so genannten Ruhestand 365 Tage. Somit 365 minus 35 Urlaubstage, also 330 Urlaubstage mehr, die Sie irgendwie finanzieren müssen, zumindest einen Teil davon. Kritische Stimmen wenden nun ein, dass man im Alter schließlich nicht 330 Tage zusätzlich wie im Urlaub lebt. Nun gut. Betrachten wir gemeinsam eine andere Rechnung. Dieser Rechnung liegt Folgendes zu Grunde: Wenn Sie heute Ihr Geld ausgeben, geben Sie es – zugegeben – nicht immer ausschließlich im Urlaub aus. Richtig ist aber, dass wir alle das meiste Geld in der Freizeit ausgeben. Daher zwei weitere Fragen:

1. Wie viele freie Stunden haben Sie heute pro Woche? Also Stunden, in denen Sie ins Kino, ins Theater gehen können, Stunden, die für Restaurantbesuche für mehr oder weniger teure Hobbys übrig bleiben?

___ Freizeitstunden

2. Wie viele freie Stunden werden Sie pro Woche im Alter haben, wenn Sie nicht mehr arbeiten wollen/müssen? Auch hier sind alle Stunden gemeint, in denen Sie ins Kino, Theater usw. gehen.

___ Freizeitstunden

Wer ehrlich zu sich selbst ist, kommt im aktiven Berufsleben, möglicherweise mit Familie, auf maximal dreimal drei Stunden Freizeit am Abend. Macht zusammen neun Stunden. Stellen Sie sich nun Ihren aktiven Ruhestand vor. Mit Sicherheit sind es jetzt fünf- bis sechsmal pro Woche drei bis vier Stunden Freizeit: schwimmen, golfen, ins Theater, ein Kurztripp in eine andere Stadt. Rechnen Sie also damit, dass Sie über die doppelte Freizeit verfügen. Das bedeutet auch doppelte Freizeitkosten. Ich behaupte nicht, Sie brauchen auf jeden Fall im Alter mehr Geld. Ich behaupte jedoch: Sie brauchen eines Tages nicht viel weniger Geld als heute. Und genau das ist Ihr Problem, wenn Sie nicht rechtzeitig vorsorgen.

So ermitteln Sie Ihr realistisches Sparziel in drei Schritten

Schritt 1: Ermitteln Sie Ihr Wunschziel
Die meisten Menschen beginnen die Frage des Vermögensaufbaus mit dem Gedanken: »Wie viel kann ich denn zur Seite legen?« Diese Vorgehensweise ist falsch. Sie laufen Gefahr, erheblich an Ihren Geldzielen vorbei zu sparen. Daher drehe ich in der folgenden Lektion das Prinzip einmal um. Entscheidend ist im ersten Schritt lediglich: Wann wollen Sie in Rente gehen? Was ist Ihre ganz persönliche Zielvorstellung? Bitte denken Sie einige Sekunden über diese Frage nach und notieren dann Ihr Wunschalter für den Rentenbeginn:
___ Jahre
Jetzt geht es um Folgendes: Angenommen, Sie haben Ihr gewünschtes Rentenalter erreicht. Wie lange würden Sie sich gern aus einem bis dahin angesparten Vermögen eine private Rente auszahlen?
___ Jahre
Nun kommen wir zur letzten und entscheidenden Frage. Angenommen, Sie kennen Ihr Wunsch-Rentenalter. Sie kennen auch die soeben notierte Zeit der Entnahme einer privaten Rente. Bleibt zum Schluss die entscheidende Frage übrig: Wie hoch soll der Betrag sein, den Sie sich selbst jeden Monat auszahlen wollen, also zusätzlich zu allen übrigen Rentenbezügen? Denken Sie an die 330 zusätzlichen Urlaubstage im Jahr. Denken Sie an die zeitliche Verdoppelung Ihrer Freizeit. Denken Sie daran, dass Sie genießen wol-

len. Setzen Sie also im Zweifel den Betrag eher ein wenig zu hoch an als zu niedrig. Nennen Sie jetzt Ihren persönlichen Betrag:

___ Wunschentnahme/Monat

Dazu zwei Beispiele: Sie sind 35 Jahre jung und wollen mit 50 Jahren sich monatlich über die nächsten 30 Jahre eine Entnahme von 2000 Euro leisten. Oder: Sie sind 40 Jahre jung und wollen sich mit 65 Jahren über eine Entnahmedauer von 25 Jahren eine private Zusatzrente von 1500 Euro auszahlen.

Fassen Sie Ihren persönlichen Einnahme-Wunsch noch einmal zusammen:

Eines Tages möchte ich mit _____ **Jahren, also in** _____ **Jahren, mir aus meinem bis dahin angespartem Vermögen über** _____ **Jahre (also bis zu meinem** _____ **Lebensjahr) einen Betrag von monatlich** _____ **Euro auszahlen. Das Vermögen soll zum Ende dieser Entnahmezeit aufgebraucht sein.**

STOP! Bitte lesen Sie erst weiter, wenn Sie Ihre persönlichen
Angaben eingetragen haben.

Nun, nachdem Sie die fehlenden Angaben ergänzt haben, kennen Sie die Höhe Ihrer gewünschten Entnahme. Zur Sicherheit tragen Sie diese Wunschentnahme noch einmal ein:

Meine gewünschte monatliche Privatrente beträgt

_____ **Euro**

Diese Wunschentnahme finden Sie in der linken Spalte der nächsten Tabelle wieder. Bitte runden Sie Ihre Wunschentnahme auf den nächstgelegenen Betrag in dieser Spalte auf oder ab. Dann wählen Sie in der oberen Zeile die Ihrem Wunsch nächstgelegene Jahreszahl aus (also in wie viel Jahren Sie mit der Entnahme beginnen wollen). Jetzt können Sie in der Tabelle die Zahl ablesen, die Ihrem Entnahmewunsch nach Berücksichtigung der Inflation entspricht.

Als Inflation wurden dabei 3 Prozent pro Jahr angenommen, was dem langjährigen Inflationsdurchschnitt entspricht. Ein Beispiel: Sie haben als Wunscheinkommen aus Privatvermögen in 25 Jahren 2500 Euro angegeben. Um in 25 Jahren Geld im gleichen Gegenwert zu haben, müssen Sie monatlich 5234 Euro entnehmen. Anders ausgedrückt: Bei 3 Prozent Inflation entsprechen diese 5234 Euro einer Kaufkraft von heute 2500 Euro. Wenn Sie also heute sagen:»In 25 Jahren möchte ich gerne beruflich ruhiger treten und mir ab diesem Zeitpunkt 2500 Euro monatlich aus meinem bis dahin angesparten Vermögen auszahlen«, dann meinen Sie die Kaufkraft von 2500 Euro heute und nicht die Kaufkraft von 2500 Euro in 25 Jahren. Deswegen berücksichtigen wir die Inflation und ermitteln den Entnahmebetrag, der nach Inflation Ihrem heute geäußerten Entnahmewunsch entspricht. Ermitteln Sie jetzt Ihr persönliches Wunschziel pro Monat:

Ihr Wunschziel pro Monat	Notwendiger Betrag in X-Jahren (bei einer Inflation von rund 3 Prozent pro Jahr)								
	10	15	20	25	30	35	40	45	50
500	672	779	903	1047	1214	1407	1631	1891	2192
1000	1344	1558	1806	2094	2427	2814	3262	3782	4384
1500	2016	2337	2709	3141	3641	4221	4893	5672	6576
2000	2688	3116	3612	4188	4855	5628	6524	7563	8768
2500	3360	3895	4515	**5234**	6068	7035	8155	9454	10 960
3000	4032	4674	5418	6281	7282	8442	9786	11 345	13 152
3500	4704	5453	6321	7328	8495	9849	11 417	13 236	15 344
4000	5376	6232	7224	8375	9709	11 255	13 048	15 125	17 536
4500	6048	7011	8128	9422	10 923	12 662	14 679	17 017	19 728
5000	6720	7790	9031	10 469	12 136	14 069	16 310	18 908	21 920
5500	7392	8569	9934	11 516	13 350	15 476	17 941	20 799	24 111
6000	8063	9348	10 837	12 563	14 564	16 883	19 572	22 690	26 303
7000	9407	10 906	12 643	14 656	16 991	19 697	22 834	26 471	30 687
8000	10 751	12 464	14 449	16 750	19 418	22 511	26 096	30 253	35 071
9000	12 095	14 022	16 255	18 844	21 845	25 325	29 358	34 034	39 455
10 000	13 439	15 580	18 061	20 938	24 273	28 139	32 620	37 816	43 839

©Bernd W. Klöckner,www.berndwkloeckner.de

Bitte beachten Sie: Der Einfachheit halber und zur Dokumentation, wie Sie mit den Tabellen arbeiten müssen, führen wir die folgenden Schritte auf Basis der oben genannten 5234 Euro beispielhaft weiter.

Schritt 2: Ermitteln Sie Ihr notwendiges Vermögen
Bei diesem Schritt geht es um die Antwort auf die Frage: Wie hoch muss das Vermögen sein, damit Sie sich Ihre Entnahme (Wunschziel aus Schritt 1) über eine bestimmte, von Ihnen gewählte Auszahldauer leisten können? Wir rechnen auch hier mit den 5234 Euro Wunschentnahme. Der Einfachheit halber wurde sie auf 5000 Euro abgerundet.

Ihr notwendiges Vermögen, um sich bei Kapitalverzehr von X Jahren (Kapital am Ende = null) Ihr Wunschziel leisten zu können (Verzinsung in der Entnahmephase durchschnittlich vorsichtige 7 Prozent)

Ihre
monatliche
Wunsch-
entnahme

| | Kapitalverzehr in… | | | | | | |
	10 Jahren	15 Jahren	20 Jahren	25 Jahren	**30 Jahren**	35 Jahren	40 Jahren
800	68901	89005	103186	113190	120246	125224	128735
900	77514	100130	116084	127338	135277	140877	144827
1000	86126	111256	128983	141487	150308	156530	160919
1200	103352	133507	154779	169784	180369	187836	193103
1400	120577	155758	180576	198082	210431	291142	225286
1600	137802	178010	206372	226379	240492	250448	257470
1800	155028	200261	232169	254676	270554	281753	289654
2000	172253	222512	257965	282974	300615	313059	321838
2500	215316	278140	322456	353717	375769	391324	402297
3000	258379	333768	386948	424461	450923	469589	482756
3500	301442	389396	451439	495204	526077	547854	563216
4000	344506	445024	515930	565948	601230	626119	643675
4500	387569	500652	580421	636691	676384	704384	724135
5000	430632	556280	644913	707435	**751538**	782649	804594
6000	516758	667536	773895	848921	901846	939178	965513
7000	602885	778792	902878	990408	1052153	1095708	1126432
8000	689011	890048	1031860	1131895	1202461	1252238	1287350

Ihre monatliche Wunschentnahme	Kapitalverzehr in …						
	10 Jahren	15 Jahren	20 Jahren	25 Jahren	30 Jahren	35 Jahren	40 Jahren
9000	775 138	1 001 304	1 160 843	1 273 383	1 352 768	1 408 767	1 448 269
10 000	861 264	1 112 560	1 289 825	1 414 869	1 503 076	1 565 297	1 609 188
12 000	1 033 517	1 335 072	1 547 790	1 697 843	1 803 691	1 878 356	1 931 026
14 000	1 205 770	1 557 584	1 805 755	1 980 817	2 104 306	2 191 416	2 252 863
16 000	1 378 022	1 780 096	2 063 720	2 263 790	2 404 922	2 504 475	2 574 701
18 000	1 550 275	2 002 608	2 321 685	2 546 764	2 705 537	2 817 535	2 896 538
20 000	1 722 528	2 225 120	2 579 650	2 829 738	3 006 152	3 130 594	3 218 376
22 000	1 894 781	2 447 632	2 837 615	3 112 712	3 306 767	3 443 653	3 540 214
24 000	2 067 034	2 670 144	3 095 580	3 395 686	3 607 382	3 756 713	3 862 051
26 000	2 239 296	2 892 656	3 353 545	3 678 659	3 907 998	4 069 772	4 183 889
28 000	2 411 539	3 115 168	3 611 510	3 961 633	4 201 613	4 382 832	4 505 726
30 000	2 583 792	3 337 680	3 869 475	4 244 607	4 509 228	4 695 891	4 827 564
32 000	2 756 045	3 560 192	4 127 440	4 527 581	4 809 843	5 008 950	5 149 402
34 000	2 928 298	3 782 704	4 385 405	4 810 555	5 110 458	5 322 010	5 471 239
36 000	3 100 550	4 005 216	4 643 370	5 093 528	5 411 074	5 635 069	5 793 077
38 000	3 272 803	4 227 728	4 901 335	5 376 502	5 711 689	5 948 129	6 114 914
40 000	3 445 056	4 450 240	5 159 300	5 659 476	6 012 304	6 261 188	6 436 752
42 000	3 617 309	4 672 752	5 417 265	5 942 450	6 313 919	6 574 247	6 758 590
44 000	3 789 562	4 895 264	5 675 230	6 225 424	6 613 534	6 887 307	7 080 427

©Bernd W. Klöckner, www.berndwkloeckner.de

Für unser Beispiel gilt: Wenn Sie 5000 Euro über 30 Jahre entnehmen wollen, müssen Sie ein Vermögen von 751 538 Euro haben. Legen Sie diesen Betrag zu Beginn der Rentenphase zu einem effektiven Zins von 7 Prozent an, können Sie die 5000 Euro monatlich entnehmen. Nach 30 Jahren wäre das Vermögen aufgezehrt.

Sie kennen nun die Höhe des Vermögens, über das Sie zu Beginn der von Ihnen gewünschten Auszahlphase verfügen müssen. Die letzte und entscheidende Frage lautet nun: Wie hoch ist die monatliche Sparrate, die Sie investieren müssen, um Ihr notwendiges Vermögen in den verbleibenden Jahren bis zur Entnahme anzusparen? Damit sind wir beim letzten Schritt:

Schritt 3: Ermitteln Sie Ihre notwendige Sparrate

Wie hoch muss der Spar- oder Investitionsbetrag sein, um dieses Vermögen anzusparen? Bei diesem Schritt müssen Sie die auf Ihren Anlegetyp passende Tabelle auswählen. In Tabelle A wird die notwendige Sparrate auf der Grundlage eines effektiven Zinssatzes von 7 Prozent berechnet (konservativ, internationale Rentenfonds), in Tabelle B wird auf der Grundlage von 10 Prozent gerechnet (chancenorientiert, internationale Aktienfonds), und in Tabelle C wird mit 13 Prozent gerechnet (risikoorientiert, Aktienfonds, Spezialfonds, Branchenfonds). Je höher der Zins, desto geringer ist dabei bei gleichem Anlageziel die notwendige Sparrate. Mein Tipp: Betrachten Sie die Ergebnisse aller drei Tabellen, um ein Gefühl dafür zu bekommen, wie sich die unterschiedliche Zinsannahme auswirken kann. Haben Sie mehr als zehn Jahre Anlagedauer bis zum Erreichen des notwendigen Vermögens für die Entnahmezeit, empfehle ich Ihnen, Ihre notwendige Sparrate mit der Tabelle B zu ermitteln. Tabelle C nehmen Sie nur dann als Grundlage, wenn Sie ein wirklich risikofreudiger und spekulativer Typ sind.

Der Einfachheit halber und wiederum auf die Tabellen passend wurde der Betrag des notwendigen Vermögens auf 800 000 Euro aufgerundet.

Tabelle A: sicherheitsorientiert, 7 Prozent Zinsannahme

Ihre notwendige gleichbleibende Sparrate in den nächsten Jahren, damit Sie bei 7 Prozent Zins Ihr Wunschziel sicher erreichen.

Notwendiges Vermögen	Spar-Jahre:								
	10	15	20	**25**	30	35	40	45	50
60 000	351	193	118	77	51	35	24	17	12
70 000	409	225	138	89	60	41	28	20	14
80 000	468	257	158	102	68	47	32	23	16
90 000	526	289	177	115	77	53	36	25	18
100 000	585	321	197	128	86	58	40	28	20
120 000	702	386	236	153	103	70	49	34	24
140 000	818	450	276	179	120	82	57	40	28
160 000	935	514	315	204	137	93	65	45	32
180 000	1052	579	355	230	154	105	73	51	36
200 000	1169	643	394	255	171	117	81	57	40

Notwendiges Vermögen	Spar-Jahre:								
	10	15	20	**25**	30	35	40	45	50
250 000	1462	804	493	319	214	146	101	71	50
300 000	1754	964	591	383	257	175	121	85	60
350 000	2046	1125	690	447	299	205	142	99	70
400 000	2338	1286	788	511	342	234	162	113	79
450 000	2631	1446	887	575	385	263	182	127	89
500 000	2923	1607	985	639	428	292	202	141	99
600 000	3508	1929	1182	766	513	351	243	170	119
700 000	4092	2250	1379	894	599	409	283	198	139
800 000	4677	2571	1576	**1022**	684	467	324	226	159
900 000	5262	2893	1773	1149	770	526	364	254	179
1 000 000	5846	3214	1970	1277	855	584	405	283	199
1 200 000	7015	3857	2364	1532	1026	701	486	339	238
1 400 000	8185	4500	2758	1788	1197	818	566	396	278
1 600 000	9354	5143	3152	2043	1368	935	647	452	318
1 800 000	10 523	5786	3547	2299	1539	1052	728	509	358
2 000 000	11 692	6429	3941	2554	1710	1169	809	565	397
2 200 000	12 862	7072	4335	2810	1881	1285	890	622	437
2 400 000	14 031	7714	4729	3065	2052	1402	971	678	477
2 600 000	15 200	8357	5123	3320	2223	1519	1052	735	517
2 800 000	16 369	9000	5517	3576	2394	1636	1133	791	556
3 000 000	17 539	9643	5911	3831	2565	1753	1214	848	596
3 200 000	18 708	10 286	6305	4087	2736	1870	1295	905	636
3 400 000	19 877	10 929	6699	4342	2097	1987	1376	961	676
3 600 000	21 046	11 572	7093	4597	3078	2104	1457	1018	715
3 800 000	22 216	12 215	7487	4853	3249	2220	1538	1074	755
4 000 000	23 385	12 857	7881	5108	3420	2337	1618	1131	795
4 200 000	24 554	13 500	8275	5364	3591	2454	1699	1187	835
4 400 000	25 723	14 143	8669	5619	3762	2571	1780	1244	874
4 600 000	26 892	14 786	9063	5875	3933	2688	1861	1300	914
4 800 000	28 062	15 429	9457	6130	4104	2805	1942	1357	954
5 000 000	29 231	16 072	9852	6385	4276	2922	2023	1413	993
5 200 000	30 400	16 715	10 246	6641	4447	3038	2104	1470	1033
5 400 000	31 569	17 357	10 640	6896	4618	3155	2185	1526	1073
5 600 000	32 739	18 000	11 034	7152	4789	3272	2266	1583	1113
5 800 000	33 908	18 643	11 428	7407	4960	3389	2347	1640	1152
6 000 000	35 077	19 286	11 822	7662	5131	3506	2428	1696	1192
6 200 000	36 246	19 929	12 216	7918	5302	3623	2509	1753	1232
6 400 000	37 416	20 572	12 610	8173	5473	3740	2589	1809	1272
6 600 000	35 585	21 215	13 004	8429	5644	3856	2670	1866	1311
6 800 000	39 754	21 858	13 398	8684	5815	3973	2751	1922	1351
7 000 000	40 923	22 500	13 792	8939	5986	4090	2832	1979	1391

Tabelle B: chancenorientiert, 10 Prozent Zinsannahme

Ihre notwendige gleichbleibende Sparrate in den nächsten Jahren, damit Sie bei 10 Prozent Zins Ihr Wunschziel sicher erreichen.

Notwendiges Vermögen	Spar-Jahre:								
	10	15	20	**25**	30	35	40	45	50
60 000	300	151	84	49	29	18	11	7	4
70 000	350	176	97	57	34	21	13	8	5
80 000	400	201	111	65	39	24	14	9	5
90 000	450	226	125	73	44	26	16	10	6
100 000	500	251	139	81	48	29	18	11	7
120 000	600	301	167	97	58	35	22	13	8
140 000	700	351	195	114	68	41	25	16	10
160 000	801	402	223	130	78	47	29	18	11
180 000	901	452	251	146	87	53	32	20	12
200 000	1001	502	278	162	97	59	36	22	14
250 000	1251	627	348	203	121	74	45	28	17
300 000	1501	753	418	243	145	88	54	33	21
350 000	1751	878	487	284	170	103	63	39	24
400 000	2001	1004	557	324	194	118	72	44	27
450 000	2252	1129	627	365	218	132	81	50	31
500 000	2502	1255	696	405	242	147	90	55	34
600 000	3002	1506	835	486	291	177	108	67	41
700 000	3502	1757	975	568	339	206	126	78	48
800 000	4003	2008	1114	**649**	388	235	144	89	55
900 000	4503	2259	1253	730	436	265	162	100	62
1 000 000	5003	2510	1392	811	485	294	180	111	69
1 200 000	6004	3012	1671	973	582	353	216	133	82
1 400 000	7005	3514	1949	1135	679	412	252	155	96
1 600 000	8005	4016	2228	1297	776	471	288	177	110
1 800 000	9006	4518	2506	1459	873	530	324	200	123
2 000 000	10007	5020	2785	1622	970	588	360	222	137
2 200 000	11007	5521	3063	1784	1066	647	396	244	151
2 400 000	12008	6023	3341	1946	1163	706	432	266	164
2 600 000	13009	6525	3620	2108	1260	765	468	288	178
2 800 000	14010	7027	3898	2270	1357	824	504	311	192
3 000 000	15010	7529	4177	2432	1454	883	541	333	206
3 200 000	16011	8031	4455	2595	1551	942	577	355	219
3 400 000	17012	8533	4734	2757	1648	1000	613	377	233
3 600 000	18012	9035	5012	2919	1745	1059	649	399	247
3 800 000	19013	9537	5291	3081	1842	1118	685	421	260

Notwendiges Vermögen	Spar-Jahre:								
	10	15	20	25	30	35	40	45	50
4 000 000	20 014	10 039	5569	3243	1939	1177	721	444	274
4 200 000	21 014	10 541	5847	3405	2036	1236	757	466	288
4 400 000	22 015	11 043	6126	3568	2133	1295	793	488	301
4 600 000	23 016	11 545	6404	3730	2230	1353	829	510	315
4 800 000	24 016	12 047	6683	3892	2327	1412	865	532	329
5 000 000	25 017	12 549	6961	4054	2424	1471	901	555	343
5 200 000	26 018	13 051	7240	4216	2521	1530	937	577	356
5 400 000	27 018	13 553	7518	4378	2618	1589	973	599	370
5 600 000	28 019	14 055	7797	4541	2715	1648	1009	621	384
5 800 000	29 020	14 557	8075	4703	2812	1706	1045	643	397
6 000 000	30 020	15 059	8354	4865	2909	1765	1081	666	411
6 200 000	31 021	15 561	8632	5027	3006	1824	1117	688	425
6 400 000	32 022	16 062	8910	5189	3103	1883	1153	710	438
6 600 000	33 022	16 564	9189	5351	3199	1942	1189	732	452
6 800 000	34 023	17 066	9467	5514	3296	2001	1225	754	466
7 000 000	35 024	17 568	9746	5676	3393	2060	1261	776	480

©Bernd W. Klöckner, www.berndwkloeckner.de

Tabelle C: risikoorientiert, 13 Prozent Zinsannahme

Ihre notwendige gleichbleibende Sparrate in den nächsten Jahren, damit Sie bei 13 Prozent Zins Ihr Wunschziel sicher erreichen.

Notwendiges Vermögen	Spar-Jahre:								
	10	15	20	25	30	35	40	45	50
60 000	257	117	58	30	16	9	5	3	1
70 000	299	136	68	35	19	10	5	3	2
80 000	342	156	78	40	21	12	6	3	2
90 000	385	175	88	46	24	13	7	4	2
100 000	428	195	97	51	27	14	8	4	2
120 000	513	234	117	61	32	17	9	5	3
140 000	599	273	136	71	38	20	11	6	3
160 000	684	312	156	81	43	23	12	7	4
180 000	770	351	175	91	48	26	14	8	4
200 000	855	390	195	101	54	29	16	8	5
250 000	1069	487	243	127	67	36	19	11	6
300 000	1283	584	292	152	81	43	23	13	7

Notwendiges Vermögen	Spar-Jahre:								
	10	15	20	**25**	30	35	40	45	50
350 000	1496	682	340	177	94	50	27	15	8
400 000	1710	779	389	202	107	58	31	17	9
450 000	1924	877	438	228	121	65	35	19	10
500 000	2138	974	486	253	134	72	39	21	11
600 000	2565	1169	584	304	161	86	47	25	14
700 000	2993	1364	681	354	188	101	54	29	16
800 000	3420	1559	788	**405**	215	115	62	34	18
900 000	3848	1753	876	455	242	130	70	38	20
1 000 000	4275	1948	973	506	269	144	78	42	23
1 200 000	5130	2338	1167	607	322	173	93	50	27
1 400 000	5985	2728	1362	708	376	202	109	59	32
1 600 000	6840	3117	1556	810	430	230	124	67	36
1 800 000	7695	3507	1751	911	483	259	140	76	41
2 000 000	8550	3897	1946	1012	537	288	155	84	46
2 200 000	9405	4286	2140	1113	591	317	171	92	50
2 400 000	10 260	4676	2335	1214	645	346	186	101	55
2 600 000	11 115	5066	2529	1316	698	375	202	109	59
2 800 000	11 970	5455	2724	1417	752	403	218	118	64
3 000 000	12 825	5845	2918	1518	806	432	233	126	68
3 200 000	13 680	6235	3113	1619	859	461	249	134	73
3 400 000	14 535	6624	3308	1720	913	490	264	143	77
3 600 000	14 390	7014	3502	1822	967	519	280	151	82
3 800 000	16 245	7404	3697	1923	1021	547	295	160	86
4 000 000	17 100	7793	3891	2024	1074	576	311	168	91
4 200 000	17 955	8183	4086	2125	1128	605	326	176	96
4 400 000	18 810	8572	4280	2226	1182	634	342	185	100
4 600 000	19 665	8962	4475	2328	1235	663	357	193	105
4 800 000	20 520	9352	4669	2429	1289	691	373	202	109
5 000 000	21 375	9741	4864	2530	1343	720	388	210	114
5 200 000	22 230	10 131	5059	2631	1397	749	404	218	118
5 400 000	23 085	10 521	5253	2732	1450	778	419	227	123
5 600 000	23 940	10 910	5448	2834	1504	807	435	235	127
5 800 000	24 795	11 300	5642	2935	1558	835	451	244	132
6 000 000	25 650	11 690	5837	3036	1611	864	466	252	137
6 200 000	26 505	12 079	6031	3137	1665	893	482	260	141
6 400 000	27 360	12 469	6226	3238	1719	922	497	269	146
6 600 000	28 215	12 859	6420	3340	1773	951	513	277	150
6 800 000	29 070	13 248	6615	3441	1826	979	528	286	155
7 000 000	29 925	13 638	6810	3542	1880	1008	544	294	159

Risikohinweis

Wenn Sie die Tabellen A, B und C vergleichen, stellen Sie fest, dass die notwendige Sparrate umso mehr sinkt, je höher der angenommene effektive Zins ist. Entscheiden Sie sich, weil Sie eher risikofreudig sind, für die Tabelle C, dann ist natürlich auch das Verlustrisiko am Ende der Laufzeit am größten. Mit Fonds oder anderen Geldanlagen, mit denen Sie 13 Prozent Zins oder auch mehr erzielen können, können Sie in schlechten Jahren auch erheblich verlieren. Hier ein Beispiel für die Bedeutung von Verlusten am Laufzeitende:

Anlagedauer	15 Jahre
Sparbetrag monatlich	200 Euro
Risikofreudig, Zinsannahme	plus 13 Prozent
Im 15. Anlagejahr	minus 30 Prozent
Zins für den gesamten Zeitraum	durchschnittlich 7,9 Prozent.

Um also das notwendige Vermögen von 800 000 Euro bis zum geplanten Entnahmebeginn anzusparen, benötigen Sie je nach Tabelle eine monatliche Sparrate von 1022 Euro (Tabelle A), 649 Euro (Tabelle B) oder 405 Euro (Tabelle C). Erschrecken Sie nicht, wenn bei Ihrer persönlichen Berechnung sehr hohe Sparraten herauskommen. Schließlich geht es genau darum, herauszufinden, ob Ihre bisherigen Vorstellungen zum Vermögensaufbau realistisch sind oder nicht. Dazu kommt: Möglicherweise verfügen Sie über bereits angespartes Eigenkapital. Dieses Eigenkapital – vorausgesetzt, Sie wollen es anlegen – müssen Sie natürlich berücksichtigen.

Der Preis sicherer Anlagen

Nun haben Sie gelesen, wie viel Sie sparen müssen, um im Alter jeden Monat einen bestimmten Betrag entnehmen zu können. Um eine ungefähre Vorstellung zu bekommen, wie viel Geld Ihnen womöglich durch eine konservative, sichere Anlage verloren geht, zeigen die folgenden Tabellen einen Vergleich mit einer riskanten, aber im Durchschnitt realistischen Anlage: Ein monatlicher Sparplan von 7 Prozent steht einem Sparplan mit 10 Prozent durchschnittlicher Rendite gegenüber. Sehen Sie selbst, was Ihnen womöglich verloren geht, wenn Sie sich zu konservativ auf einen langen Zeitraum entscheiden.

Laufzeit	15 Jahre		
Rendite	**7 %**	**10 %**	**Ihr Preis für**
Anlagesumme			**die Sicherheit**
5000	13 795	20 886	7091
10 000	27 590	41 772	14 182
20 000	55 181	83 545	28 364
30 000	82 771	125 317	42 546
40 000	110 361	167 090	56 729
50 000	137 952	208 862	70 911
60 000	165 541	250 635	85 093
70 000	193 132	292 407	99 275
80 000	220 723	334 180	113 457
90 000	248 313	375 952	127 639
100 000	275 903	417 725	141 822
125 000	344 879	522 156	177 277
150 000	413 855	626 587	212 732

©Bernd W. Kloeckner,www.berndwkloeckner.de

Laufzeit	20 Jahre		
Rendite	**7 %**	**10 %**	**Ihr Preis für**
Anlagesumme			**die Sicherheit**
5000	19 348	33 637	14 289
10 000	38 697	67 275	28 578
20 000	77 394	134 550	57 156
30 000	116 091	201 825	85 734
40 000	154 787	269 100	114 313
50 000	193 484	336 375	142 891
60 000	232 181	403 650	171 469
70 000	270 878	470 925	200 047
80 000	309 575	538 200	228 625
90 000	348 272	605 475	257 203
100 000	386 968	672 750	285 782
125 000	483 711	840 937	357 227
150 000	580 453	1 009 125	428 672

©Bernd W. Klöckner,www.berndwkloeckner.de

Laufzeit	25 Jahre		
Rendite	**7 %**	**10 %**	**Ihr Preis für**
Anlagesumme			**die Sicherheit**
5000	27 137	54 174	27 036
10 000	54 274	108 347	54 073
20 000	108 549	216 694	108 145
30 000	162 823	325 041	162 218
40 000	217 097	433 388	216 291
50 000	271 372	541 735	270 364
60 000	325 646	650 082	324 436
70 000	379 920	758 429	378 509
80 000	434 195	866 776	432 582
90 000	488 469	975 124	486 655
100 000	542 743	1 083 471	540 727
125 000	678 429	1 354 338	675 909
150 000	814 115	1 625 206	811 091

©Bernd W. Klöckner, www.berdwkloeckner.de

Laufzeit	30 Jahre		
Rendite	**7 %**	**10 %**	**Ihr Preis für**
Anlagesumme			**die Sicherheit**
5000	38 061	87 247	49 186
10 000	76 123	174 494	98 371
20 000	152 245	348 988	196 743
30 000	228 368	523 482	295 114
40 000	304 490	697 976	393 486
50 000	380 613	872 470	491 857
60 000	456 735	1 046 964	590 229
70 000	532 858	1 221 458	688 600
80 000	608 980	1 395 952	786 972
90 000	685 103	1 570 446	885 343
100 000	761 226	1 744 940	983 715
125 000	951 532	2 181 175	1 229 643
150 000	1 141 838	2 617 410	1 475 572

©Bernd W. Klöckner, www.berndwkloeckner.de

Laufzeit	40 Jahre		
Rendite	7 %	10 %	Ihr Preis für
Anlagesumme			die Sicherheit
5000	74 872	226 296	151 424
10 000	149 745	452 593	302 848
20 000	299 489	905 185	605 696
30 000	449 234	1 357 778	908 544
40 000	598 978	1 810 370	1 211 392
50 000	748 723	2 262 963	1 514 240
60 000	898 467	2 715 555	1 817 088
70 000	1 048 212	3 168 148	2 119 936
80 000	1 197 957	3 620 740	2 422 784
90 000	1 347 701	4 073 333	2 725 632
100 000	1 497 446	4 525 926	3 028 480
125 000	1 871 807	5 657 407	3 785 600
150 000	2 246 169	6 788 888	4 542 720

©Bernd W. Klöckner, www.berndwkloeckner.de

Jetzt können Sie einschätzen, was Ihnen verloren geht, wenn Sie sich zum Beispiel für einen Rentenfonds und nicht für einen Aktienfonds entscheiden. Es soll aber nicht bedeuten, dass ein Rentenfonds immer schlechter ist als ein Aktienfonds. Die Chancen an den Aktienmärkten werden mit den Jahren besser eingeschätzt als bei anderen Anlagen.

Wenn eine Einmalanlage dazukommt

Wenn Sie bereits über ein bestimmtes Vermögen verfügen, können Sie dieses Vermögen zusätzlich als Einmalanlage anlegen. Das so angelegte Einmalkapital würde dann die Höhe des notwendigen Vermögens reduzieren. Wie sich das auf Ihre notwendige monatliche Sparrate auswirken kann, zeige ich Ihnen am Beispiel. Betrachten Sie dafür zunächst diese Tabelle: Sie zeigt, wie sich eine Einmalanlage von 1000 Euro über unterschiedliche Anlagedauer entwickelt. Mit dem jeweils genannten Faktor können Sie das Ergebnis für jede andere Einmalanlage berechnen.

Entwicklung bei einem Zins von …	Spar-Jahre: 10	15	20	25	30	35	40	45	50
7 Prozent	1967	2759	3870	5427	7612	10677	14974	21002	29457
Faktor	2,0	2,8	3,9	5,4	7,6	10,7	15,0	21,0	29,5
10 Prozent	2594	4177	6727	10835	17449	28102	45259	72890	117931
Faktor	2,6	4,2	6,7	10,8	17,4	28,1	45,3	72,9	117,9
13 Prozent	3395	6254	11523	21231	39116	72069	132782	244641	450736
Faktor	3,4	6,3	11,5	21,2	39,1	72,1	132,8	244,6	450,7

Den Faktor aus dieser Tabelle benötigen Sie bei Punkt 4 der folgenden Berechnung:

	Unser Beispiel	Meine individuelle Berechnung
(1) Vermögensziel	800000	
(2) Einmalanlage	9000	
(3) Anlagejahre bis zum Entnahmebeginn	25 Jahre	
(4) Faktor für die Einmalanlage	10,8 (bei gewählten 10 Prozent Zins)	
(5) Wert der Einmalanlage zu Entnahmebeginn (= Einmalanlage x Faktor)	97200 (=9000x10,8)	
Vermögensziel (1) minus Endstand Einmalanlage (5) = neues Vermögen	rund 700000 (800000 minus 97200)	
Sparrate für das neue Vermögensziel (Tabellen A, B, C)	568 (gewählte Tabelle: B)	

Ergebnis: Statt 649 Euro monatlicher Sparrate sind nun, wenn wie in unserem Beispiel die 9000 Euro Einmalanlage ebenfalls bis zum geplanten Entnahmebeginn angelegt werden, nur noch 568 Euro monatliche Sparrate notwendig. Sie sehen: Spätestens jetzt lohnt es sich, wenn Sie bereits in der Vergangenheit sorgsam mit Ihrem Geld umgegangen sind.

Geldregel 36

Bitte lesen Sie wirklich erst dann weiter, wenn Sie diese Lektion »Vermögensplanung« sorgfältig auf Ihre individuelle Situation passend bearbeitet haben. Immer wieder erfahre ich von Menschen aller Berufsschichten, dass um diese sorgfältige Vermögensplanung ein großer Bogen gemacht wird, nach dem Motto: »Nur nicht wissen, wie schlecht es aussieht.« Machen Sie diesen Fehler nicht. Die wichtigste Botschaft lautet schließlich: Wenn Sie schon bis heute Ihre Vermögensplanung ein wenig locker gesehen haben, zählt nun jeder Tag, jeder Monat. Lesen Sie also hier erst weiter, wenn Sie Ihre Sparrate unter Berücksichtigung der Anlage möglicher Einmalbeträge kennen.

Es ist an der Zeit für eine kleine Erfolgskontrolle. Zuvor jedoch gratuliere ich Ihnen, dass Sie bis hierhin aufmerksam und aktiv mitgearbeitet haben. Ihre aktueller Erfolgsstatus lautet:
- Sie kennen Ihren Anlagetyp.
- Sie kennen Ihre finanzielle Situation.
- Sie sind sich über Ihr Haushaltsbudget und Ihre Vermögensbilanz im Klaren.
- Sie kennen wichtige Konsumregeln.
- Sie wissen um den wichtigen Unterschied zwischen wirklichen Vermögenswerten und Pseudo-Vermögenswerten.
- Sie haben eine Vorstellung von Ihren Ausgaben in unterschiedlichen Lebenssituationen inklusive der Risikobereiche Erwerbsunfähigkeit und Todesfall.
- Sie haben eine Vorstellung von Ihrer Versorgungslücke.
- Sie wissen in etwa, wie viel Sie monatlich ab sofort sparen müssen, um diese Versorgungslücke zu füllen.

Kapitel 37
Vorsicht Falle: steigende Lebenserwartung

Nur wenige Anleger machen sich rechtzeitig Gedanken um die eigene Lebenserwartung. Dabei steigt diese seit langem. Der Haken an der Sache: Je größer die statistische Lebenserwartung, desto größer ist die Versorgungslücke im Alter. Manche Leute denken nun:»Oh, so alt werde ich nicht«, oder:»Ja, aber was ist, wenn ich schon mit 70 sterbe?« Was aber ist, wenn Sie so alt werden? Was aber ist, wenn Sie mit 70 Jahren noch leben? Bei der folgenden Tabelle zur statistischen Lebenserwartung liegt die Betonung auf»Stand 1994«! Denn inzwischen hat sich die Lebenserwartung noch weiter erhöht. Viele Menschen irren sich (Männer gehen oft von durchschnittlich 75 bis maximal 78 Jahren aus, Frauen von 80 bis maximal 83 Jahren), und das kann gefährlich werden.

Lebenserwartung
(nach Deutsche Aktuarvereinigung, 9, DAV, Stand 1994)

Alter	Männer	Frauen
40	46	52
45	40	46
50	46	41
55	30	35
60	25	30
65	21	24

Wer diese Tabelle auswertet, kommt auf eine durchschnittliche Lebenserwartung von 86 Jahren bei Männern und von 92 Jahren bei Frauen.

Wie müssen Sie diese Zahlen nun berücksichtigen?

Zunächst ist es wichtig, dass Sie eine Vorstellung Ihrer gewünschten monatlichen Rente im Alter haben. In der nächsten Tabelle wird zum Beispiel von 1000 Euro monatlich ausgegangen. Jeweils für ein unterschiedliches »Rentenalter« finden Sie dann in der Tabelle den Betrag, der zu Beginn der »Rentenzeit« als Einmalvermögen angelegt werden muss, um sich die monatliche Entnahme bis zum Erreichen der durchschnittlichen Lebenserwartung leisten zu können (gerechnet mit einem effektiven Zins von 6 Prozent).

Renten-beginn	Notwendiges Vermögen zu Beginn für Entnahme von monatlich 1000 Euro	
	Männer (LA=86 Jahre)	Frauen (LA=92 Jahre)
45	186600	192200
46	185500	191400
47	184200	190500
48	183000	189600
49	181600	188700
50	180200	187700
51	178700	186600
52	177100	185500
53	175400	184300
54	173600	183000
55	171700	181600
56	169700	180200
57	167500	178700
58	165200	177100
59	162800	175400
60	160200	173600
61	157500	171700
62	154700	169700
63	151600	167500
64	148400	165200
65	145000	162800

©Bernd W. Klöckner, www.berndwkloeckner.de

Nun ist die Höhe des notwendigen Einmalvermögens bekannt. Im zweiten Schritt geht es darum, die notwendige Sparrate zu ermitteln. Dazu suchen Sie zunächst die Spalte, in der das soeben ermittelte Anfangsvermögen zu Beginn der Rentenzeit aufgeführt ist. Dann suchen Sie die Anzahl der Sparjahre, die Ihnen noch bleiben. In der Tabelle finden Sie anschließend das Ergebnis (gerechnet mit einem effektiven Zins von 9 Prozent).

Sparjahre bis zum gewünschten Rentenbeginn	Notwendiges Vermögen zu Rentenbeginn									
	190000	185000	180000	175000	170000	165000	160000	155000	14500	140000
65	5,07	4,94	4,81	4,67	4,54	4,41	4,27	4,14	4,01	3,87
64	5,53	5,39	5,24	5,10	4,95	4,81	4,66	4,51	4,37	4,22
63	6,03	5,87	5,72	5,56	5,40	5,24	5,08	4,92	4,76	4,60
62	6,58	6,41	6,23	6,06	5,89	5,71	5,54	5,37	5,19	5,02
61	7,17	6,99	6,80	6,61	6,42	6,23	6,04	5,85	5,66	5,48
60	7,82	7,62	7,41	7,21	7,00	6,79	6,59	6,38	6,18	5,97
59	8,53	8,31	8,08	7,86	7,63	7,41	7,19	6,96	6,73	6,51
58	9,31	9,06	8,82	8,57	8,33	8,08	7,84	7,59	7,35	7,10
57	10,15	9,88	9,61	9,35	9,08	8,81	8,55	8,28	8,01	7,75
56	11,07	10,78	10,49	10,20	9,90	9,61	9,32	9,03	8,74	8,45
55	12,07	11,76	11,44	11,12	10,80	10,49	10,17	9,85	9,53	9,22
54	13,17	12,83	12,48	12,13	11,79	11,44	11,09	10,75	10,40	10,05
53	14,37	13,99	13,61	13,24	12,86	12,48	12,10	11,72	11,34	10,97
52	15,68	15,27	14,85	14,44	14,03	13,62	13,20	12,79	12,38	11,96
51	17,11	16,66	16,21	15,76	15,31	14,86	14,41	13,96	13,51	13,06
50	18,67	18,18	17,68	17,19	16,70	16,21	15,72	15,23	14,74	14,25
49	20,37	19,84	19,30	18,76	18,23	17,69	17,16	16,62	16,08	15,55
48	22,24	21,65	21,07	20,48	19,90	19,31	18,72	18,14	17,55	16,97
47	24,27	23,63	22,99	22,36	21,72	21,08	20,44	19,80	19,16	18,52
46	26,50	25,80	25,10	24,41	23,71	23,01	22,32	21,62	20,92	20,22
45	28,93	28,17	27,41	26,65	25,89	25,13	24,37	23,60	22,84	22,08
44	31,60	30,77	29,94	29,10	28,27	27,44	26,61	25,78	24,95	24,11
43	34,51	33,61	32,70	31,79	30,88	29,97	29,06	28,16	27,25	26,34
42	37,71	36,71	35,72	34,73	33,74	32,74	31,75	30,76	29,77	28,78
41	41,20	40,12	39,03	37,95	36,86	35,78	34,70	33,61	32,53	31,33
40	45,03	43,85	42,66	41,48	40,29	39,11	37,92	36,74	35,55	34,37
39	49,23	47,93	46,64	45,34	44,05	42,75	41,46	40,16	35,87	37,57
38	53,84	52,42	51,00	49,59	48,17	46,75	45,33	43,92	42,50	41,08
37	58,89	57,34	55,79	54,24	52,69	51,14	49,59	48,04	46,49	44,94
36	64,44	62,74	61,05	59,35	57,66	55,96	54,26	52,57	50,87	49,18
35	70,54	68,68	66,82	64,97	63,11	61,26	59,40	57,54	55,69	53,83
34	77,24	75,21	73,18	71,14	69,11	67,08	65,05	63,01	60,98	58,95
33	84,62	82,40	80,17	77,94	75,72	73,49	71,26	69,04	66,81	64,58
32	92,76	90,32	87,87	85,43	82,99	80,55	78,11	75,67	73,23	70,79
31	101,72	99,05	96,37	93,69	91,02	88,34	85,66	82,99	80,31	77,63
30	111,63	108,69	105,75	102,81	99,88	96,94	94,00	91,06	88,13	85,19
29	122,57	119,35	116,12	112,89	109,67	106,44	103,22	99,99	96,77	93,54
28	134,69	131,14	127,60	124,05	120,51	116,97	113,42	109,88	106,33	102,79

Sparjahre bis zum gewünschten Rentenbeginn	Notwendiges Vermögen zu Rentenbeginn									
	190 000	185 000	180 000	175 000	170 000	165 000	160 000	155 000	145 00	140 000
27	148,12	144,22	140,33	136,43	132,53	128,63	124,73	120,84	116,94	113,04
26	163,04	158,75	154,46	150,17	145,88	141,59	137,30	133,01	128,72	124,42
25	179,64	174,91	170,18	165,46	160,73	156,00	151,27	146,55	141,82	137,09
24	198,14	192,93	187,72	182,50	177,29	172,07	166,86	161,64	156,43	151,22
23	218,83	213,07	207,31	201,55	195,79	190,03	184,28	178,52	172,76	167,00
22	242,00	235,63	229,26	222,90	216,53	210,16	203,79	197,42	191,05	184,69
21	268,05	260,99	253,94	246,88	239,83	232,78	225,72	218,67	211,61	204,56
20	297,41	289,58	281,76	273,93	266,10	258,28	250,45	242,62	234,80	226,97
19	330,64	321,94	313,24	304,54	295,83	287,13	278,43	269,73	261,03	252,33
18	368,40	358,71	349,01	339,32	329,62	319,93	310,23	300,54	290,84	281,15
17	411,52	400,69	389,86	379,03	368,20	357,37	346,54	335,71	324,89	314,06
16	461,03	448,89	436,76	424,63	412,50	400,37	388,23	376,10	363,97	351,84
15	518,22	504,58	490,95	477,31	463,67	450,03	436,40	422,76	409,12	395,48
14	584,78	569,39	554,00	538,61	523,22	507,83	492,44	477,06	461,67	446,28
13	662,89	645,44	628,00	610,55	593,11	575,66	558,22	540,77	523,33	505,89
12	755,46	735,58	715,70	695,82	675,94	656,06	636,17	616,29	596,41	576,53
11	866,47	843,67	820,78	798,06	775,26	752,48	729,66	706,86	684,05	661,25
10	1001,48	975,13	948,77	922,42	896,06	869,71	843,35	817,00	790,64	764,29
9	1168,53	1137,78	1107,03	1076,28	1045,53	1014,78	984,02	953,27	922,52	891,77
8	1379,65	1343,35	1307,04	1270,73	1234,43	1198,12	1161,81	1125,51	1089,20	1052,89
7	1653,78	1610,26	1566,74	1523,21	1479,69	1436,17	1392,65	1349,13	1305,61	1262,09
6	2022,44	1969,21	1915,99	1862,77	1809,55	1756,33	1703,10	1649,88	1596,66	1543,44
5	2542,39	2475,48	2408,58	2341,67	2274,77	2207,86	2140,96	2074,05	2007,15	1940,24

Sie kennen nun die Höhe Ihrer notwendigen Sparrate pro Monat bei einer späteren Entnahme von monatlich 1000 Euro als Privatrente. Wollen Sie beispielsweise 2500 Euro monatlich entnehmen, multiplizieren Sie einfach die ermittelte Rate mit 2,5, bei 3000 Euro gewünschter Entnahme mit 3,0 und so weiter.

Die steigende Lebenserwartung ist dabei unbedingt zu beachten. Ein Beispiel: Jemand plant seine Rentenzeit so, dass er für die Zeit zwischen dem 55. und dem 70. Lebensjahr jeden Monat 2000 Euro als Privatrente entnehmen kann. Dafür wurden 150 000 Euro angespart. Die monatliche Entnahme bei Kapitalverzehr beträgt, gerechnet mit 6 Prozent effektiv, in diesem Fall 1250 Euro. Nun aber verlängert sich diese Zeit bis zum Alter von 78 Jahren. Damit verlängert sich auch die Entnahmedauer. Entweder werden in unserem Beispiel bis zum 70. Lebensjahr die 1250 Euro ausbezahlt, und dann ist kein Geld mehr da. Oder aber von Beginn an sind es jeden Monat nur 990 Euro, und das Geld ist erst mit 78 Jahren aufgebraucht.

Noch stärker wirkt sich die steigende Lebenserwartung für bis ins hohe Alter aktive Frauen aus. Würde sich in unserem Beispiel die aktive Entnahmezeit auf 83 Jahre verlängern (bei einer durchschnittlichen Lebenserwartung von 92 Jahren durchaus denkbar), sinkt die Entnahme auf 900 Euro monatlich. Auf der einen Seite klingt das immer noch viel. Auf der anderen Seite ist es verhältnismäßig wenig Geld zum Leben, wenn bei einer eher geringen gesetzlichen Rente ein Teil des Lebensunterhalts davon bestritten werden muss.

Geldregel 37

Prüfen Sie also, ob Sie bei Ihren privaten Finanzplänen die immer höhere Lebenserwartung berücksichtigt haben. Die entscheidenden Fragen sind: Wann wollen Sie mit dem Arbeiten aufhören und wie viel Geld wollen Sie dann monatlich aus dem bis dahin angesparten Privatvermögen entnehmen?

Altersvorsorgefalle für Selbstständige

Viele Menschen entdecken im Lauf des Lebens den Reiz der beruflichen Selbstständigkeit. Aber nur wenige Selbstständige denken daran, konsequent für das Alter vorzusorgen. Schließlich erwirbt ein Selbstständiger keine Ansprüche aus der gesetzlichen Rentenversicherung.

Die gesetzliche Rentensituation verschlechtert sich für die heute unter 55-Jährigen möglicherweise dramatisch. Die heute unter 40-Jährigen müssen in jedem Fall von teils drastischen Einschnitten ausgehen. Auch hier gilt: Erstellen Sie schnell Ihren Finanzplan. Leben Sie nicht über Ihre Verhältnisse. Sparen Sie so viel wie nötig. Nicht mehr. Vor allem aber: Nicht weniger! Mit 20 Jahren denken die Menschen noch, sie hätten unbegrenzt Zeit zur privaten Finanzplanung. Selbst mit 25 oder 30 Jahren ist noch so mancher der Meinung, es bestehe kein Grund zur Eile. Das ist ein Irrtum! Jeder Tag zählt! Wer erst mit 35 Jahren diszipliniert und konsequent zu sparen beginnt, muss bereits – will er nicht bis 65 arbeiten müssen – erhebliche Summen pro Monat sparen. Die Leute handeln meist falsch. Sie hoffen auf die große Erbschaft, den Lottogewinn, den unerwarteten Karriereschritt oder auf sonst eine Einnahmequelle. Dieses »Es bleibt noch genügend Zeit«- oder »So schlimm ist es ja wohl nicht«-Denken kann zum finanziellen Fiasko im Alter führen.

Machen Sie es besser! Stellen Sie sich Ihrer persönlichen Realität. Sparen Sie so viel wie nötig. Kommt es dann zur großen Erbschaft, dem Lotto-Gewinn, dem unerwarteten Karriereschritt oder zu sonst einer zusätzlichen Einnahmequelle, freuen Sie sich. Planen Sie dann neu. Reduzieren Sie dann gegebenenfalls Ihre eigenen Sparbeiträge für Ihr angestrebtes Vermögensziel.

Kapitel 38
Die Finanzpyramide: Wie Sie Vermögen aufbauen und strukturieren

Nachdem Sie wissen, wo Sie stehen, geht es jetzt um die Vermögensplanung. Wie sollte eine Vermögensplanung aufgebaut sein, was gilt es zu berücksichtigen, welche Risiken sind existenziell unbedingt abzusichern? Auf diese und weitere Fragen mehr erhalten Sie die Antworten in den folgenden Kapiteln. Neben dieser Anleitung ist es wichtig, dass Sie regelmäßig auch übers Jahr verteilt immer wieder Ihre Vermögensplanung optimieren. Persönlich empfehle ich Ihnen auch hier die regelmäßige Kontrolle Ihrer Finanzpyramide auf der Grundlage der monatlich aktuellen Informationen aus meinem Finanzcoaching-Brief. Ich empfehle Ihnen ebenfalls den Geldanlageberater aus dem Rentrop-Verlag. Näheres hierzu unter www.berndwkloeckner.de oder – zum Geldanlageberater – unter www.fid.de.

Nun geht's los. Am besten ist dabei, Sie stellen sich eine sorgfältige Finanzplanung wie den Bau einer Pyramide vor.

Pyramidenstufe A

Das wichtigste ist ein guter Baugrund. Das bedeutet absichern der existenziellen Risiken. Hierzu zählen:
- Berufsunfähigkeit
- Krankheit
- Unfall
- Hausrat
- Tod
- Eigentumsverlust

Bereits in dieser ersten Stufe können Sie einiges falsch machen. Sie können mit falschen Geldentscheidungen auf Dauer viel Geld verlieren oder für schlechte Versicherungsleistungen zu viel Geld bezahlen. Sie können aber auch mit richtigen Geldentscheidungen und sorgfältigem Vergleich die besten Produktanbieter wählen oder für eine gleiche Versicherungsleistung erheblich weniger bezahlen.

Betrachten wir das Beispiel der Berufsunfähigkeitsversicherung. Das ist eine der Versicherungen, bei der Sie niemals allein auf den Preis achten dürfen. Bei der Berufsunfähigkeit zählt zunächst die Leistung, dann der Preis. Sie haben nichts von einer günstigen Berufsunfähigkeitsversicherung mit schlechten Leistungen. Schließlich brauchen Sie diese Form der Versicherung, damit Sie im Schadensfall problemlos Ihr Geld erhalten. Daher gilt: Zunächst stellen Sie die Versicherer zusammen, die wichtige Leistungskriterien anbieten. Dann fordern Sie von den so ausgewählten Gesellschaften jeweils ein individuelles Angebot an und vergleichen.

Checkliste
Berufsunfähigkeitsversicherung

Hinweis: Bei der folgenden Liste finden Sie immer ein Prüfkriterium, anschließend darunter die entsprechende Erläuterung. Wenn Sie noch keine Berufsunfähigkeitsversicherung haben, dann denken Sie beim Abschluss dieser existenziell notwendigen Versicherung an diese Checkpunkte. Wenn Sie bereits eine solche Versicherung haben, nehmen Sie beim Lesen der Checkliste Ihre Versicherungspolice mit den Antragsunterlagen heraus und vergleichen Sie die in dieser Checkliste geforderten Regelungen mit den Versicherungsbedingungen in Ihren Antragsunterlagen. Damit übernehmen Sie wieder einmal einen wichtigen Schritt in Richtung GeldverANTWORTung. Denn als Ergebnis erhalten Sie die Antwort, ob die Bedingungen Ihrer Berufsunfähigkeitsversicherung die in der Checkliste genannten Prüfkriterien enthalten oder nicht.

Verzicht auf Paragraph 172 VVG

In § 172 Versicherungsvertragsgesetz (VVG) ist die Neufestsetzung der Versicherungsprämie geregelt. Das bedeutet: Kommt es während Ihrer Vertragslaufzeit zum Beispiel zu völlig neuen Schadenshäufigkeiten (zum Beispiel neue, bislang unbekannte Krankheiten und dadurch steigende Fälle von Berufsunfähigkeit), kann der Versicherer die Ihnen genannte Versicherungsprämie erhöhen.

TIPP: Wählen Sie solche Unternehmen, die auf diesen § 172 VVG ganz oder weitgehend verzichten.

Verzicht auf Paragraph 41 Absatz 1 und 2 VVG
In diesen Absätzen des § 41 VVG ist die so genannte Anzeigepflichtverletzung des Versicherungsnehmers geregelt. Dieser Absatz kann fatale Folgen für Sie haben: Geben Sie zum Beispiel schuldlos (aus Unkenntnis) eine Erkrankung im Antrag nicht an und wird das dem Versicherer später bekannt, kann der Versicherungsbeitrag vom Versicherer erhöht oder sogar die Versicherung gekündigt werden.
TIPP: Optimal sind Versicherer, die auf diesen 41 VVG ganz verzichten.

Prognosedefinition: voraussichtlich mindestens ununterbrochen sechs Monate
Angenommen, Sie werden berufsunfähig. Nun ist für den Leistungsanspruch an die Versicherung deren Definition von Berufsunfähigkeit wichtig. Einige verlangen eine »voraussichtlich dauernde Berufsunfähigkeit«, wobei die fehlende klare Definition schnell Grundlage eines Rechtsstreits wird. Gleiches gilt für die Formulierung »voraussichtlich mindestens drei Jahre zu erwartende Berufsunfähigkeit«. Optimal ist die von einigen Versicherern gewählte Formulierung »voraussichtlich mindestens ununterbrochen sechs Monate«.
TIPP: Zur Vermeidung von Rechtsstreitigkeiten wegen zu weit dehnbarer Definitionen entscheiden Sie sich für einen Anbieter, der die Formulierung »voraussichtlich mindestens ununterbrochen sechs Monate« gewählt hat.

Leistungsanspruch ab Eintritt der Berufsunfähigkeit
Manche Gesellschaften zahlen erst bei Meldung einer Berufsunfähigkeit. Verbraucherfreundliche Versicherer zahlen ohne Einschränkung rückwirkend ab Beginn.
TIPP: Entscheiden Sie sich für Versicherer, die unabhängig von der Meldung vom ersten Tag seit Eintritt der Berufsunfähigkeit zahlen.

Verzicht auf Arztanordnungsklausel

Manche Bedingungen sehen vor, dass der Versicherer nur leisten muss, wenn der Betroffene den Anordnungen des ihn behandelnden Arztes Folge leistet. Andere Gesellschaften zwingen dagegen den Versicherungsnehmer nicht, sich ärztlichen Anordnungen zu unterwerfen.

TIPP: Entscheiden Sie sich nur für Gesellschaften, die auf diese Arztanordnungsklausel verzichten.

Verzicht auf Verweisung

Im Schadensfall versuchen einige Versicherer, auf Grund ihrer Bedingungen auf andere Berufe zu verweisen, die den Kenntnissen und Fähigkeiten des Geschädigten entsprechen. Andere verweisen nur auf Berufe, die der »Ausbildung und Erfahrung« entsprechen. Dann gibt es noch im Juristendeutsch ein so genanntes abstraktes und konkretes Verweisungsrecht, was hier nicht weiter erörtert werden soll.

TIPP: Wählen Sie einen Versicherer, der generell bei Eintritt einer Berufsunfähigkeit auf jedes Verweisungsrecht verzichtet.

Umfassender Versicherungsschutz

TIPP: Am besten ist ein Versicherer, der Ihnen weltweit Deckung gewährt.

Wollen Sie außer der Berufsunfähigkeitsversicherung die übrigen Versicherungen dieser ersten Pyramidenstufe vergleichen, dann empfehle ich Ihnen die Internetseite www.deutsche-versicherungsboerse.de/marktplatz/. Dort wählen Sie die gewünschte Versicherungsform, zu der Sie die Tarife vergleichen wollen. Dann klicken Sie auf »Suche starten«. Als Ergebnis erhalten Sie eine Auswahl von Internetseiten, die für die von Ihnen gewünschte Versicherung einen Vergleich anbieten.

Besonders Versicherungsangebote lassen sich zwischenzeitlich mühelos vergleichen. Musste ein Anleger früher – wenn er es überhaupt tat – tagelang herumtelefonieren und verschiedene Angebote einholen, um diese anschließend zu vergleichen, genügt heute oft die Eingabe einiger wichtiger Daten, und man hat einen Überblick über die Marktangebote. Zwei bekannte Anbieter für Versicherungsvergleiche sind www.fss-online.de und www.insurance-cit.de

Beide Anbieter checken um die 50 Versicherungsanbieter allein im Bereich der privaten Krankenversicherung. Interessenten können verschiedene Selbstbeteiligungsvarianten prüfen, zwischen mehreren Krankenzusatzversicherungen wählen, die Leistungskriterien teils oder vollständig einsehen und auf Wunsch den Antrag online abschließen. Auch der Vergleich der gesetzlichen Krankenversicherungsangebote ist möglich.

Warum ist das so wichtig? *Die entscheidende Botschaft lautet auch hier:* Wer auf Dauer systematisch reich und vermögend werden will, muss sein Geld ernst nehmen. Sein Geld ernst nehmen bedeutet, eine denkbar gute Antwort darauf zu haben, wieso man bei Gesellschaft A und nicht bei Gesellschaft B oder C versichert ist. Schnell lassen sich nach einem Vergleich der Konditionen und bei einem anschließenden Wechsel ohne Verzicht auf Leistungen 50 Euro monatlich sparen. Was auf den ersten Blick nicht allzu viel scheint, macht sich auf die Jahre in großen Summen bemerkbar. Dazu einige Zahlen:

50 monatlich zu viel gezahlte Euro bringen, angelegt in einem internationalen Aktienfonds

bei x Jahren	8 Prozent	10 Prozent
5	3600	3800
10	9000	10000
15	16900	19900
20	28500	35900
30	70400	103200
40	161000	277500

© Bernd W. Klöckner, www.berndwkloeckner.de

Selbst die Laufzeit von 30, 35 oder 40 Jahren ist durchaus realistisch, wenn man bedenkt, wie viele Jahre im Lauf eines Erwerbslebens in die gesetzliche oder private Rentenversicherung einbezahlt wird. Erinnern Sie sich immer dann, wenn die Lust zur Optimierung Ihrer privaten Finanzen nachlässt, an den Spruch: »Das Geld ist nicht weg, es hat nur ein anderer.« Das, was Sie womöglich über Jahre und Jahrzehnte zu viel bezahlen, hat eben ein anderer. Wollen Sie das? Wenn nicht, dann nehmen Sie sich hin und wieder Zeit und prüfen, was Ihnen wer für Ihr Geld bietet. Betrachten Sie noch einmal die Ergebnisse nur bei einer Laufzeit von 20 Jahren. Je nachdem, ob mit 8 oder 10 Prozent effektivem Zins gerechnet wird, sind es im Ergebnis zwischen 28 000 und 35 000 Euro. Geld, das der betreffende Anleger entweder hat oder nicht hat.

Geldregel 38 – die Erste

Nutzen Sie die im Internet gebotenen Vergleichsmöglichkeiten. Nehmen Sie Ihr Geld ernst, und sparen Sie, wo Sie können. Wenn zwei seriöse und gleichwertige Versicherungsanbieter nahezu identische Leistungen bieten, wählen Sie die günstigere Gesellschaft. Das müssen Sie tun! Kümmern Sie sich immer wieder darum! Prüfen Sie von Zeit zu Zeit immer mal wieder, ob Sie für Finanzdienstleistungen zu viel bezahlen oder ob Sie einen fairen Preis bezahlen. Das ist einer der wesentlichen Schritte auf Ihrem Weg zu persönlichem Reichtum und Wohlstand.

Pyramidenstufe B

Die Bausteine langfristigen Vermögensaufbaus sind Inhalt der Pyramidenstufe B. Es handelt sich um diese Geldprodukte:
- private Rentenversicherung
- fondsgebundene Lebensversicherung
- Kapitallebensversicherung
- Investmentfonds
- Eigenheim
- vermietete Immobilien
- sonstige Zinsanlagen

Investmentfonds
Investmentfondssparen bietet für jeden Geldanleger die richtige Anlageform. Vor allem ist das Sparen in Investmentfonds flexibel.

Jederzeit können Sparraten erhöht oder verringert werden. Je nach Ihrer persönlichen Lebensphase können Sie also Ihr Sparverhalten anpassen. Selbst Entnahmen sind zwischenzeitlich möglich, wenn Sie dringend Geld benötigen. Dabei gilt: Entnahmen sollten Sie, so weit es geht, vermeiden.

Risikoklasse 1 – kurzfristige Geldanlage (Geldmarktfonds) Geldmarktfonds oder so genannte geldmarktnahe Fonds heißen so, weil die Fondsmanager bei diesen Fonds das Geld der Anleger in Bankguthaben und festverzinsliche Wertpapiere mit Laufzeiten zwischen drei und zwölf Monaten investieren. Hierbei gilt ein Grundsatz: Je kürzer der Zeitraum, für den ein Geldanleger bereit ist, auf Geld zu verzichten, desto geringer der Lohn (in Form der Rendite/des Zinses).

Das bedeutet: Da bei einem Geldmarktfonds die Spargelder der Anleger nur in kurzfristige Wertpapiere angelegt werden (also die Anleger nur für kurze Zeit bereit sind, auf ihr Geld zu verzichten) ist die Rendite entsprechend mager.

Zeitlicher Horizont
- Für sehr kurzfristige Geldanlagen

Vorteile
- Keine Kündigungsfristen
- Kein oder nur geringer Ausgabeaufschlag
- Anlagedauer flexibel

Nachteile
- Geringe Verzinsung

Risikoklasse 2 – mittelfristige Geldanlage (Rentenfonds & offene Immobilienfonds)
Für alle diejenigen, die nicht zu hohe Renditen erwarten und einfach nur auf Nummer Sicher gehen wollen, sind diese beiden Fondsvarianten geeignet. Aber der Wunsch nach Sicherheit geht zu Lasten der Rendite. So haben offene Immobilienfonds in einzelnen Jahren durchaus nur magere Ergebnisse zwischen 2 und 3 Prozent erzielt. Für Rentenfonds gilt das Gleiche. In besseren Zeiten

können Sie bei beiden Fondsvarianten mit rund 5 Prozent rechnen.

Zeitlicher Horizont
- Kurz- und mittelfristige Geldanlagen

Vorteile
- Keine Kündigungsfristen
- Geringer Ausgabeaufschlag
- Anlagedauer flexibel

Nachteile
- Geringe/mittlere Verzinsung

Risikoklasse 3 – mittel- bis langfristige Geldanlage (Mischfonds)
Wie der Name schon sagt, wird das Vermögen solcher Fonds gemischt angelegt. Gemischt, das bedeutet eine Mischung aus Aktien und Rentenpapieren. Sie profitieren also von den Vorteilen der Aktienanlage und setzen gleichzeitig bei Investition in Mischfonds auf die Sicherheit von Rentenpapieren. Diese dem Fondsmanager überlassene Mischung aus Aktien und Rentenwerten birgt jedoch ein großes Problem: Die Leistungen der verschiedenen Fonds sind nur schwer vergleichbar. Wenn es also heißt:»Mischfonds A hat im letzten Jahr eine Rendite von 12 Prozent erzielt, Mischfonds B dagegen nur 7 Prozent«, dann sagt dieser Satz ohne weitere Analyse der jeweiligen Fonds gar nichts aus. Es kann nämlich sein, dass Fonds A überwiegend in Aktien investierte und nur zu einem kleinen Teil in Rentenwerten. Bei Fonds B war es möglicherweise genau umgekehrt.

Daher gilt bei Mischfonds: Vergleicht ein Finanzberater bei Mischfonds die Ergebnisse verschiedener Fonds ohne weitere Erläuterungen zum jeweiligen Anlagerisiko, vergleicht er Äpfel mit Birnen. Verlangen Sie einen Vergleich des angebotenen Mischfonds mit solchen Mischfonds, die das gleiche Anlageprofil aufweisen. Kann Ihr Berater mit dieser Forderung nichts anfangen, oder kann er Ihnen keine Ergebnisse zeigen, sollten Sie Acht geben.

Zeitlicher Horizont
- Mittel- und langfristige Geldanlagen

Vorteile
- Keine Kündigungsfristen
- Anlagedauer flexibel

Nachteile
- Mittlere Verzinsung
- Keine genaue Übersicht für den Anleger, wo sein Geld aktuell investiert wird.

Risikoklasse 4 – langfristige Geldanlage (mehr als 10 Jahre; international anlegende Aktienfonds)
Diese Fondsvariante ist das Fundament für jeden langfristigen Vermögensaufbau. Bei einem international anlegenden Aktienfonds kann der Fondsmanager alle Möglichkeiten nutzen und international in die jeweils besten Unternehmen beziehungsweise deren Aktien investieren. So einfach es klingt, so richtig und wichtig ist es: Investieren Sie mindestens 50 Prozent Ihres Anlagekapitals in solche international anlegenden Aktienfonds. Lassen Sie dann Ihr Geld einfach für Sie arbeiten. Bequemer und ertragreicher geht es nicht.

Zeitlicher Horizont
- Mittel- und langfristige Geldanlagen

Vorteile
- Keine Kündigungsfristen
- Anlagedauer flexibel

Nachteile
- Keine Nachteile, sofern Sie sich über das höhere Risiko einer solchen Aktienstrategie im Klaren sind

Risikoklasse 5 – langfristige Geldanlage (mehr als 10 Jahre; Regionen- und Länderfonds)
Jetzt wird es spannend. Solche Regionen- und Länderfonds investieren in einzelne Regionen oder Länder. Nehmen wir als Beispiel

einen Japanfonds. Läuft die Wirtschaft in Japan gut oder gar besonders gut, dann ist klar, dass ein Japanfonds möglicherweise bessere Renditen bringt als ein international anlegender Aktienfonds, der nach seinen Richtlinien internationale Chancen wahrnehmen muss und eben nicht nur, weil die Chancen in Japan so gut sind, alles auf Japan setzen kann. Diese Chance bei Länder- und Regionenfonds birgt natürlich auch ein erhebliches Risiko. Gehen wir einmal von Japan aus. Der japanische Börsenindex sank seit 1990 von einem Stand von rund 40 000 Punkten und hat sich bis zum Jahr 2000 nicht mehr richtig erholt. Wer hier auf einen Japanfonds setzte, verlor über diesen Zeitraum sehr viel Geld, während eine Anlage in einen international anlegenden Aktienfonds satte Gewinne brachte. In solche Länder- und Regionenfonds sollten Sie daher nur dann investieren, wenn Sie nervenstark sind, oder das als Beimischung zu Ihren sonstigen Geldanlagen nutzen.

Zeitlicher Horizont
- Langfristige Geldanlagen

Vorteile
- Hohe Gewinnchancen
- Anlagedauer flexibel

Nachteile
- Hohe Risiken
- Geringe Streuung

Risikoklasse 6 – kurzfristig wie langfristig spekulative Geldanlage
(Themen-, Branchen- und Spezialitätenfonds)
Wie auch bei der Risikoklasse 5 geht es bei dieser Risikoklasse darum, dass Sie einerseits hohe Kurschancen haben, andererseits jedoch auch enorm hohe Risiken. Nehmen wir ein Beispiel aus der Praxis: Im Frühjahr 2000 hatte der Fonds Nordasia mehr als zwei Milliarden Euro bei Anlegern eingesammelt. Nordasia hatte die asiatischen Internetwerte im Anlagevisier. Das Problem: Nordasia startete in Zeiten der Interneteuphorie, die anschließend verpuffte. Wer als Anleger auf diesen Fonds im Februar 2000 bei Kursen zwischen 110 und 130 Euro in der Spitze setzte, verlor eine Menge

Geld bis zum Juli 2000. Da lag nämlich der Fondskurs bei rund 55 Euro.

Das bedeutet: Bei solchen Themen-, Branchen- oder sonstigen Spezialitätenfonds ist die Gefahr groß, dass beispielsweise das Thema oder die Branche, auf die Sie setzen, nicht läuft und Sie in der Folge eine Menge Geld verlieren. Auch selbst noch so gute Fondsmanager können in solchen Fällen nicht besonders viel retten. Im Falle von Nordasia hieß der Fondsmanager Kuhnwaldt. Ihm waren jedoch die Hände gebunden. Denn das Konzept und die Richtlinien des Fonds sehen vor, dass nur Internetwerte aus Fernost in Frage kommen.

Zeitlicher Horizont
- Langfristige Geldanlagen

Vorteile
- Hohe Gewinnchancen
- Anlagedauer flexibel

Nachteile
- Hohe Risiken
- Geringe Streuung

Gewinnautomatik beim Fondssparen

Man riet mir, diese Aktien als Altersvorsorge zu kaufen. Es war ein toller Erfolg: Innerhalb von einer Woche war ich zum alten Mann geworden.

Eddie Cantor

Wenn es um Geldanlage-Know-how geht, ist es wichtig, die Gewinnautomatik beim Investmentsparen zu beschreiben. Experten sprechen auch immer wieder vom Cost Average Effekt – dem Durchschnittskosteneffekt. Dieser Durchschnittskosteneffekt sagt nichts anderes aus, als dass Sie bei regelmäßigem Fondssparen automatisch wie ein Gewinner handeln – und das, ohne einen Finger zu rühren! Gewinner versuchen nach Möglichkeit, bei hohen Kaufkursen nicht oder nur wenig zu kaufen. Sie greifen lieber dann zu, wenn die Kurse niedrig sind und sie für das gleiche Geld mehr Anteile erwerben. Und gerade beim Fondssparen wird diese Vorgehensweise automatisiert, denn Sie investieren in jedem Monat den gleichen Betrag – unabhängig davon, wie viel die Fondsanteile gerade kosten. Betrachten wir dazu ein Beispiel für den Cost Average Effekt:

		Susanne B. kauft jeden Monat zu einem *festen Betrag* Fondsanteile		*Marion K.* kauft jeden Monat eine *feste Anzahl* Fondsanteile	
Kaufdatum	Preis/Fondsanteil	Investitionsbetrag	Gekaufte Anteile	Investitionsbetrag	Gekaufte Anteile
15. Januar	100	100	1	100	1
15. Februar	90	100	1,11	90	1
15. März	80	100	1,25	80	1
15. April	100	100	1	110	1
15. Juni	90	100	1,11	90	1
15. Juli	130	100	0,77	130	6
Summe		600	6,24	600	6
Durchschnittlicher Preis pro Fondsanteil:		96,15		100	
Geldvermögen (= Anteile mal Preis/Fondsanteil:)		811,20		780	
Finanzieller Gewinn durch Cost averaging:		4 Prozent			

© Bernd W. Klöckner, geändert aus FINANZTEST, Private Altersvorsorge

Mit dieser Tabelle ist die immer wieder auftauchende Frage vieler Anleger beantwortet, weshalb nicht Monat für Monat eine feste Zahl von Fondsanteilen gekauft werden soll, sondern in jedem Fall ein Investmentsparvertrag mit einem festen Betrag pro Monat besser ist und den höheren Ertrag bringt. Susanne hat in unserem Musterfall unterm Strich in nur sechs Monaten für ihre Sparraten einen um 4 Prozent höheren Gewinn erzielt.

Negatives Cost averaging bei Entnahmeplänen

Aufgepasst heißt es jedoch bei Entnahmeplänen. Hier verkehrt sich der in der Anfangsphase positive Cost Average Effekt ins Negative. Würden Sie bei einem Entnahmeplan stets einen festen Betrag entnehmen (so wie Sie also in der Sparphase einen festen Betrag gespart haben), würden Sie in Zeiten sinkender Fondskurse viele Anteile verkaufen müssen, in Zeiten steigender Fondskurse nur wenige. Das jedoch wäre genau der falsche Weg. In Zeiten steigender Fondskurse sollten Sie viele Fondsanteile zu diesem guten Kurs verkaufen, und in Zeiten schlechter Fondskurse sollten Sie natürlich so gut wie nichts verkaufen. Fazit: In der Entnahmezeit können Sie diesem »Negativen Cost average« nur entgehen, wenn Sie eine feste Zahl von Fondsanteilen verkaufen – der so genannte Yield Average Effekt.

Fondsgebundene Versicherungen

Dabei handelt es sich um eine Sonderform der Kapital bildenden Versicherungen. Die Beiträge, besser: der nach Kosten verbleibende Sparanteil wird in einem oder mehrere Fonds investiert. Es gibt die fondsgebundenen Versicherungen in zwei wesentlichen Formen: fondsgebundene Lebensversicherungen und fondsgebundene Rentenversicherungen.

Die fondsgebundene Form der Versicherung ist einfach und schnell erklärt: Die Versicherungsgesellschaft investiert den Sparanteil der Prämie in Investmentfonds. Wird der Sparanteil beispielsweise in Aktienfonds investiert, kombinieren Sie die steuerlichen Vorteile der Lebensversicherung/Rentenversicherung mit den Renditevorteilen der Fondsanlage. Aus der Praxis für die Praxis sollten Sie, wird Ihnen eine fondsgebundene Lebensversicherung angeboten, folgende zwei Checklisten beachten:

Checkliste A
1. Bietet die Gesellschaft nur einige wenige Fonds an, in die Sie investieren können, oder sind es viele verschiedene Einzelfonds? Ein Beispiel: Die Versicherungsgesellschaft Berlinische Leben bot

im September 2000 rund sieben Einzelfonds an, der Volkswohl-
bund fünf Einzelfonds. Wenn Sie dagegen Kunde bei der kosten-
günstigen Versicherungsgesellschaft Neue Leben wurden, hatten
Sie die Wahl zwischen 55 Einzelfonds.

2. Bietet die Gesellschaft verschiedene gemanagte Varianten an,
die Ihnen die Fondsauswahl abnimmt und aus denen Sie die für Sie
passende Strategie wählen können? Diese Angebote fondsgebunde-
ner Versicherungen sind insbesondere für Einsteiger geeignet. Denn
bei diesen Strategieangeboten übernehmen professionelle Fondsmanager die Auswahl der Fonds, Sie als Kunde entscheiden sich lediglich
für eine bestimmte Risikoeinschätzung. Hier können Sie in den meisten Fällen zwischen »konservativ«, »ausgewogen« oder »dynamisch«
wählen. Dieses externe Fondsmanagement sollte kostenlos sein.

3. Eines der Hauptanliegen dieses Buches ist es, Sie finanziell unabhängig zu machen. Wir möchten, dass Sie die richtigen Fragen stellen. Einer der wichtigsten Fragen ist die nach den Kosten. Und hier
gibt es einen einfachen Test, wie Sie die Kosten einer fondsgebundenen Versicherung klären können. Gehen Sie dabei wie folgt vor:
Fast alle Versicherer arbeiten bei Angeboten zur fondsgebundenen
Versicherung mit so genannten Beispielrechnungen bei jeweils unterschiedlich angenommenen Wertentwicklungen. Das kann dann
so aussehen:

Einstiegsalter 30 Jahre, weiblich, monatliche Prämie 300 Euro, Versicherungsdauer 30 Jahre			
Angebot zur fondsgebundenen Lebensversicherung	Vermögen bei einer Wertentwicklung von jährlich …		
Jahr	0 %	3 %	6 %
1			
2			
…			
30	86 400		

Zum Check ist nur diese eine Zahl wichtig: Wie viel verspricht
Ihnen die jeweilige Gesellschaft zum Ende der Vertragslaufzeit bei

null Prozent angenommener Rendite? In unserem Fall sind es 86 400 Mark. Im besten Fall ist diese Zahl eine Angabe ohne die prognostizierten Überschüsse, die ja – wie Sie bereits wissen – keine Aussagekraft haben. Jetzt kommt der Schnelltest:

$$\frac{86\,400}{(30 \times 12 \text{ Monate})} = 240 \text{ Euro/Monat}$$

Gezahlt haben Sie monatlich allerdings 300 Euro. Das bedeutet: Umgerechnet sind jeden Monat 60 Euro an Kosten angefallen. Wofür ist dabei völlig egal. Wenn also der Berater versucht, Ihnen diese Zahl mit Risiko- und Verwaltungskosten sowie seinem Honorar zu erklären, dann blocken Sie ab. Wichtig ist in diesem Fall einfach nur, dass 20 Prozent Kosten bei jeder Ihrer Einzahlung wegfallen.

4. Erkundigen Sie sich bei Ihrem Berater nach den Erfolgen der jeweils angebotenen Fonds. Die Kosten sind die eine Seite, die tatsächlich erzielten Renditen eine andere. Geben Sie sich dabei niemals mit einer einzigen Zahl zufrieden. Wenn also der Berater sagt: »Sehen Sie, in den letzten 20 Jahren lagen die von uns im Rahmen unserer Fondspolice favorisierten Fonds stets an der Spitze«, sollten Sie nachhaken und auch nach kurz- und mittelfristigen Ergebnissen fragen. Denken Sie auch in diesem Fall daran: Es gibt niemals dumme Fragen, es kann immer nur dumme Antworten geben. Und ein guter Fonds beziehungsweise gute Fonds können in jedem Fall kurz-, mittel- und langfristig im Vergleich zu Wettbewerbern gute Ergebnisse vorweisen.

Wenn Sie nach der Darstellung Ihres Beraters noch immer kein Vertrauen haben, dann erkundigen Sie sich einfach beim Bundesverband der Deutschen Investmentberater unter 040/545452 nach wirklich erfolgreichen Investmentfonds. Die Experten dieses Bundesverbands verfügen alle über eine langjährige Ausbildung und beraten unabhängig von Gesellschaftsinteressen.

Checkliste B
Auch die so genannte »Vertragsqualität« spielt eine wichtige Rolle, wenn Sie sich für ein Angebot einer fondsgebundenen Versicherung entscheiden. Damit sind folgende Punkte gemeint:

1. Sind Umschichtungen zwischen den Fonds im Jahr gebührenfrei?

2. Können Umschichtungen kurzfristig und jederzeit vorgenommen werden?
3. Wird ein guter Informations-Service geboten? Dazu gehört vor allem, dass Sie als Kunde ab dem ersten Jahr einen jährlichen Kontoauszug bekommen.
4. Kann die Versicherung mit einem Schutz vor Berufsunfähigkeit kombiniert werden?

Fazit: Fondspolicen können insbesondere auch nach Steuern eine sehr gute Anlagealternative sein. Rechnen Sie, oder lassen Sie Ihren Berater rechnen, was eher lohnt!

Tipp zu Zinsanlagen

Wenn Sie in dieser zweiten Stufe sich für Zinsanlagen entscheiden, dann vergleichen Sie unbedingt die Konditionen der Direktbanken. Aller Direktbanken! Denn nicht immer sind die Vergleiche in Zeitschriften und Zeitungen wirklich gut. Eine der preisgünstigsten Direktbanken ist nahezu unbekannt, obwohl sie gleichzeitig einer der ältesten und größten Direktbanken ist: Die psd-Bank. Dennoch fehlten die Konditionen der psd-Bank immer wieder in aktuellen Zinsvergleichen. Folgende Anbieter glänzen meistens mit sehr guten Konditionen (in alphabetischer Reihenfolge):

Direktbank	Telefon	Internetadresse
Comdirect	01803/4445	www.comdirect.de
Consors	01803/252515	www.consors.de
Direkt Anlage Bank	01802/254500	www.diraba.de
Portfolio Concept	0221/948611–0	www.portfolio-concept.de
psd-Bank Köln	0228/95904–0	www.psd-bank.de

Was Sie zu so genannten mündelsicheren Geldanlagen wissen sollten

Hin und wieder werden Anleger mit dem Begriff »mündelsicher« konfrontiert. Mündel, das sind grundsätzlich solche Personen, die unter Vormundschaft stehen. Das häufigste Beispiel sind Minderjährige ohne Eltern. Fehlt es an der elterlichen Sorge, sind also zum Beispiel beide Eltern verstorben oder wurde den Eltern das Sorgerecht entzogen, wird das Kind zum Mündel. Verfügt eine solche Person über Vermögen, spricht man von Mündelgeld. Dieses Mündelgeld ist sicher und rentabel anzulegen, so weit nicht laufende Ausgaben bezahlt werden müssen. Die Anlage des Mündelgeldes erfolgt unter Aufsicht des Vormundschaftsgerichts. Nun gibt es den Begriff der Mündelsicherheit. Wenn es heißt: »Das Vermögen ist mündelsicher anzulegen«, bedeutet diese Formulierung, dass zunächst in die im Gesetz genannten Anlageformen investiert werden muss: Spareinlagen, Sparbriefe, Festgelder, Bundesschatzbriefe, Bundesobligationen, Bundesanleihen. Voraussetzung ist, dass die Bank mündelsicher ist. Das ist bei allen öffentlich-rechtlichen Sparkassen der Fall und auch bei Banken, die dem Einlagensicherungsfonds angehören.

Neben den gesetzlich genannten Anlageformen kann ein Gericht auch andere Anlagevarianten für die Anlage des Mündelgeldes zulassen. Besonders Investmentfonds, in erster Linie offene Immobilienfonds und Rentenfonds, werden oft zur Anlage zugelassen. Wer Zeit für die Recherche sparen will, um festzustellen, welche Fonds zugelassen sind und welche nicht, wendet sich am besten an den Bundesverband Deutscher Investmentgesellschaften (BVI). Jeder Interessierte erhält beim BVI auf Anforderung eine Liste der Fonds, die zur Anlage von Mündelgeld möglich sind. Je häufiger ein bestimmter Fonds bereits von einem Amtsgericht zugelassen wurde, desto größer sind die Chancen, ebenfalls diesen Fonds wählen zu dürfen. Zwei bislang sehr häufig genehmigte Fonds sind der Concentra-Fonds und der Deutsche Rentenfonds, beide von der Dresdner Bank.

Jetzt noch eine kleine Berechnung, wie sich die unterschiedliche Anlage von Mündelgeld auswirken kann. Je nach Laufzeit der Verwaltung des Mündelgeldes kommen stolze Summen und erhebliche Differenzen zusammen. In der folgenden Tabelle wurde mit einem Mustervermögen von 1000 Euro gerechnet. Wer nun 12 000 Euro Mündelgeld anzulegen hat, kann sich das individuelle Ergebnis einfach ausrechnen, indem er die in der Tabelle genannte Summe mit 12 multipliziert.

1000 Euro Einmalanlage

	Sparbrief	Festgeld	Renten-fonds	Renten/ Aktien-fonds	Aktien-fonds
Effekt. Zins Anlagedauer in Jahren	3	4	6	7	9
6	1194	1265	1418	1500	1677
8	1266	1368	1593	1718	1992
10	1343	1480	1790	1967	2367
12	1425	1601	2012	2252	2812
14	1512	1731	2260	2578	3341
16	1604	1872	2540	2952	3979
18	1702	2025	2854	3379	4717

© Bernd W. Klöckner, www.berndwkloeckner.de

Die Zahlen zeigen: Nutzen Sie bei mündelsicheren Anlagen die Möglichkeiten, die der Gesetzgeber und das jeweilige Gericht zulassen. Je länger die Laufzeit und je höher die Höhe des Mündelgeldes, desto wichtiger ist das.

Pyramidenstufe C

In erster Linie meine ich hier die Investition in Aktien. Daher einige Anmerkungen, wann Sie selbst investieren sollten und wann nicht.

Lektion 1: Was für die Investition in einzelne Aktien spricht und was dagegen

»Einzelne Aktiensiege werden bald erfochten, die eigenen Aktienerfolge auf Dauer und Jahr für Jahr zu festigen, das ist schwer«, sagt der amerikanische Erfolgspsychologe K. Walter. Die Investition in einzelne Aktien ist immer dann sinnvoll, wenn Sie Ihre Hausaufgaben gemacht haben. Sie müssen wissen, was das Unternehmen tut, dessen Aktien Sie kaufen wollen. Wenn Sie Aktien kaufen, ohne das zu wissen, ist Ihre Investition in Aktien reine Spekulation. Die Hoffnung auf Gewinne wird schnell zur Illusion.

Wenn Sie trotzdem weiterhin der Meinung sind, dass Sie Ihre Aktienhausaufgaben selbst machen wollen, um die besten Aktien herauszufiltern und so richtige Gewinne zu erzielen, dann sollten Sie einmal folgende Rechnung durchspielen:

Zeitaufwand jeden Tag eine Stunde intensive Lektüre für Finanzzeitschriften und TV-Berichte. Macht übers Jahr gesehen bei 250 Tagen, also ohne Feiertage, Sonntage und Urlaub, 250 Stunden Zeitaufwand. Angenommen, Sie legen einen Betrag von 25 000 Euro an. Realistisch angenommen, mit einem erfolgreichen, international ausgerichteten Aktienfonds erzielen Sie eine durchschnittliche Rendite im Jahr von 10 Prozent. Das entspricht einem Ertrag von 2500 Euro. Nehmen wir weiter an, dass durch Ihre aufwendige Eigenanalyse das ganze Jahr über und durch Ihre Investition in einzelne Aktien Sie den international anlegenden Aktienfonds um Längen schlagen. Sie erzielen 20 Prozent Rendite – also Jahr für Jahr das Doppelte einer vergleichbaren Anlage in einen Aktienfonds. Dann sind das weitere 2500 Euro. 5000 Euro geteilt durch Ihren Zeitaufwand (250 Stunden) entsprechen einer Aufwandsvergütung von 20 Euro pro Stunde.

Wenn Sie also den notwendigen Zeitaufwand betrachten, um Jahr für Jahr auf Dauer höhere Gewinne mit einzelnen Aktien zu erzielen, dürften Sie nach der dargestellten Aufwandsregelung schnell dazu übergehen, in Investmentfonds zu investieren. Und dabei gilt: Es ist trotz Ihres Zeitaufwands keinesfalls sicher, dass Ihre Investition in einzelne Aktien wirklich mit jährlich plus 100 Prozent gegenüber der Fondsanlage erfolgreich ist. Im schlimmsten Fall investieren Sie jede Menge Zeit und verlieren trotzdem gegenüber einer Fondsanlage Geld. Aber es gibt – neben diesem Zeitargument – noch weitere Argumente, die gegen ein Direktengagement in Aktien sprechen. Es ist das Argument der Auswahl der erfolgreichsten Tage.

Angenommen, Sie investieren viel Zeit in die Auswahl der richtigen Aktien. Angenommen, Sie wählen stets die besten Aktien. Angenommen, Sie sind besser als die Fondsmanager mit ihren großen Teams. Natürlich sind Sie nicht einmal ein Jahr lang besser, sondern Jahr für Jahr ist Ihre Aktienauswahl spitze. Dann haben Sie alles getan, um wirklich erfolgreich zu sein. Sie haben viel Zeit geopfert und – man muss es Ihnen lassen –, Sie haben wirklich Topunternehmen ausfindig gemacht und in diese Topunternehmen investiert.

Dadurch, dass Sie immer wieder auf die Topunternehmen setzen wollen, sind Sie natürlich nicht das ganze Jahr über investiert. Sie müssen – nach Verkäufen – auch mal eine Auszeit nehmen, um in Ruhe Ihr nächstes Engagement zu planen. Und genau hier wartet auf Sie die Rendite-Falle. Denn wenn Sie an den wichtigsten Börsentagen nicht investiert sind, kann es Ihnen passieren, dass Ihre Gewinne trotz hervorragender Einzelauswahl mager ausfallen. Lassen Sie uns einmal die folgenden Zahlen betrachten. Diese Zahlen wurden unter der Überschrift »Die entscheidenden Börsen-Tage« in *Euro am Sonntag* am 22. Oktober 2000 veröffentlicht. Grundlage der folgenden Zahlen ist der DAX – der Deutsche Aktienindex.

Gewinn, wenn *alle Handelstage* genutzt wurden:

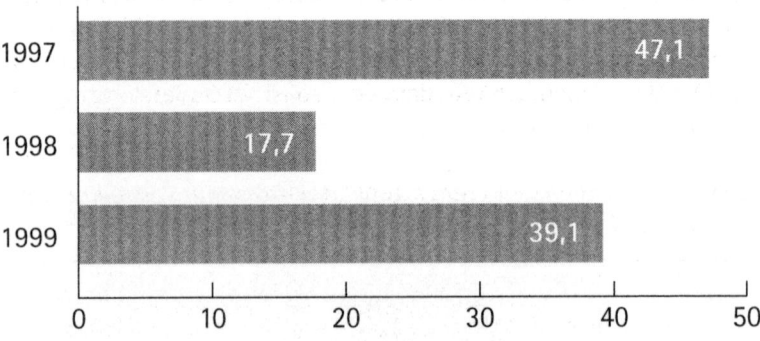

So lesen Sie die Zahlen: Wer jeden Handelstag im Jahr 1999 nutzte (Zeitaufwand!), kam auf ein theoretisches Plus von 39,1 Prozent. Im Jahr 1998 waren es 17,7 Prozent, 1997 47,1 Prozent.

Gewinn, wenn *alle Handelstage* genutzt wurden *mit Ausnahme des besten Handelstages:*

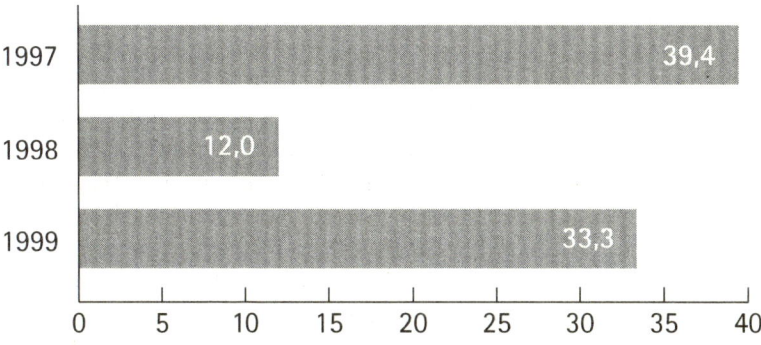

Bereits ein einziger Tag, nämlich der beste Handelstag, kostete, wenn Sie ihn nicht nutzten, einige Renditepunkte. Beurteilen Sie selbst, wie realistisch es ist, als quasi nebenberuflicher Aktienanleger gerade auch an diesem besten Handelstag voll investiert zu sein. Die Wahrscheinlichkeit, dass dem so ist, ist äußerst gering. Es geht jedoch noch weiter.

Gewinn, wenn *alle Handelstage* genutzt wurden *mit Ausnahme der 5 besten Handelstage*

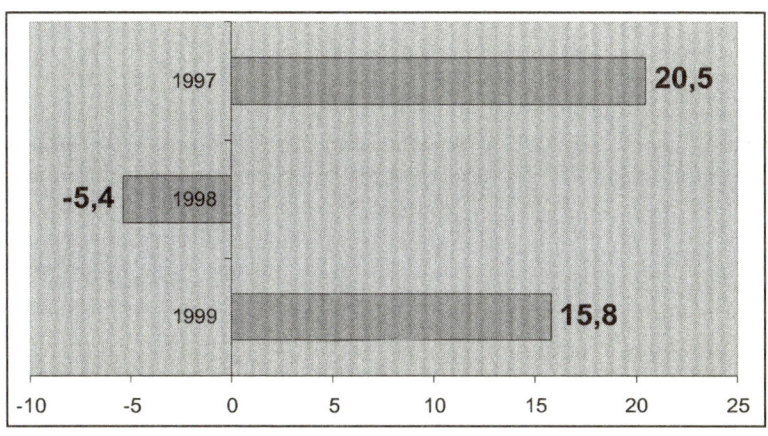

Quelle: Tod Barnhart, »Die fünf Schritte zu Reichtum«

Die Entwicklung ist offensichtlich fatal: Wenn Sie die entscheidenden Börsentage verpassen, weil Sie ausnahmsweise einmal Börsenurlaub machen, hätte es 1998 passieren können, dass Sie auf einem Minus sitzen bleiben. Eine einzige Woche Urlaub von der Börse hätte 1998 die Renditeträume zunichte gemacht. Kommen wir zu einem letzten Vergleich:

Gewinn, wenn *alle Handelstage* genutzt wurden *mit Ausnahme der zehn besten Handelstage*

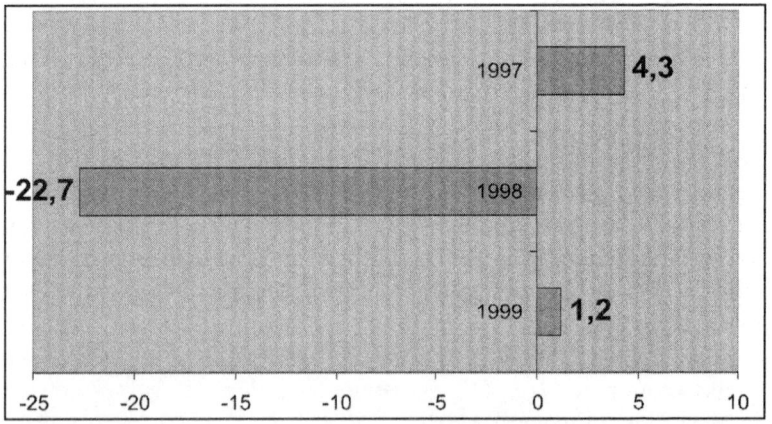

Ergebnis: Wenn Sie vorhaben, mit der Investition in einzelne Aktien zu gewinnen, ist das ganz einfach. Sie müssen lediglich an allen Handelstagen im Jahr investiert sein. Sie sollten sich keinen Urlaub von der Börse leisten. Achten Sie darauf, dass Sie immer voll investiert sind (wenn Sie die Nerven dazu haben).

Spaß beiseite: Die gezeigten Gewinngrafiken dokumentieren sehr gut, dass die Investition in Aktien zeitaufwendig ist. Selbst in schwierigen Börsenzeiten ist es wichtig, Nerven zu behalten. Wenn Sie in den letzten drei Jahren in schlechten Börsenzeiten einmal entnervt nach einigen Wochen Kursverlust ausgestiegen sind und möglicherweise die zehn besten Börsentage im Anschluss verpasst haben, sank Ihre Aktienrendite schnell auf Sparbuch- bis Festgeldniveau. Betrachten Sie noch einmal die Zahlen: Von 39,1 Prozent

(1999), 17,7 Prozent (1998) und 47,1 Prozent (1997) blieben ohne die besten zehn Tage gerade einmal mickrige 1,2, minus 22,7 und plus 4,3 Prozent übrig. Investmentfonds sind also für Sie die erste Wahl, wenn Sie nicht jeden Tag mit dem Börsengeschehen zu tun haben wollen.

Lektion 2: Aktienkauf – der Drei-Minuten-Test
Der einfache Praxis-Tipp, den ich Ihnen verrate, kann dazu führen, dass Ihnen hohe Verluste bei der Geldanlage in Aktien erspart bleiben. André Kostolany, der verstorbene Altmeister der Börse, war es, der sinngemäß sagte: An der Börse verdientes Geld ist Schmerzensgeld. Erst kommen die Schmerzen, dann das Geld. Der folgende Drei-Minuten-Test dient dazu, die Schmerzen in Zusammenhang mit einem Aktienkauf zu reduzieren und Ihre Gewinnchancen zu erhöhen.

Wie funktioniert dieser Test? Wenn Sie bereits Aktien gekauft haben, suchen Sie sich jetzt zwei oder drei Aktienwerte beziehungsweise die dazugehörenden Unternehmen in Gedanken heraus. Wenn Sie bislang noch keine Aktien besitzen, aber kurz davor stehen, Ihre ersten Aktien zu erwerben, dann ist es ohnehin klar, um welche Unternehmen es sich handelt, nämlich die, deren Aktien Sie erwerben wollen. Jetzt lautet die Aufgabe: Halten Sie zu den Punkten
- Marktposition/Wettbewerb
- Management
- Wachstumspotenzial
über die Unternehmen, deren Aktien Sie bereits besitzen oder deren Aktien Sie kaufen wollen, eine dreiminütige Rede. *Die Botschaft lautet*: Verkaufen Sie selbst mit harten Fakten, klaren Zahlen und nachvollziehbaren, überzeugenden Argumenten das entsprechende Unternehmen. Besitzen Sie beispielsweise Aktien des Unternehmens Daimler Chrysler, dann sprechen Sie drei Minuten über Marktposition/Werbung, Management und Wachstumspotenzial von Daimler/Chrysler: Warum ist Daimler Chrysler eher ein Kauf als die Aktien der übrigen Automobilkonzerne? Was sind exakt die Gründe, die Sie entweder bereits veranlasst haben oder aber veranlassen sollen, die Aktien von Daimler Chrysler und eben nicht von BMW oder VW zu kaufen?

Nun gibt es zwei Möglichkeiten:

1. Sie stellen – ehrlich – fest, dass Sie eigentlich nichts oder nur so Geringfügiges wissen (und der Rest auf Übernahme nicht weiter geprüfter Fakten aus diversen Wirtschaftsmagazinen beruht), dass Sie eigentlich nicht in Daimler Chrysler investieren dürfen. Zumindest dann nicht, wenn Sie Ihr Geld ernst nehmen.

2. Sie stellen fest, dass Sie wirkliches Wissen über ein Unternehmen haben. Sie stellen fest, dass Sie Ihre Hausaufgaben gemacht haben. Sie wissen, warum Sie kaufen. Das bedeutet natürlich keine garantierten Gewinne. Es bedeutet jedoch, dass Sie Ihrer GeldverANTWORTung gerecht werden. Es bedeutet, dass Sie in erster Linie sagen können, warum Sie Ihr Geld in Aktien eines bestimmten Unternehmens investiert haben.

Die Botschaft für Sie lautet: Wenn Sie diesen Drei-Minuten-Test nicht oder nur mit viel Mühe bestehen, entscheiden Sie sich für die Investition in Aktienfonds. Für Sie ist die Geldanlage in Aktien ein Glücksspiel.

Vorsicht Geldfalle: Aktien, Anlageinformation, Internet und Manipulation

Seit das Internet zum Massenmedium geworden ist, ist die Aktienanalyse offensichtlich ein Kinderspiel. Aber der erste Schein trügt nicht selten. Viele Meldungen werden manipuliert. Hier spätestens sind Sie selbst gefragt mit Ihrer GeldverANTWORTung. *Die Botschaft lautet*: Sie allein müssen wissen (nicht glauben), warum diese oder jene Aktie ein Kauf ist oder sein könnte. Das Internet ist ein anonymes Netz mit der Folge, dass Kursmanipulationen (zunächst) nahezu risikolos für deren Urheber möglich sind. Allerdings nicht immer, wie ein Beispiel zeigt:

8. April 1999: PairGain, ein amerikanisches High-Tech-Unternehmen, steht im Mittelpunkt des Anlegerinteresses. Den Mitteilungen zufolge steht die Übernahme von PairGain für über 1,3 Milliarden kurz bevor. Es passiert, was passieren muss: Die PairGain Aktie steigt von knapp 9 Dollar auf über 11 Dollar. Übernehmende Firma soll angeblich die israelische Firma ECI Telecom sein. ECI selbst bestreitet das Gerücht heftigst. Dennoch steigt der Kurs wei-

ter. Dann platzt die Gerüchteblase. Als Urheber der falschen Information wird ein Mitarbeiter von PairGain gestellt. Dieser gesteht die von ihm initiierte Falschmeldung. Die Folge: Ihm drohen viele Jahre Gefängnis.

Die Methode solcher Kursmanipulateure ist im Übrigen stets ähnlich. Grundsätzlich decken diese Leute sich mit einer Anzahl von Aktien solcher Unternehmen ein, die bislang wenig beachtet oder wenig bekannt sind. Dann wird alles darangesetzt, die Gerüchteküche zum Brodeln zu bringen. Immer wieder neue, sich faszinierend anhörende Details werden geschickt über Messageboards im Internet weitergetragen. Die Folge: Nach und nach kaufen die Anleger über die Börse. *Die Botschaft lautet also:* Verschwenden Sie keine Zeit mit Meldungen und Börseninformationen kleiner, unbekannter Internetseiten. Informieren Sie sich ausschließlich über solche Messageboards, die einen guten Ruf haben und diesen auch pflegen. Beispiele (keine vollständige Aufzählung) solcher seriöser Boards sind: www.consors.de, www.yahoo.de, www.wallstreet-online.de und www.siliconinvestor.com.

Exkurs zu Geldexoten

Immer wieder werde ich nach den Chancen einer Anlage in ganz besondere Varianten gefragt: Briefmarken, Uhren, Kunst und so weiter. Im Folgenden geht es daher um exotische Investments, um Geldexoten.

Briefmarken

Rund 80 000 Liebhaber der gezackten kleinen Rechtecke und Quadrate sind allein in Deutschland in Vereinen registriert. Knapp eine Million Briefmarkensammler sind bei der Deutschen Post auf der Liste und erhalten jeden Monat die neuesten Marken. Insider schätzen die Zahl der Philatelisten deutschlandweit auf über vier Millionen. Wer also bislang dachte, die Briefmarkenleidenschaft würde lediglich älteren Rentnern als Zeitvertreib dienen, irrt gewaltig. Das Gegenteil ist der Fall: Junge und alte Anleger sind mit von der Partie, besuchen Auktionen, spezialisieren sich auf bestimmte Länder oder Fehldrucke.

Gerade auf Auktionen geht es rund um die »Aktie des kleinen Mannes« oft turbulent zu. Mit solchen Auktionen machen einige wenige Unternehmen immerhin Millionenumsätze. Besondere Stücke erzielen im Jahr schnell Wertsteigerungen zwischen 10 und 30 Prozent. Das wohl – auch unter Nicht-Philatelisten – bekannteste Beispiel einer teuren Briefmarke ist die »Blaue Mauritius«. 1993 wurde ein Brief mit der orangefarbenen Ausführung für über sechs Millionen Mark ersteigert. Es existieren insgesamt nur zwölf Exemplare. Die Blaue Mauritius wurde 1847 für zwei Penny verkauft. Ihr heutiger Wert: über 600 000 Euro laut Katalogpreis. Auf Auktionen, so heißt es, sollen über eine Million Euro drin sein. Trotz alledem bleibt Briefmarken sammeln ein Hobby und ist kein Geschäft. Gerade bei Auktionen schlagen zudem die zweistelligen Provisionen zu Buche. In der Regel muss ein Anleger auch bei höheren Wertsteigerungen über einige Jahre investiert bleiben, damit sich die Aktie des kleinen Mannes als Investment lohnt.

Wer sich dennoch für den Kauf von Briefmarken als Geldanlage entscheidet, muss unbedingt auf ausgesuchte Stücke setzen. Wer auf die Stücke der breiten Masse setzt, hat schon verloren, wenn das Geld investiert ist. Die folgenden fünf wichtigen Tipps sollten interessierte Anleger in jedem Fall beachten:

1. Investieren Sie stets nur in 1a-Qualität. Selbst kleine Beschädigungen reduzieren den Wert einer Briefmarke erheblich. Oft lassen sich solche Marken später nur mit großem Verlust verkaufen.

2. Achten Sie auf vorhandene Atteste. Kaufen Sie nur Briefmarken mit Attest. Verlassen Sie sich nur auf Experten. Der Bankberater um die Ecke, auch wenn er noch so gut ist, ist die falsche Anlaufstelle.

3. Wenn es sich um gestempelte Briefmarken handelt, ist die Form des Stempels für einen später erhofften Verkaufserlös entscheidend. Je zentraler und deutlicher der Stempel, desto besser.

4. Hüten Sie sich vor manipulierten Marken. Ob es sich um manipulierte Marken handelt, lässt sich oft allein dadurch feststellen, dass ein Ihnen genannter Preis erheblich von den Listenpreisen seriöser Handelshäuser abweicht.

5. Wie im Fall der Auswahl einer Lebensversicherung gilt: Vergleichen Sie die Listen verschiedener Händler. Nicht selten unterscheidet sich der Preis von Händler zu Händler erheblich.

6. Schwarze Schafe gibt es überall, auch bei den Briefmarkensammlern. Die Mehrzahl der seriösen Anbieter ist jedoch Mitglied im Allgemeinen Postwertzeichen Händler Verband in Köln. Die Mitgliedschaft in diesem Verband ist zwar keine Garantie, aber ein positives Zeichen.

Münzen

Auch Münzen werden hin und wieder als Geldanlage angepriesen. Tatsache ist: Wer monatlich bis zu 100 Euro investieren will, kann sich im Lauf der Zeit eine schöne Münzkollektion erwerben. Wie auch bei Briefmarken gilt: Anleger sollten unbedingt auf den guten Zustand der Münzen achten. Für kaputte, geputzte oder beschädigte Münzen gibt es grundsätzlich nur wenig Geld. Als Geldanlage eignen sich besonders Geldstücke aus dem 17. und 18. Jahrhundert. Wer seine sorgsam ausgesuchten Stücke einige Jahrzehnte liegen lässt, wird in vielen Fällen einen Mehrwert beim Verkauf erzielen können. Hier eine kleine Münzkunde für alle, die sich in dieses Thema ein wenig einlesen wollen.

Kursmünzen: Als solche werden alle Münzen bezeichnet, die offizielles Zahlungsmittel sind oder waren. Für Deutschland sind alle Münzen seit 1948 Kursmünzen.

Gedenkmünzen: Hierbei handelt es sich um Münzen, die vom Finanzministerium zu besonderen Anlässen zum Nominalwert herausgegeben werden. Gedenkmünzen sind problemlos als Zahlungsmittel verwendbar.

Pseudo-Münzen: Diese Münzart ist aus Kleinstaaten der Karibik oder aus Osteuropa bekannt. Ein gutes Beispiel: der »Platin-Rubel«. Es hört sich großartig an, jedoch kann sich der stolze Besitzer eines solchen »Platin-Rubels« so gut wie nichts davon kaufen. Anders ausgedrückt: Der Nominalwert ist nur ein Bruchteil des Kaufpreises.

Erhaltungszustand: Fachleute unterscheiden fünf Zustände. Dabei gilt grundsätzlich: Je besser der Zustand, desto höher der Preis.

ss = sehr schön, bis auf kleine Schönheitsfehler sind keine Macken, Schrammen oder Kratzer vorhanden.

vz = vorzüglich, bis auf leichte Gebrauchsspuren ist die Münze tadellos, eine so bezeichnete Münze sieht fast prägefrisch aus.

prfr = prägefrisch, bis auf leichte Prägespuren gibt es nichts auszusetzen, der Stempelglanz ist noch vorhanden.

st = Stempelglanz: Diese Münze weist weder Gebrauchs- noch Prägespuren auf. Der Stempelglanz ist voll erhalten.

PP = Polierte Platte: Hierbei handelt es sich um Münzen, die ein bestimmtes Prägeverfahren hinter sich haben. Alle erhabenen Teile sind matt-seidig gehalten. Der Münzgrund ist bis auf so genannten Spiegelglanz bestmöglich poliert.

Münzpflege: Im Fachhandel gibt es spezielle Tauchbäder zur Reinigung. Anschließend unter Wasser gründlich abgespült und abgetrocknet, lassen sich die Münzen in geeigneten Alben problemlos und geordnet verwalten.

Münzen als Investment sind wie Briefmarken und Kunstinvestments nur etwas für Kenner. Betrachten Sie, wenn überhaupt, das Sammeln von Münzen als Hobby.

Geldregel 38 – die Zweite

Werden Sie sich über Ihre eigene Finanzpyramide im Klaren! Was sind wichtige, existenzielle Geldprodukte der Pyramidenstufe A? Was sind die nächsten sinnvollen Produkte der Stufe B? Wenn Sie sich an diesen Pyramidenstufen orientieren, wird klar, dass es unsinnig ist, sich erst mit Optionen und Optionsscheinen zu beschäftigen, obwohl noch überhaupt keine Grundlagen gelegt sind. Kümmern Sie sich um Ihre individuelle Finanzpyramide!

Kapitel 39
Schreiben Sie Ihre Geldziele auf!

Wer kein Ziel hat, kann auch keines erreichen. Selbst der günstigste Wind bringt einem Segler nichts, wenn dieser nicht weiß, welchen Hafen er ansteuert. Das bedeutet: Wer ein Geldziel erreichen will, muss es zuvor festlegen. Zwei Regeln sind hierbei zu beachten:

1. Es ist unklug, die Ziele anderer zu den eigenen zu machen. Wenn der Nachbar ein großes Auto fährt, dann ist das kein Grund, als eigenes Geldziel auch ein großes Auto zu erwählen. Wenn der Nachbar ein großes Haus besitzt, man selbst jedoch in einer Mietwohnung wohnt, dann ist das Ziel »großes Haus« auch nicht das Richtige. Vermutlich wird der Nachbar (noch) mehr verdienen als man selbst. Es ist also wichtig, die eigenen und vor allem realistischen Geldziele zu finden.

2. Viele Leute überschätzen das, was sie an Geldzielen in kurzer Zeit erreichen können, und unterschätzen, was langfristig erreicht werden kann. Auch hier gilt: Bleiben Sie realistisch. Planen Sie realistisch.

Nennen Sie bitte zehn Geldziele. Wichtig dabei ist: Notieren Sie bei jedem Ziel auch den Zeitraum, bis wann Sie das Ziel umgesetzt haben wollen. Notieren Sie auf jeden Fall zehn Ziele. Hören Sie nicht bereits beim vierten oder fünften Ziel auf. Denn oft sind die schnell gefundenen Geldziele überhaupt nicht Ihre wirklichen Geldziele. Je intensiver Sie nachdenken, desto eher entspricht das, was Sie notieren, dem, was Sie wirklich wollen.

Meine zehn Ziele, Gründe, mich mehr mit Geld und dem richtigen Umgang mit meinen privaten Finanzen zu beschäftigen, sind
(Hinweis: Nennen Sie bei reinen Geldzielen stets den konkreten Zeitpunkt, bis wann Sie das jeweilige Ziel erreicht haben wollen!)

1. _____ bis _____

2. _____ bis _____

3. _____ bis _____

4. _____ bis _____

5. _____ bis _____

6. _____ bis _____

7. _____ bis _____

8. _____ bis _____

9. _____ bis _____

10. _____ bis _____

Nachdem Sie diese 10 Punkte ausgefüllt haben, möchte ich mit Ihnen noch einen weiteren Schritt machen. Es geht darum, dass Sie einmal Stellung beziehen, welchen Geldbetrag Sie bis wann angespart haben wollen, welches Vermögen Sie zu einem festen Zeitpunkt besitzen wollen. Wir werden später noch gemeinsam arbeiten und realistische Zahlen berechnen. Jetzt geht es nur um Ihre persönliche Einschätzung. Betrachten Sie Ihre heutige Situation. Wenn Sie verschuldet sind und kein Guthaben besitzen, sind Ihre Geldziele, ist Ihr Vermögensziel für die nächsten Jahre natürlich nicht so hoch, wie wenn Sie bereits über ein bestimmtes Guthaben verfügen.

Meine Geld- und Vermögensziele
In... möchte ich ein Vermögen in Höhe von ... Euro haben.

2 Jahren   _____

4 Jahren   _____

6 Jahren   _____

8 Jahren   _____

10 Jahren   _____

15 Jahren   _____

20 Jahren   _____

25 Jahren   _____

30 Jahren   _____

© Bernd W. Klöckner, FID-Verlag, www.berndwkloeckner.de,
mit freundlicher Genehmigung

Geldregel 39

Diese beiden Schritte, das schriftliche Festhalten der persönlichen Geldziele, sind wichtige Schritte für die Vermögensplanung. Überprüfen Sie von Zeit zu Zeit, ob Sie Ihre Geldziele einhalten. Lassen Sie sich nicht von diesen Geldzielen abbringen!

Kapitel 40
Sind Reichtum und finanzielle Freiheit überhaupt ein gutes Ziel?

Wer sich ernsthaft mit Geldzielen beschäftigt, kommt nicht umhin, auch darüber nachzudenken, was passieren würde, wenn er reich und wohlhabend wäre. Nun gibt es immer wieder Leute, denen ist der Gedanke an Reichtum und Wohlstand regelrecht unangenehm. Diese Leute streben einerseits nach finanzieller Freiheit, Reichtum und Wohlstand und verspüren andererseits ein unangenehmes Gefühl bei dem Gedanken, wirklich reich und wohlhabend zu sein. Für alle diejenigen unter Ihnen, die mit dem Gedanken an Reichtum in Verbindung mit Geldzielen Schwierigkeiten haben, eine ganz besondere Geschichte:

Abdu'l Al Moneta kam eines Tages auf einer seiner Reisen durch ein kleines Dorf. Er sprach mit den Menschen, denen er begegnete, unterhielt sich und erfuhr auf diese Weise eine ganze Menge darüber, wie die Menschen im Dorf handelten und lebten. Ein Greis erzählte ihm, dass die Menschen in diesem Dorf über jede Menge Schätze verfügten. Es gab sehr guten Boden, auf dem jede Saat hervorragend gedeihen würde. Es gab vier Flüsse, die am Dorf vorbeiflossen, sodass jede Menge herrlicher Fische gefangen werden konnten. Und so gab es viele Aktiva, über die das Dorf und seine Bewohner verfügten.

Dann jedoch erzählte der Greis Abdu'l Al Moneta, dass die Menschen im Dorf Geld für etwas Schlechtes hielten. Niemand traue sich so recht, Reichtum anzustreben. Jeder arbeite nur so viel, wie unbedingt nötig war. Seit vielen Jahrhunderten sei es ein fester Glaube im Dorf, dass es für jeden reichen Menschen einen armen Menschen geben müsse. Daher hatte er, so erzählte der Greis, einen weisen Geldpropheten gebeten, sein Dorf zu besuchen und den Menschen ihre falschen Vorstellungen zu nehmen. Der Geldprophet sollte die Bewohner dazu bringen, Geld als das zu betrachten, was es ist: Geld! Nicht mehr, nicht weniger! Abdu'l Al Moneta fragte den Greis, ob er ihn zum Versammlungsort begleiten würde. Und so machten sich die beiden auf den Weg zum Dorfplatz.

Als sie näher kamen, sah Abdu'l Al Moneta den Geldprophe-
ten inmitten einer immer größer werdenden Menschenmenge stehen
und predigen. Der Geldprophet sprach zu einem der Anwesenden:
»Du hast dort auf deinem Wagen zehn Sack Heu, die du verkaufen
willst. Wie geht es dir dabei?«»Gut! Ich freue mich, mit meiner Ar-
beit meine Familie ernähren zu können«, antwortete der Mann. Der
Geldprophet sprach zu einem anderen:»Du hast dort auf deinem
Wagen zwanzig herrliche Kürbisse, die du verkaufen willst. Wie geht
es dir dabei?«»Gut! Ich freue mich, mit meiner Arbeit meine Fami-
lie ernähren zu können«, antwortete der Mann. Und der Geldpro-
phet fuhr fort:»Du hast dort auf deinem Wagen fünf wunderschöne
Wagenräder, die du verkaufen willst. Wie geht es dir dabei?«»Gut!
Ich freue mich, mit meiner Arbeit meine Familie ernähren zu kön-
nen«, antwortete auch dieser dritte Händler.»Nun denn«, sprach der
Prophet,»warum wehrt ihr euch so dagegen, dass ihr zwanzig Sack
Heu, vierzig herrliche Kürbisse und zehn wunderschöne Wagenrä-
der herstellt und auf den Märkten in eurem Dorf und in anderen
Dörfern feilbietet? Sprecht!« Da riefen die Menschen durcheinan-
der:»Dann würden wir reich und immer reicher. Reichtum ist jedoch
etwas Schlechtes. Für jeden reichen Menschen muss es einen armen
Menschen geben.« Da sprach der Prophet:»Wenn ihr so denkt, will
ich euch ein Rätsel aufgeben. Die Lösung dieses Rätsels ist auch die
Lösung eures Problems.«

Mit großer Aufmerksamkeit folgte Abdu'l Al Moneta dem Verlauf
dieser Versammlung. Auch er war gespannt, welches Rätsel der Pro-
phet stellen und wie es ihm gelingen würde, die Menschen zu über-
zeugen, dass Geld weder gut noch schlecht sei. Und dann hörte er,
wie der Prophet sprach:»Was ist das Beste, was ihr für die Armen
tun könnt? Bitte gebt mir einen Satz als Lösung.« Die Menschen sa-
hen sich verwundert an, sprachen wild durcheinander, stritten sich,
wie diese Frage gemeint sein könnte.»Nun«, fragte der Prophet nach
einigen Minuten,»habt ihr euch einigen können? Wie lautet eure
Lösung? Wie lautet der alles entscheidende Satz?« Niemand aus der
Menge sagte etwas.»Wir wollen hören, was deine Lösung ist, weiser
Mann«, rief ein junger Bursche aus der Menge dem Propheten auf-
fordernd zu. Da sprach dieser:»Ihr beschränkt euren Reichtum, um
die Armut zu lindern. Doch das Beste, was ihr für alle armen Men-
schen tun könnt, ist, nicht ihnen anzugehören! Denkt darüber nach!«

*Er stieg vom Podest und bahnte sich durch die Menge seinen Weg.
Dann verschwand er.*

Die Lösung des Propheten habe ich angelehnt an das lesenswerte
Buch »So geht's Dir gut« von Andrew Matthews. Denken wir ein
wenig darüber nach. Das Originalzitat von Matthews lautet: »Das
Beste, was Sie für die Armen tun können, ist, nicht zu ihnen zu gehören.« Das ist eine wichtige Gesetzmäßigkeit für den Zustand finanziellen Erfolgs, für den Zustand Reichtum und finanzieller Wohlstand. Je reicher ein Mensch ist, desto mehr kann dieser Mensch für
die Armen tun. Geld ist nichts Schlechtes. Geld ist auch nicht gut.
Geld ist schlichtweg Geld. Viel Geld ist schlichtweg viel Geld.

Ein wenig ironisch drückte es einmal Jackie Gleason aus: »Geld
ist nicht alles. Man kann mit zwanzig Millionen genauso glücklich
sein wie mit 21 Millionen.« Verstehen Sie diese wichtige Botschaft.
Nutzen Sie als Begründung für Ihren eigenen finanziellen Misserfolg nicht die wirklich dumme Ausrede, Geld sei etwas Schlechtes. Die Menschen, denen die Armen am Herzen liegen, können
mit viel Geld sehr viel mehr für arme Menschen tun als mit wenig
Geld. Es gibt keinen Gott in keiner Religion, der über einen reichen Mann urteilt: »Was bist du für ein gieriger Mensch. Dir werde
ich dein Leben vermiesen.« Es ist Unsinn zu glauben, es gäbe nur
den Weg der Armut, unselig zu werden.

Nochmals: Wer Geld, wer viel Geld unangenehme Eigenschaften
zuschreibt, lenkt von sich selbst und der eigenen Verantwortung ab.
Armut mit Tugend gleichzusetzen bedeutet, sich selbst zu belügen.
Denken Sie ab heute immer daran: Wenn Sie behaupten, nur deswegen noch nicht reich geworden zu sein, weil Geld etwas Schlechtes ist, dann denken Sie ab heute immer und immer wieder an den
Satz von Andrew Matthews: »Das Beste, was Sie für die Armen tun
können, ist, nicht zu ihnen zu gehören.«

Geldregel 40

*Geld ist nicht alles, aber viel Geld, das ist gewiss etwas Schönes und
Nützliches. Geld ist weder gut noch schlecht. Geld ist einfach Geld.
Nicht mehr, nicht weniger. Oscar Wilde fasste es einmal sehr treffend*

zusammen: »Als ich jung war, glaubte ich, Geld sei das Wichtigste im Leben; jetzt, wo ich alt bin, weiß ich, dass es das Wichtigste ist.« Bitte verstehen Sie mich nicht falsch: Ich persönlich halte die Liebe für das Wichtigste in diesem Leben. Aber darum geht es in diesem Kapitel nicht. Es geht schlichtweg darum, dass es wirklich nicht klug ist zu behaupten, nur weil man Geld für etwas Schlechtes halten würde, wäre man noch nicht reich geworden. Wer so denkt, schiebt die Schuld weg und damit die Macht, alles so zu ändern, wie er es möchte.

TEIL III

GESETZMÄSSIGKEITEN ZU REICHTUM UND WOHLSTAND

Der dritte Teil dieses Buches umfasst verschiedene Kapitel zu Gesetzmäßigkeiten für den meisterhaften Umgang mit Geld. Ebenso geht es um spannende und wichtige Geldstrategien. Es ist an der Zeit, die Ergebnisse aus Teil I und Teil II nach und nach in die Praxis umzusetzen.

Kapitel 41
Die Wirkung von Zins und Zinseszins

Die folgenden Tabellen sollen Ihnen noch einmal zeigen, wie sich Zins und Zinseszins über Jahre auswirken. Je länger Sie Ihr Geld anlegen, desto höher ist der Zins- und Zinseszinseffekt. Jeder Prozentpunkt höhere Rendite zählt.

Wie sich 1000 Euro Einmalanlage entwickeln

Rendite Jahre	3 %	5 %	7 %	9 %	11 %
1	1030	1050	1070	1090	1110
2	1061	1103	1145	1188	1232
3	1093	1158	1225	1295	1368
4	1126	1216	1311	1412	1518
5	1159	1276	1403	1539	1685
6	1194	1340	1501	1677	1870
7	1230	1407	1606	1828	2076
8	1267	1477	1718	1993	2305
9	1305	1551	1838	2172	2558
10	1344	1629	1968	2367	2839
11	1384	1710	2105	2580	3152
12	1426	1796	2252	2813	3498
13	1469	1886	2410	3066	3883
14	1513	1980	2579	3342	4310
15	1558	2079	2759	3642	4785
16	1605	2183	2952	3970	5311
17	1653	2292	3159	4328	5895
18	1702	2407	3380	4717	6544
19	1754	2527	3617	5142	7263
20	1806	2653	3870	5604	8062
21	1860	2786	4141	6109	8949
22	1916	2925	4430	6659	9934
23	1974	3072	4741	7258	11026
24	2033	3225	5072	7911	12239
25	2094	3386	5427	8623	13585

Rendite Jahre	3 %	5 %	7 %	9 %	11 %
26	2157	3556	5807	9399	15 080
27	2221	3733	6214	10 245	16 739
28	2288	3920	6649	11 167	18 580
29	2357	4116	7114	12 172	20 624
30	2427	4322	7612	13 268	22 892
31	2500	4538	8145	14 462	25 410
32	2575	4765	8715	15 763	28 206
33	2652	5003	9325	17 182	31 308
34	2732	5253	9978	18 728	34 752
35	2814	5516	10 677	20 414	38 575
36 .	2898	5792	11 424	22 251	42 818
37	2985	6081	12 224	24 254	47 528
38	3075	6385	13 079	26 437	52 756
39	3167	6705	13 995	28 816	58 559
40	3262	7040	14 974	31 409	65 001
41	3360	7392	16 023	34 236	72 151
42	3461	7762	17 144	37 318	80 088
43	3565	8150	18 344	40 676	88 897
44	3671	8557	19 628	44 337	98 676
45	3782	8985	21 002	48 327	109 530
46	3895	9434	22 473	52 677	121 579
47	4012	9906	24 046	57 418	134 952
48	4132	10 401	25 729	62 585	149 797
49	4256	10 921	27 530	68 218	166 275
50	4384	11 467	29 457	74 358	184 565
51	4515	12 041	31 519	81 050	204 867
52	4651	12 643	33 725	88 344	227 402
53	4790	13 275	36 086	96 295	252 417
54	4934	13 939	38 612	104 962	280 182
55	5082	14 636	41 315	114 408	311 002
56	5235	15 367	44 207	124 705	345 213
47	5392	16 136	47 302	135 928	383 186
58	5553	16 943	50 613	148 162	425 337
59	5720	17 790	54 156	161 497	472 124
60	5892	18 679	57 946	176 031	524 057

Wie sich 50 Euro monatliche Sparrate vermehren

Rendite Jahre	3 %	5 %	7 %	9 %	11 %
1	608	614	619	624	630
2	1235	1258	1281	1305	1329
3	1880	1934	1990	2047	2104
4	2545	2645	2748	2855	2966
5	3229	3391	3559	3737	3921
6	3934	4174	4427	4697	4982
7	4660	4996	5356	5745	6160
8	5408	5860	6350	6886	7467
9	6179	6767	7413	8130	8918
10	6972	7719	8550	9487	10529
11	7790	8718	9767	10965	12316
12	8632	9768	11070	12576	14301
13	9499	10870	12463	14333	16503
14	10392	12027	13954	16247	18948
15	11312	13242	15549	18334	21661
16	12260	14518	17255	20609	24673
17	13236	15858	19081	23088	28017
18	14241	17265	21035	25791	31728
19	15276	18742	23125	28736	35847
20	16343	20293	25362	31947	40419
21	17441	21921	27755	35448	45494
22	18573	23631	30315	39263	51128
23	19738	25427	33054	43421	57381
24	20938	27312	35985	47954	64321
25	22175	29291	39121	52895	72025
26	23448	31370	42477	58280	80576
27	24760	33552	46067	64151	90068
28	26111	35844	49908	70550	100604
29	27502	38250	54018	77524	112298
30	28936	40777	58416	85127	125279
31	30412	43430	63121	93414	139687
32	31932	46215	68155	102447	155680
33	33499	49140	73541	112293	173432
34	35112	52211	79304	123025	193136
35	36773	55436	85470	134723	215007

Rendite Jahre	3 %	5 %	7 %	9 %	11 %
36	38 485	58 822	92 067	147 474	239 284
37	40 248	62 377	99 126	161 373	266 231
38	42 063	66 111	106 679	176 523	296 142
39	43 933	70 031	114 760	193 037	329 342
40	45 859	74 146	123 406	211 037	366 194
41	47 843	78 468	132 657	230 658	407 099
42	49 887	83 006	142 555	252 044	452 503
43	51 992	87 771	153 145	275 356	502 900
44	54 160	92 774	164 476	300 766	558 841
45	56 393	98 028	176 600	328 463	620 933
46	58 693	103 544	189 571	358 654	689 855
47	61 062	109 336	203 450	391 562	766 358
48	63 502	115 417	218 300	427 432	851 274
49	66 015	121 803	234 188	466 530	945 530
50	68 604	128 508	251 188	509 149	1 050 152
51	71 270	135 548	269 377	555 603	1 166 281
52	74 016	142 941	288 838	606 239	1 295 182
53	76 845	150 703	309 661	661 433	1 438 260
54	79 759	158 854	331 939	721 595	1 597 074
55	82 760	167 412	355 777	787 172	1 773 355
56	85 851	176 398	381 281	858 653	1 969 025
57	89 034	185 833	408 570	936 567	2 186 214
58	92 314	195 741	437 767	1 021 495	2 427 291
59	95 691	206 144	469 006	1 114 067	2 694 882
60	99 170	217 067	502 431	1 214 972	2 991 904

©Bernd W. Klöckner, www.berndwkloeckner.de

Geldregel 41

Die Wirkung von Zins und Zinseszins hat auf Dauer eine große Macht. Noch viel zu viele Leute lassen ihr Geld über viele Jahre mit mickrigen Zinserträgen auf Sparbüchern liegen oder schließen irgendwelche Sparverträge mit geringen Zinserträgen ab. »Was soll's, auf die paar Euro kommt es auch nicht an!«, denken die Leute. So vergeht ein Jahr nach dem anderen. Ohne es zu merken, verlieren auf diese Weise viele Leute ein erhebliches Vermögen! Machen Sie es besser!

Kapitel 42
Vorsicht Falle: Zeit frisst Chance!

Wer noch sehr jung ist, kann eher auf spekulative Anlagen setzen als jemand, der nur noch wenige Jahre Geld anlegen und vermehren will. *Die Botschaft lautet:* Sie dürfen besonders bei kurzer Anlagedauer nicht zu gierig sein. Entwickelt sich nämlich bei kurzen Laufzeiten eine eher spekulative Geldanlage anders als geplant, kommt es unterm Strich schnell am Ende der geplanten Anlagedauer zu sehr geringen Zinsen oder gar zu Verlusten. An zwei Beispielen will ich Ihnen dies verdeutlichen.

Anleger A hat noch 30 Sparjahre, seine monatliche Sparrate beträgt 100 Euro. Am Ende der Laufzeit muss er zwei Verlustjahre in Kauf nehmen. Bis auf die letzten beiden Jahre erzielt er effektiv 10 Prozent Zinsgewinn pro Jahr. In den letzten beiden Anlagejahren ergibt sich dann pro Jahr – während weitergespart wird – ein Verlust von …

	–5 %	–10 %	–20 %
Ergebnis in Euro	154 000	140 000	114 000
Effektiver Zins der gesamten Laufzeit	8,2 %	7,7 %	6,7 %

Ergebnis: Auf Grund der langen Spardauer von dreißig Jahren ist es nicht weiter schlimm, wenn am Ende auch mal zwei schlechte oder gar sehr schlechte Jahre dabei sind. Insgesamt würde der Anleger in diesem Fall dennoch einen akzeptablen Zins erhalten.

Anleger B hat noch 15 Sparjahre. Seine monatliche Sparrate beträgt 100 Euro. Am Ende der Laufzeit muss er drei Verlustjahre in Kauf nehmen. Bis auf die letzten drei Jahre erzielt er effektiv 10 Prozent Zinsgewinn pro Jahr, in den letzten drei Anlagejahren ergibt sich dann pro Jahr – während weitergespart wird – ein Verlust von …

	–5 %	**–10 %**	**–20 %**
Ergebnis in Euro	26 400	22 900	17 300
Zins der gesamten Laufzeit	4,9 %	3,2 %	–0,9 %

Ergebnis: Hier zeigt sich deutlich, wie sich schlechte Anlagejahre zum Ende einer geplanten Laufzeit auswirken können. Immerhin sind es 15 Jahre Anlagedauer, von denen die letzten drei Jahre unterschiedlich schlecht verlaufen. Doch selbst wenn es jeweils »nur« minus 5 Prozent in den letzten drei Jahren sind, sinkt der über den gesamten Anlagezeitraum erzielte Zins bereits auf ein Niveau, dass unter Umständen eine leistungsstarke Kapitallebens- oder Rentenversicherung besser gewesen wäre. Noch schlimmer wird es, wenn Leute kurzfristig reich werden wollen, dann jedoch schlechte Anlagejahre den Traum vom mühelosen Reichtum zerstören.

Das Ganze ist dabei durchaus realistisch. Nehmen wir den Zeitraum zwischen 1997 und 2002. 1997 und 1989 begann der Reichtumstraum vieler kleiner Sparer und Anleger. Es schien, als würden die Börsenkurse nur eine Richtung kennen: die nach oben. Wer hier im Vertrauen auf so manchen Finanzguru oder Scharlatan auf den schnellen Reichtum innerhalb weniger Jahre setzte, wurde böse enttäuscht. Betrachten Sie dazu dieses Beispiel:

Anleger C hat noch fünf Sparjahre. Seine monatliche Sparrate beträgt 100 Euro. Am Ende der Laufzeit muss er drei Verlustjahre in Kauf nehmen. Bis auf die letzten drei Jahre erzielt er 10 Prozent effektiv Zinsgewinn pro Jahr, in den letzten drei Anlagejahren ergibt sich dann pro Jahr – während weitergespart wird – ein Verlust von …

	–5 %	**–10 %**	**–20 %**
Ergebnis in Euro	5600	5000	4160
Zins der gesamten Laufzeit	-2,7 %	-7,0 %	-15,9 %

Ergebnis: Anleger C würde zwei angenehme Jahre erleben, dann jedoch ein finanzielles Fiasko. Selbst bei Jahren mit jeweils nur kleinem Verlust ist das Gesamtergebnis bereits negativ.

Geldregel 42

Wer in kurzer Zeit reich werden will, riskiert Verluste bis hin zum Totalverlust. Sämtliche kurzfristigen Reichtumsträume der letzten Jahre waren bereits nach kurzer Zeit ausgeträumt. Zu Vermögen gibt es eine einfache Formel: Entweder viel Zeit mal wenig Geld oder wenig Zeit mal viel Geld. Wer nur noch wenig Zeit und wenig Geld hat, muss auf renditestarke Geldanlagen wie Spezialfonds setzen. Dabei ist die Gefahr des Kapitalverlusts jedoch sehr groß!

Kapitel 43
Was können Sie tun, wenn Sie bereits viel Zeit verloren haben?

In Finanzbüchern ist es ein beliebtes Thema, große Vermögen zu errechnen, die sich nach vielen Jahrzehnten Sparzeit ergeben. So klingt es natürlich fantastisch, dass man mit nur einer Anlage von 50 Euro monatlich über 60 Jahre Laufzeit und bei einem effektiven Zins von 10 Prozent rund 1,9 Millionen Euro ansparen kann. Bei einem effektiven Zins von 12 Prozent wären es bereits über 4,7 Millionen. Doch wer von Ihnen hatte schon, als er sich ernsthaft um Geldwissen und den richtigen Umgang mit Geld bemühte, noch 60 Jahre Zeit? Statistiken belegen, dass die meisten von Ihnen im Alter zwischen 38 und 48 Jahren sein werden, manche darüber, manche darunter. Das ist die Zeit, in der sich die meisten Menschen sehr intensiv Gedanken um die Altersvorsorge, den Vermögensaufbau und überhaupt um den richtigen Umgang mit Geld machen. Das wiederum bedeutet: Ihre Zeit bis zum gewünschten Ruhestand liegt zwischen zehn und 30 Jahren. Das bedeutet auch: Alle Zahlenspielereien, die für 20-Jährige oder gar kleine Kinder durchgeführt werden können, bringen Ihnen nichts. Die Formel für Vermögen lautet nun mal »Viel Zeit mal wenig Geld oder wenig Zeit mal viel Geld«.

Die entscheidende Frage ist daher: Was können Sie tun? Wie können Sie Ihre Sparquote erhöhen? Wie können Sie auf diese Weise Ihre verlorene Zeit wieder wettmachen? Ich möchte Ihnen einige Punkte aufzeigen, wie Sie »zusätzlich« Geld »machen« und dann investieren können. Betrachten Sie die folgenden Punkte als eine Art Checkliste.

Ausgaben überprüfen
Korrigieren Sie Ihr Ruhestandsalter
Nutzen Sie alle Steuersparmöglichkeiten
Prüfen Sie, ob Ihnen Ansprüche aus der betrieblichen Altersversorgung zustehen
Erwarten Sie zusätzliche Erbschaften?

Überprüfen Sie Ihre Geldanlagen. Können Sie in Anlagen mit besseren Renditeaussichten wechseln? Können Sie mit einem Hobby zusätzliche Einnahmen erzielen? Besteht auf Grund guter Arbeit die berechtigte Chance auf eine Lohnerhöhung? Selbst 50 Euro netto im Monat mehr bringen auf Dauer ein kleines Vermögen. Sprechen Sie das Thema an!

© Bernd W. Klöckner, www.berndwkloeckner.de

Es gibt also zahlreiche Möglichkeiten, zusätzlich Geld aufzutreiben, wenn man bereits in einem Alter ist, in dem nur noch wenig Zeit zum Ansparen zur Verfügung steht.

Ausgaben überprüfen
Das Geheimnis jeden Vermögensaufbaus liegt im Geldsparen. Nicht im Geldausgeben. Sie müssen mehr verdienen, als Sie ausgeben, und die Differenz mit Geld-Know-how anlegen. Das ist das wichtigste Geldgesetz. Auch wenn Sie noch so tolle Geldbücher von noch so viel versprechenden Gurus und Experten lesen, Sie erreichen so niemals finanziellen Wohlstand oder gar Reichtum, wenn Sie nicht Monat für Monat sparen können. Sei es das Geld, mit dem Sie sich selbst bezahlen. Seien es Überschüsse aus guten Geschäften.

Fatal ist, dass unsere Gesellschaft darauf ausgerichtet ist, mehr auszugeben, als wir uns leisten können. Verzichten Sie auf Kredite für Konsumzwecke. Verzichten Sie auf Käufe, nur weil Sie in Kauflaune sind, weil irgendeine Sache ein anderer auch hat oder weil Sie es womöglich irgendwann brauchen können. Kaufen Sie Dinge dann, wenn Sie von Qualität und Preis überzeugt sind. Kaufen Sie, wenn Sie eine Sache wirklich schon immer haben wollten oder sie wirklich brauchen. Verzichten Sie auf die Erfüllung all dieser erzeugten Wünsche. Widerstehen Sie ab sofort dem gesellschaftlichen Druck, mehr Geld nur deswegen auszugeben, weil Sie dann mit etwas Neuem Aufmerksamkeit erregen. Laufen Sie nicht jeder neuesten Technologie oder jedem neuen Produkt hinterher. Wer bei so mancher Technologie, bei so manchem neuen Produkt einige Zeit wartet, wird oft feststellen, wie

• diese Technologie, dieses Produkt längst nicht so gut ist, wie in der Werbung versprochen;

- er die Technologie, das Produkt eigentlich überhaupt nicht braucht;
- die Technologie, das Produkt zwischenzeitlich nur noch einen Bruchteil dessen kostet, was bei Markteinführungen zu zahlen war.

Dazu ein Beispiel, das jeder kennt: Als die neuesten Handys auf den Markt kamen, waren manche Konsumenten schlichtweg verrückt danach, mit einem Handy der neuesten Generation in Gesellschaft auftrumpfen zu können. Der eine gab mit dem minimalen Gewicht seines Handys an, die andere führte stolz vor, wie ihr Handy nun 40 statt 30 unterschiedliche Klingeltöne beherrschte. Diese neuen Handys kosteten nicht selten einige hundert Mark. Wer dagegen clever war und sich diesem »Ich will dabei sein«-Sog entziehen konnte, wartete ein Jahr und bekam das gleiche Handy für einen Bruchteil nachgeworfen.

Dann machen sich die Leute, die zuvor viel Geld für die neueste Technologie, das neueste Produkt ausgegeben haben, gerne selbst glücklich mit Sätzen wie: »Das war ein privater Spaß, dass ich mir das neue Handy geleistet habe«, oder: »Ich spare jeden Monat viel Geld. Also kann ich mir auch, mal was leisten.« Das sind typische Sätze und Gedanken vieler Leute, wenn sie auf ihre Konsumgewohnheiten angesprochen werden. Es sind die gleichen Leute, die später sagen: »Mehr Geld kann ich nicht sparen«, und: »Wie soll ich alle die Tipps der Geldbücher umsetzen. Ich habe ja nicht mehr so viel Zeit, und mehr Geld habe ich auch nicht!«

Denken Sie ab heute daran: Jede 100 Euro, die Sie einmal nicht ausgeben und stattdessen auf Ihre Fondssparpläne einzahlen, vermehren sich im Laufe der Jahre und tragen mit zu einem großen Vermögen bei.

Korrigieren Sie Ihr Ruhestandsalter

Ein Beispiel, wie dieser Punkt gemeint ist: Wer bereits 40 Jahre alt ist und erst jetzt entdeckt, dass er mit 50 Jahren finanziell reich und wohlhabend sein will, wird dieses Ziel nur noch schwer erreichen. In Zahlen: Wer in zehn verbleibenden Sparjahren ein Vermögen von 200 000 Euro ansparen will, müsste, ein effektiver Zins von 10 Prozent unterstellt, monatlich 1000 Euro investieren. Ein sicherlich stolzer Betrag und kaum für jeden möglich. Viele Leute denken jetzt Dinge wie: »Oh, das kann ich mir nicht leisten«, und: »Dann fange ich erst gar nicht an zu sparen.« Oder diese Leute sagen: »Dann bringt es ja auch nichts mehr, wenn ich jetzt noch ein paar hundert Euro spare«, oder: »500 Euro wären ja drin. Aber 1000 Euro im Monat. Dann lasse ich es ganz bleiben.« Irrtum! Gefährlicher Irrtum! Wer so denkt, denkt falsch. Wer so urteilt, nutzt nicht die Chancen, die sich noch immer bieten. Denn mit jedem Jahr, das länger zur Verfügung steht, sinkt die notwendige Sparrate schnell auf ein realistisches Niveau. In Zahlen ausgedrückt, sieht das so aus:

200 000 Euro mit x Jahren	Notwendige Sparrate in Euro pro Monat (Sparbeginn mit 40 Jahren)
50	1000
51	860
52	745
53	650
54	570
55	501
56	443
57	393
58	349
59	311
60	278

Die Zahlen dieser Aufstellung zeigen: Wer auch dann, wenn er bereits viele Jahre nicht regelmäßig gespart und investiert hat, plötzlich sparen und investieren will, hat ebenso noch die Chance auf ein erhebliches zusätzliches Vermögen wie ein 25-Jähriger. Es ist nicht damit getan zu sagen: »Jetzt bringt es auch nichts mehr.« *Die Botschaft lautet:* Setzen Sie sich mit Ihrer individuellen Situation auseinander. Planen Sie Ihre eigene Zukunft. Korrigieren Sie im Zweifel das Renteneintrittsalter. Dann legen Sie los und sparen.

Nehmen wir noch einmal das Beispiel der gezeigten Tabelle. Wer auf diese Weise eben nicht denkt, jetzt bringt es auch nichts mehr, sichert sich im Alter ein erhebliches Zusatzeinkommen. Angenommen, mit 55 Jahren würden diese 200 000 Euro zu sichern

6 Prozent effektivem Zins angelegt. Je nach Entnahmezeit kann sich ein Anleger dann folgende Entnahmen monatlich leisten:

Auszahlungsbeginn mit 55 Jahren

Auszahlung bis zum x. Lebensjahr	Monatliche Entnahme in Euro
60	3850
65	2200
70	1700
71	1600
72	1550
73	1500
74	1450
75	1400
76	1380
77	1350
78	1320
79	1300
80	1270

In unserem Beispiel hätte also ein Anleger vom 40. Lebensjahr bis zum 55. Lebensjahr 500 Euro monatlich, zusammen also 500 x 12 Monate x 15 Jahre = 90 000 Euro gespart und investiert und bekommt dann, wenn er beispielsweise eine Entnahmezeit bis zum 80. Lebensjahr, also 25 Jahre wählt, in dieser Entnahmezeit 1270 x 12 Monate x 25 Jahre = 381 000 Euro ausbezahlt: das über Vierfache dessen, was in den Jahren zwischen 40 und 55 einbezahlt wurde. Ein wirklich gutes Geschäft.

Die entscheidende Botschaft lautet also: Es ist niemals zu spät! Das gilt immer und für jede Person. Es ist niemals zu spät, sich über die eigene Altersvorsorge Gedanken zu machen. Einen Plan aufstellen und handeln, das ist das ganze Gesetz! Egal, wie alt Sie heute sind, wenn Sie diese Geldbibel lesen. Überprüfen Sie Ihren finanziellen Umgang mit Geld. Dann planen Sie. Handeln Sie!

Überprüfen Sie Ihre Geldanlagen. Können Sie in Anlagen mit besseren Renditeaussichten wechseln?
Dieser Punkt ist sehr wichtig, wenn Sie Ihren Vermögensaufbau wirklich planen wollen. Überprüfen Sie, wie sich Ihre bisherigen Geldanlagen lohnen! Selbst ein oder zwei Prozentpunkte bringen über die Jahre eine Menge an zusätzlichem Vermögen. Auch hierzu ein Beispiel: Zwei Personen verfügen über jeweils 50 000 Euro und sind 40 Jahre alt. Die erste Person liest zwar alle mögliche Finanzliteratur, handelt jedoch nicht. Sie lässt ihr Geld weiterhin in einem Rentenfonds liegen. Der effektive Zins dieser Anlage beträgt durchschnittlich 6 Prozent. Die zweite Person beschließt jedoch, diesen Betrag über die nächsten 15 Jahre in einen international anlegenden gemischten Aktien- und Rentenfonds anzulegen. Der durchschnittliche effektive Zins beträgt 9 Prozent. Das Ergebnis nach 15 Jahren: Person 1 verfügt über 120 000, Person 2 über 180 000 Euro Vermögen.

Betrachten wir nun ferner, wie sich dieses unterschiedliche Vermögen auf die mögliche Entnahmezeit auswirkt:

Auszahlung bis zum x. Lebensjahr	Monatliche Entnahme in Euro	
	Person 1	Person 2
Vermögen:	120 000	180 000
60	2300	3450
65	1300	1950
70	1000	1500
71	960	1440
72	930	1390
73	900	1350
74	870	1300
75	850	1270
76	830	1240
77	800	1200
78	790	1185
79	770	1155
80	760	1140

An diesem Beispiel zeigt sich: Es lohnt sich immer, über eine höher verzinsliche Geldanlage nachzudenken. Manche Leute denken stattdessen:»Was soll das jetzt noch bringen«, oder:»Ich spare seit 20 Jahren in einen Rentenfonds, warum soll ich das ändern?« Auch das ist ein gefährlicher Irrtum, ist gefährliche Unkenntnis der wichtigsten Geldgesetze. Nehmen wir eine Zahl aus der Tabelle: Über zwanzig Jahre bekommt Person 1 bei Entnahme bis zum 75. Lebensjahr 850 Euro x 12 Monate x 20 Jahre = 204 000 Euro an privater Rente. Person B dagegen erhält 304 800 Euro Gesamtauszahlung: über 100 000 Euro mehr in zwanzig Jahren, und nur deswegen, weil Person B mit 40 Jahren eben nicht gedacht hat:»Das macht jetzt auch nichts mehr aus«. Person B hat die eigenen Finanzen geplant und dann entsprechend gehandelt.

Nutzen Sie alle Steuersparmöglichkeiten! Können Sie mit einem Hobby zusätzliche Einnahmen erzielen?

Diese beiden Punkte möchte ich zusammenfassen. Dabei geht es grundsätzlich um die Möglichkeit zusätzlicher Einnahmen. Es geht dabei ausdrücklich nicht darum, dass Sie jedem Freund, jedem Bekannten eine Rechnung ausstellen, wenn Sie einmal einen Gefallen erledigen. Es geht schlichtweg darum, wie Sie Ihre Einnahmen auf sinnvolle Weise erhöhen können. Besonders der Punkt Steuerersparnis spielt hier eine große Rolle. Viele Leute sind der festen Ansicht, es würde sich nicht lohnen, Belege für die Steuererklärung zu sammeln. Vor allem in Zusammenhang mit Geldanlagen unterschätzen viele Menschen die Möglichkeit, Steuern zu sparen. Jeder will wissen, wie er mehr aus seinem Geld machen kann.

Das jedoch ist nur die eine Seite des Vermögensaufbaus. Die andere Seite ist die, zu wissen, wie man Geld sparen oder mehr Geld behalten kann. Anhand einer Checkliste zeige ich Ihnen, wie viele Möglichkeiten es gibt, in Zusammenhang mit Geldanlagen nicht nur für mehr Rendite zu sorgen, sondern gleichzeitig auch für mehr Einnahmen (= gesparte Steuern).

Abschlusskosten bei Bausparverträgen
Manche Bausparkassen bieten so genannte Renditetarife.
Bei diesen Tarifen kassieren Kunden vergleichsweise hohe Zinsen bei wenigen Jahren Laufzeit. Dazu kommt: Besteht bei Abschluss

des Bausparvertrages keine Bauabsicht, sind die Abschlussgebühren Werbungskosten. Das Erzielen einer Rendite muss im Mittelpunkt stehen. Und: Die Zinsen müssen höher sein als die Abschlussgebühr.

Aktentasche/Timer
Leisten Sie sich ruhig einmal eine tolle Ledertasche, in der Sie ausschließlich, also zu 90 Prozent und mehr, Gegenstände in Zusammenhang mit der Kapitalverwaltung aufbewahren. Dann können Sie die entstehenden Kosten absetzen.

Anlageberatung
Dient eine Anlageberatung der individuellen Beratung und dazu, wie Sie am besten Einkünfte aus Kapitalvermögen erzielen, können Sie diese Kosten als Werbungskosten absetzen. Besonders wichtig ist: Auch nach Erwerb einer Kapitalanalge ist das möglich. Das bedeutet: Sparen Sie nicht an einem guten Berater, wenn Sie auf diese Weise das Finanzamt an den Kosten beteiligen können. Mein persönlicher Tipp beim Kauf von Investmentfonds: Setzen Sie beim ersten Kauf von Fonds auf Berater, die den üblichen Ausgabeaufschlag berechnen. Dann, in der Folgeberatung setzen Sie auf Berater, die ein Honorar berechnen. Das Honorar setzen Sie wiederum von der Steuer ab.

Bewirtungskosten
Gehen Sie ruhig öfter mal mit jemandem essen, der nachweislich über Sachkenntnis in Zusammenhang mit Geldanlagen verfügt. Diese Person sollte einer etwaigen Überprüfung standhalten. In steuerlicher Sicht gilt: Wenn Sie bei einer Bewirtung über die Kapitalanlage, die Verwaltung oder die Zukunftsplanung sprechen, dürfen Sie diese Bewirtungskosten absetzen.

Internet-Anschluss/Gebühren
Wenn Sie zu den Personen gehören, die überwiegend übers Internet Kapitalanlagegeschäfte tätigen oder sich übers Internet zum Thema Geldanlage informieren, können Sie die so entstehenden Telefonkosten absetzen. Mein Tipp: Drucken Sie hin und wieder die aufgerufenen Seiten aus. So können Sie später dokumentieren, dass die Anrufzeit und die Ausdruckzeit übereinstimmen.

Arbeitsmittel
Ob Aktenschränke, Bücher, Schreibtisch, Bürostuhl oder Computer, wenn diese Gegenstände der Einkunftserzielung aus Kapitalvermögen gelten, setzen Sie die Anschaffungskosten ab! Das gilt

ebenso für die Software zur Wertpapieranalyse, Verwaltung der Depotkonten usw…

Aus- und Inlandsreisen/Seminare

Auch hier gilt: Steht eine Reise oder ein Seminar unmittelbar mit dem Erzielen von Kapitalvermögen in Zusammenhang, sind die Kosten als Werbungskosten absetzbar. Hierzu einige Beispiele: Wenn Sie sich fortbilden, sind alle Kosten solcher Seminare absetzbar, wenn diese dazu dienen, den Erfolg der eigenen Kapitalanlage (die Höhe der Einkünfte) zu verbessern. Nicht zu diesen absetzbaren Seminarkosten gehören Kosten für so genannte Crash-Kurse für Anfänger. In jedem Fall sollten Sie folgende Unterlagen sammeln:

– Teilnehmernachweis: schriftliche Teilnahmebestätigung – dieser Punkt ist besonders dann wichtig, wenn Ihr Seminar an einem sehr bekannten Ferienort stattfindet.
– Dokumentation des Seminarablaufs. Die Programmgestaltung sollte zeitlich möglichst gestrafft und durchorganisiert sein.
– Teilnehmerliste.

Natürlich ist das Finanzamt beim Absetzen solcher Seminarkosten besonders kritisch. Deswegen achten Sie auf folgende Punkte:

– Der Seminarort sollte ein touristisch eher weniger interessanter Ort sein. Bei Auslandsreisen müssen die Kosten vergleichbar einem Seminar im Inland sein.
– Verbinden Sie ein solches Seminar nicht mit einer Urlaubsreise.
– Nehmen Sie keine Angehörigen mit.
– Buchen Sie keine Seminare übers Reisebüro, sondern nur bei speziellen Seminaranbietern.

Mahngebühren

Sie haben Geld investiert und müssen die vereinbarte Rückzahlung anmahnen? Setzen Sie die so entstehenden Kosten ab!

Fachliteratur

Hierzu zählen – unter Vorbehalt – nur Spezialzeitschriften und Newsletters wie zum Beispiel *Taipan, Cutting Edge, Value Investor*. Das Finanzgericht Niedersachsen hat entschieden, dass auch das *Handelsblatt* als die bekannteste Wirtschaftszeitung keine typische Tageszeitung ist. Begründung: Das *Handelsblatt* erscheint börsentäglich und nicht an allen Wochentagen. Achtung: Die Kosten für wirtschaftlich ausgerichtete Zeitschriften und Bücher, zum Beispiel

Wirtschaftswoche, Capital usw. können nicht abgesetzt werden. Ausnahme hier: Spezialliteratur. Dazu zählen zum Beispiel Bücher zum Thema Technische Aktienanalyse oder Ähnliches. Zumindest ist es einen Versuch wert, diese Spezialliteratur von der Steuer abzusetzen, zumal diese Bücher nicht selten 20 Euro und mehr kosten.

Fahrtkosten
Sie besuchen Ihren Anlageberater, Ihre Bank oder eine Aktionärsversammlung. Dann setzen Sie pro gefahrenen Kilometer die entsprechende Pauschale ab.

Schließfachkosten
Die Miete für ein Schließfach sind abzugsfähige Werbungskosten.

Prozesskosten
Sie verklagen Ihren Depotverwalter oder haben sonstige nachweislich mit einer Geldanlage zusammenhängende Kosten. Setzen Sie diese als Werbungskosten ab.

Steuerberatungsgebühren
Können Sie in jedem Fall als abzugsfähige Werbungskosten geltend machen.

Verbandsbeiträge
Wenn Sie Mitgliederbeiträge zu Verbänden bezahlen, die das Ziel verfolgen, ihren Mitgliedern möglichst hohe Erträge zu verschaffen, setzen Sie diese Beiträge ebenfalls ab.

Wenn Sie so handeln, kommen im Jahr schnell 1200 Euro zusammen, die Sie nicht ans Finanzamt abführen. Möglicherweise finden Sie dann noch einen Weg, wie Sie tatsächlich irgendein Hobby zu einer zusätzlichen Einnahmequelle machen können. So kommen im Jahr noch einmal 1200 Euro zusammen, macht zusammen 2400 Euro oder umgerechnet 200 Euro pro Monat. Und was aus diesen 200 Euro pro Monat im Lauf der Jahre an Vermögen werden kann, entnehmen Sie der folgenden Tabelle. Gerechnet wurde hier wieder mit einem durchschnittlich angenommenen Zins von 10 Prozent (auf Dauer zu erzielen über die Geldanlage in internationale Aktionfonds).

Wie sich 200 Euro zusätzliche Einnahmen im Monat vermehren können

Anlagejahre	Vermögen in Euro
10	40 000
15	80 000
20	143 000
25	246 000
30	412 000
35	680 000
40	1,1 Millionen

Geldregel 43 – die Erste

Nutzen Sie diese Checkliste zum Thema Geldanlagen und Steuern. Ergreifen Sie ferner jede Geldgelegenheit, um mehr Geld zu machen.

Besteht auf Grund guter Arbeit die berechtigte Chance auf eine Lohnerhöhung?
Ich habe viele Menschen kennen gelernt, die sich vor der Frage nach einer Lohnerhöhung sträubten. Für manche ist es unangenehm, um mehr Geld bitten zu müssen. Also fragt man lieber überhaupt nicht. Irgendwie redet man sich selbst glücklich mit Sätzen wie:»Was sind schon 150 Euro brutto. Das sind unterm Strich vielleicht 80 Euro netto mehr im Monat. Dafür soll ich jetzt um einen Termin mit dem Chef betteln?« So vergehen einige Monate, manchmal ein, zwei Jahre, bis die eigene Unzufriedenheit größer wird als die vermeintliche Unannehmlichkeit der Frage nach einer Lohnerhöhung. Vor einigen Jahren führte ich mit Studenten einer Fachhochschule eine zwar nicht repräsentative, jedoch sehr interessante Befragung bei Menschen verschiedener Berufsgruppen durch. Es ging dabei ausschließlich um die Antwort auf die drei Fragen:

1. Haben Sie schon einmal nach einer Lohnerhöhung gefragt?
2. Wenn ja, bekamen Sie die Lohnerhöhung bewilligt?
3. Würden Sie das nächste Mal früher um eine Lohnerhöhung bitten?

Wie, meinen Sie, lauteten die Ergebnisse? – Ich verrate es: Nach einer Lohnerhöhung hatten 20 Prozent gefragt. Von diesen 20 Prozent hatten wiederum 80 Prozent ihre Lohnerhöhung sofort und ohne Wenn und Aber bewilligt bekommen. Und alle Personen, die bereits um eine Lohnerhöhung gebeten hatten, würden dies das nächste Mal früher tun. Aber auch diejenigen, die ihren Wunsch nicht erfüllt bekamen.

Die Ergebnisse sollten Ihnen Mut machen: 80 Prozent der Fragen nach einer Lohnerhöhung wurden positiv beantwortet – eine sicherlich motivierende Erfolgsquote. Ebenfalls sollte es Ihnen Mut machen, dass all diejenigen, die bereits nach einer Lohnerhöhung gefragt hatten, dies in jedem Fall beim nächsten Mal früher tun würden. *Die Botschaft an Sie lautet:* Tun auch Sie es. Handeln Sie! Wenn Sie sich sicher sind, dass Sie gute Arbeit erbracht haben, wird Ihnen nur selten der Wunsch nach einer Lohnerhöhung ausgeschlagen. Es geht auch nicht nur um große Gehaltssprünge. Die wünsche ich Ihnen grundsätzlich, auch wenn es seltener der Fall sein wird. Es geht schlichtweg um vielleicht 100 oder auch mal 200 Euro, die Sie netto mehr im Monat zur Verfügung haben.

Es gilt also: Ergreifen Sie jede Gelegenheit, das ist das Geheimnis finanziellen Erfolges. Finanzielle Schieflagen entstehen auf Dauer nur durch uns selbst. Angelehnt an Charles Tschopp möchte ich Ihnen an dieser Stelle folgenden Geldtipp verraten: Beweisen Sie Ihre Intelligenz beim Geldverdienen. Dann beweisen Sie Ihre Kultur beim Geldausgeben.

Geldregel 43 – die Zweite

Egal wie jung oder alt Sie sind, jeder von Ihnen hat ausreichende Möglichkeiten, den eigenen Umgang mit Geld clever zu gestalten, zu optimieren. Die Botschaft lautet: Jammern Sie nicht! Handeln Sie! Überprüfen Sie Ihre aktuelle finanzielle Situation. Sorgen Sie gegebenenfalls für zusätzliche Einnahmen. Legen Sie Ihr Geld höher verzinst an und verschieben Sie je nachdem Ihr Renteneintrittsalter. So erreichen Sie wie jeder andere finanziellen Wohlstand und Reichtum!

Kapitel 44
Wer reich werden will,
darf nicht zur Schule gehen

Zum Vermögensaufbau gibt es zwei grundsätzliche Wege: Entweder man hat viel Zeit und braucht nur wenig Geld. Oder man hat nur wenig Zeit und braucht viel Geld. Wer so über 65 Jahre eine Million Euro ansparen will, braucht lediglich – eine effektive Verzinsung von durchschnittlich 9 Prozent unterstellt – eine Sparrate von monatlich rund 27 Euro. Wer die Million in zehn Jahren erreichen will, muss bereits 5300 Euro monatlich zur Seite legen. Jedes Jahr, das also Kinder und Jugendliche früher sinnvoll zu sparen beginnen, lohnt sich. Auch hier einige Zahlen: Wer mit 16 Jahren durch Geldunterricht den richtigen Umgang mit Geld lernt und monatlich 50 Euro zur Seite legt, kommt bis zum 60. Lebensjahr auf ein Vermögen von 300 000 Euro. Wer dagegen erst mit 24 Jahren die 50 Euro monatlich spart, kommt auf gerade mal 147 000 Euro, also weniger als die Hälfte. Grund genug, Geldunterricht zu forcieren. Voller Illusionen wandte ich mich als »erster Geldlehrer Deutschlands« *(n-tv GELD)* am 10. Januar 2000 an Willi Lembke, damals Senator für Bildung und Wissenschaft in Bremen. Was ich zu diesem Zeitpunkt nicht wusste: Es sollte der Start zu einer bürokratischen Odyssee werden. Unglaublich, aber wahr: Trotz mehrfacher Rückfragen mit der Mitteilung zum Stand der Sache meldete sich im November 2001 eine verantwortliche Leiterin eines Instituts für die Schule aus Bremen. Es folgte eine Entschuldigung für die nicht erfolgte Beantwortung meines Vorschlags. Und bis zum Jahresende 2001, noch vor Weihnachten, wollte diese nette Dame sich melden. Aber auch das Institut für die Schule ließ auf sich warten.

Dann, am 21. Januar 2002, fragte ich erneut nach. Am gleichen Tag erreichte mich die Antwort via E-Mail: »Nach Prüfung durch den zuständigen Fachbereich muss ich Ihnen leider mitteilen, dass für ein solches Kooperationsvorhaben leider keine Arbeitskapazität vorhanden ist.« Ende der Odyssee.

Fazit: Wer reich werden will, darf nicht zur Schule gehen. Denn für die Vorbereitung von Unterrichtsmaterialien für den richtigen

Umgang mit Geld fehlen Arbeitskapazitäten. Das ist deswegen fatal, weil die heute Jungen mehr als jede Generation zuvor rechtzeitig fürs Alter vorsorgen müssen. Die Sozialsysteme kollabieren, das Rentensystem wackelt. Jedes Jahr, in dem Kinder und Jugendliche früher etwas über den richtigen Umgang mit Geld erfahren, zählt. Aber bis Kinder und Jugendliche eine Lobby haben, wird noch so mancher Senator für Bildung und Wissenschaft untätig seine Amtszeit abgesessen haben. Aus meinem Geldunterricht in der Praxis ein Beispiel, was solch eine Initiative bewegen kann. Vor zwei Jahren trainierte ich Jugendliche einer 10. Realschulklasse. Ein Teilnehmer, 17 Jahre jung, rauchte in der Pause vor meinem Unterricht eine Zigarette nach der anderen. Wir rechneten gemeinsam im Unterricht aus, was ein 17-jähriger Raucher, der monatlich etwa 75 Euro verqualmt, bis zum 65. Lebensjahr an Vermögen in die Luft bläst: Würde dieser Junge das Geld in einen internationalen anlegenden Aktienfonds anlegen, sind es am Ende rund eine Million Euro. Mein schönstes Erlebnis war jedoch, als dieser Junge mich Mitte 2001 anrief und mir voller Stolz erzählte, dass er seit einem Jahr das Rauchen aufgegeben hätte und seitdem die 75 Euro monatlich tatsächlich sparte. *Die Botschaft lautet:* Fordern Sie Geldunterricht an Schulen. Lehren Sie Ihre Kinder den richtigen Umgang mit Geld! Aus der Praxis möchte ich Ihnen meine Erfahrungen als erster Geldlehrer Deutschlands beschreiben.

Fall 1

München im Jahr 1999, rund 200 Kinder und Jugendliche im Alter zwischen zwölf und 18 Jahren hören gespannt bei einem meiner Geldseminare für Kinder und Jugendliche zu. Alle Teilnehmer machen sich fleißig Notizen zu meinen Bemerkungen. Wir sprechen 1½ Stunden über Finanzprodukte, Zins- und Zinseszins, die Geldanlage in Investmentfonds und die Vor- und Nachteile verschiedener Finanzprodukte. Wir sprechen auch darüber, wie man seriöse von weniger seriösen Finanzberatern unterscheidet und welche Geldfehler es zu vermeiden gilt. Die Kinder und Jugendlichen sind hellwach bei der Sache, haben ein hervorragendes Zahlengefühl beim Thema Zins und Zinseszins und verstehen innerhalb kürzester Zeit, wie man Finanzprodukte prüfen kann. Plötzlich steht ein 14-jähriger auf und meint:»Ich habe neue Eurot-Fonds der Fondgesellschaft XX. Soll ich diesen Fonds halten oder besser in andere Fonds wechseln. Welche Fonds empfehlen Sie?« Sagt es und setzt sich wieder, während er mich erwartungsvoll ansieht. Wir haben dann gemeinsam über Fonds diskutiert und darüber, welche Fonds zu empfehlen sind, welche weniger.

Fazit: Wir unterschätzen nahezu fahrlässig die Auffassungsgabe unserer Kinder in Sachen Geld und Geldwissen. Im Grunde genommen können Erwachsene beim Thema Geldunterricht für Kinder und Jugendliche kaum noch was sagen. Denn viele Kinder und Jugendliche sind bereits, wie dieser Junge bewies, weiter, als wir es mit 14 Jahren jemals waren.

Fall 2
Geldunterricht in Reken, Overberg-Hauptschule, im Dezember 1989. Der Dank in diesem Fall gilt Gerda Marie Möller, die diesen Geldunterricht forderte, bis er in einer Klasse umgesetzt wurde. Vor Stundenbeginn, ein Team von *n-tv* war mit dabei, wurde ich darauf hingewiesen, dass ich nicht zu schwere Fragen an die Schüler stellen sollte. So gut wäre das Geldwissen nun auch nicht. Dann begann der Unterricht und wir hatten 1½ Stunden sehr viel Spaß rund um alle Geldfragen.

Fazit: Von wegen, Schüler haben möglicherweise zu wenig Geldkenntnisse. Der Geldunterricht in Reken bewies: Wenn der Inhalt spannend vermittelt wird, sind die Schüler hellwach mit dabei.

Fall 3
Juli 1999. Der leitende Regierungsschuldirektor und der hiesige Volkschuldirektor laden über 20 Sozial- und Wirtschaftskundelehrer zu einem Gespräch mit einem meiner Kollegen aus unserem Institut und mir ein. Die Einladung geht dabei schriftlich an die einzelnen Lehrer. Der Text der Einladung lautet:

»... *Im Sinne des Verbraucherschutzes sollte also das Wissen über die Vergleichskriterien der o. g. Angebote stärker verbreitet werden. Der Weg über die Schulen an die Jugendlichen wäre ein Transportkanal ... die Multiplikation über die Elternvertretungen ein dritter Weg ... In einem ersten Schritt möchten Bezirksregierung und Volkshochschule Sie als Sozialkundelehrer ansprechen und zu dem u. a. Treffen einladen, weil wir der Auffassung sind, dass Sie von Ihrer*

Fachausrichtung her am ehesten für das Thema sensibilisiert sind und gerne Elemente von Geldwissen in Ihren Unterricht aufnehmen würden...«

Als Termin wurde der 9. September, 15 Uhr, vereinbart. Der Termin rückte immer näher, endlich war der Tag da. Es wurde 15 Uhr und... kein einziger Lehrer ließ sich blicken. Trotz schriftlicher Einladung des Bezirksregierungschuldirektors kam kein einziger der über 20 geladenen Lehrer. Ahnen Sie den Grund? Wir haben ihn später erfahren. Die Uhrzeit war unglücklicherweise in die unterrichtsfreie Zeit der Lehrer gelegt worden. Und offensichtlich war es keinem Lehrer möglich, in dieser freien Zeit zu erscheinen, selbst wenn es um den Inhalt eines praxisnahen Geldunterrichts an Schulen geht. Weitaus erstaunlicher und für die betroffenen Lehrer nahezu beschämend war die Tatsache, dass niemand absagte, weder telefonisch noch schriftlich oder auf sonstigem Weg. Das bedeutet: Die Mindestumgangsformen, die im Geschäftsleben untereinander gewahrt werden – hierzu gehört auch das rechtzeitige Absagen bei Nichterscheinen – bleiben unberücksichtigt.

Fazit: Das Verhalten der Lehrer im Bereich der Bezirksregierung Koblenz war eine Blamage sondergleichen für die geladenen Lehrer. Die Reaktion, oder besser, die vollständige Nichtreaktion zeigte deutlich: Geldunterricht an Schulen wurde – zumindest damals – keinerlei Bedeutung beigemessen.

Fall 4

Sommer 2001. Tatort: Eine Realschule in einer Stadt mit rund 100 000 Einwohnern. Der stellvertretende Schuldirektor, ein guter Bekannter von mir, vereinbart mit mir, einen Geldunterricht für zwei Klassen seiner Schule durchzuführen. Für diesen Geldunterricht müssen natürlich auch die betreffenden Lehrer der beiden Klassen befragt werden. Es findet ein gemeinsames Gespräch statt. In diesem Gespräch fallen auf meine Nachfrage, ob ein solches Geldtraining, ein solcher Geldunterricht denn wirklich von Interesse sei, von Frau S., einer der beiden betroffenen Lehrer, Bemerkungen wie:»Ist mir wurscht...«,»Machen Sie es doch, wenn Sie wollen...« Von Initiative, konkreter gemeinsamer Vorbereitung keine Spur. Stattdessen nimmt man einen unserer Firmenprospekte unter die Lupe und kommt (natürlich nicht offen ausgesprochen) zu dem Schluss, unser

Angebot sei wohl nicht so seriös. Der Geldunterricht findet dennoch statt, unter anderem auf Wunsch des stellvertretenden Schuldirektors.

Diese vier Geschichten habe ich Ihnen erzählt, um zu zeigen, dass es nur die Erwachsenen sind, die in Sachen Geldunterricht an Schulen die Wirkung unterschätzen. Es sind teils ignorante, ewig besserwisserische Lehrer (neben vielen, die engagiert und mit viel Mühe einen fantastischen Unterricht gestalten), es sind teils regelrecht faule und bequeme Pädagogen, sobald Termine außerhalb der Komfortzone vereinbart werden. Das ist schade. Denn alle Kinder und Jugendlichen, die ich bislang bei Gesprächen rund um das Thema Geld kennen lernen durfte, waren an Geldthemen und Geld-Knowhow sehr interessiert. *Meine Botschaft lautet daher:* Fordern Sie mit allem Nachdruck Geldunterricht an Schulen. Ein guter Geldunterricht muss nicht länger sein als zwei oder drei Schulstunden. An mangelnder Zeit kann es also nicht liegen, wenn Lehrer oder Schulen nicht bereit sind, solchen Geldunterricht durchzuführen.

Wenn Schulen oder Lehrer bis heute behaupten, dass man nicht für die Schule, sondern für das Leben lerne, dann sollte Geldunterricht möglichst kurzfristig zum Pflichtfach werden. Ausdrücklich meine ich dabei mit Geldunterricht auch etwas anderes, als an einem Börsenspiel teilzunehmen. Es geht um Geldunterricht in Bezug auf Geldstrategien, Umgang mit Geld, Finanzprodukte und Geldberatung. Mein Angebot an Sie: Wenn es Ihnen als Kinder oder Eltern gelingt, die Schulleitung der Schulen Ihrer Kinder und die betreffenden Fachkundelehrer von der Notwendigkeit eines solchen Geldunterrichts zu überzeugen, stehe ich Ihnen für diesen Geldunterricht zur Verfügung. Diesen Geldunterricht erteilte ich früher kostenlos. Mittlerweile stellte sich heraus, dass jeder Geldunterricht dennoch – inklusive der Gespräche mit der Schulleitung, den jeweiligen Klassenlehrern usw. – einer gewissen Vorbereitung bedarf. Daher nehme ich seit geraumer Zeit ein geringes Honorar. Bei konkreten Anfragen nehmen Sie bitte unter mail@berndwkloeckner.de Kontakt zu mir auf.

Zum Schluss dieses Kapitels sollen zwei Beispiele verdeutlichen, warum Geldunterricht in jungen Jahren so wichtig ist.

Beispiel 1

Nehmen wir einen Jungen, Michael. Er ist 17 Jahre jung und sehr vernünftig. Taschengeld gibt er aus, dazu verdient er sich jeden Monat 75 Euro. Jetzt kann der Umgang mit Geld auf zwei unterschiedliche Weisen erfolgen.

Möglichkeit A: Michael gibt diese 75 Euro für Musik, Software und ähnliche Dinge aus. So vergeht Jahr für Jahr. Er geht in die Ausbildung, die er mit 21 Jahren abschließt. Mit knapp 22 Jahren beginnt er zu studieren und macht mit 27 sein Diplom. Nun arbeitet er zum ersten Mal richtig, wird sich des Sparens bewusst, legt 200 Euro monatlich zur Seite. Er investiert in Investmentfonds. Er rechnet sich aus: In 23 Jahren, also zum 50. Lebensjahr, verfügt er über mögliche 200 000 Euro, in 28 Jahren, also zum 55. Lebensjahr wären es bereits knapp 340 000 Euro.

Möglichkeit B: Michael hatte vor kurzem Geldunterricht an der Schule. Aus der Praxis für die Praxis wurde darüber gesprochen, wie sehr die Formel »Viel Zeit x wenig Geld!« für den Vermögensaufbau entscheidend sein kann. Michael beschließt, ab sofort jeden Monat 50 Euro in einen Fondssparplan anzulegen. Er macht eine Lehre, dann studiert Michael und danach will er 23 Jahre zusätzlich 200 Euro im Monat zur Seite legen. Bis dahin hat er zehn Jahre lang 50 Euro im Monat, zusammen also 6000 Euro gespart. Wie hoch ist sein Vermögen nach 23 bzw. 28 Jahren? Die Antwort lautet: Nach 23 Jahren sind es 299 000 Euro, nach 28 Jahren immerhin 480 000 Euro und damit 140 000 Euro mehr als in Möglichkeit A.

Beispiel 2

Nehmen wir Marion. Sie hat vor kurzem eine Lehre im Bereich EDV begonnen. Kurz nach ihrem 18. Geburtstag ruft ein Freund an. Er spricht von einer tollen Geldanlage und will ihr mehr von dieser Geldanlage erzählen. Wieder gibt es zwei Varianten für den Umgang mit Geld.

Möglichkeit A: Dieser Freund besucht Marion. Er redet und redet. Es hört sich alles wirklich super an. Die Kapitallebensversicherung soll eine gute Rendite bringen, sicher und zudem steuerfrei sein. Marion unterzeichnet einen Antrag über 75 Euro monatlichem Sparbeitrag. Dann erklärt ihr Freund irgendetwas mit Inflation und dass die Sparrate sich deswegen jedes Jahr um 5 Prozent erhöht. Laufzeit des Vertrages: 42 Jahre. Inklusive aller Gewinne könne Marion am Ende mit einer Auszahlung von 340 000 Euro rechnen – für Marion eine unglaublich klingende Zahl angesichts der Sparrate von 75 Euro zu Beginn.

Möglichkeit B: Dieser Freund besucht Marion. Da sie Geldunterricht an ihrer Schule hatte, bittet sie ihn, nachdem er seine Zahlen präsentiert hat, um die Angabe des Zinses. Der Freund wird unsicher und sagt, das könne man so nicht rechnen. Marion sagt ihm, sie würde sich wieder melden. Nachdem ihr Freund gegangen ist, ruft sie einen Bekannten ihrer Mutter an, von dem sie weiß, dass er im Geldbereich tätig ist. Sie bittet ihn, den Zins des Angebots auszurechnen. Das Ergebnis: 6 Prozent. Dann rechnet dieser Bekannte ihrer Mutter nach, wie hoch das Vermögen bei angenommenen 8, 9 oder 10 Prozent Zins sein könnte, also dann, wenn Marion die gleichen Sparraten mit Dynamik in einen erfolgreichen Aktienfonds investieren würde. Das Ergebnis in Euro:

Aktienfonds		Kapitallebens-versicherung	Differenz
8 Prozent	530 000	340 000	190 000
9 Prozent	665 000	340 000	325 000
10 Prozent	850 000	340 000	510 000

Das bedeutet: Wenn mit der Anlage in Investmentfonds alles gut läuft, hat Marion eine realistische Chance auf bis zu 510 000 Euro an zusätzlichem Vermögen. Auch hier gilt: Die lange Zeit, welche Kinder und Jugendliche sparen und investieren können, vervielfacht bei richtigen Geldentscheidungen den Gelderfolg! Dabei geht es in vielen Fällen um zehntausende, ja um hunderttausende Euro mehr an Vermögen. Die folgende Tabelle zeigt Ihnen, was Kinder in vielen Jahren mit wenig Geld erreichen können (unterstellte Rendite 12 Prozent):

Jahre	30	35	40	45	50	55	60
monatliche Rate							
10	35 299	64 953	118 824	216 692	394 489	717 492	1 304 290
20	70 598	129 905	237 648	433 385	788 978	1 434 984	2 608 581
30	105 897	194 858	356 473	650 077	1 183 468	2 152 476	3 912 871
40	141 197	259 811	475 297	866 770	1 577 957	2 869 969	5 217 162
50	176 496	324 763	594 121	1 083 462	1 972 446	3 587 461	6 521 452
60	211 795	389 716	712 945	1 300 154	2 366 935	4 304 953	7 825 743
70	247 094	454 669	831 769	1 516 847	2 761 425	5 022 445	9 130 033
80	282 393	519 622	950 594	1 733 539	3 155 914	5 739 937	10 434 324
90	317 692	584 574	1 069 418	1 950 232	3 550 403	6 457 429	11 738 614
100	352 991	649 527	1 188 242	2 166 924	3 944 892	7 174 921	13 042 905
110	388 291	714 480	1 307 066	2 383 616	4 339 382	7 892 414	14 347 195
120	423 590	779 432	1 425 890	2 600 309	4 733 871	8 609 906	15 651 486
130	458 889	844 385	1 544 715	2 817 001	5 128 360	9 327 398	16 955 776
140	494 188	909 338	1 663 539	3 033 694	5 522 849	10 044 890	18 260 067
150	529 487	974 290	1 782 363	3 250 386	5 917 338	10 762 382	19 564 357
160	564 786	1 039 243	1 901 187	3 467 078	6 311 828	11 479 874	20 868 648
170	600 085	1 104 196	2 020 011	3 683 771	6 706 317	12 197 367	22 172 938
180	635 384	1 169 148	2 138 836	3 900 463	7 100 806	12 914 859	23 477 229
190	670 684	1 234 101	2 257 660	4 117 156	7 495 295	13 632 351	24 781 519
200	705 983	1 299 054	2 376 484	4 333 848	7 889 785	14 349 843	26 085 810
210	741 282	1 364 007	2 495 308	4 550 540	8 284 274	15 067 335	27 390 100
220	776 581	1 428 959	2 614 132	4 767 233	8 678 763	15 784 827	28 694 391
230	811 880	1 493 912	2 732 957	4 983 925	9 073 252	16 502 319	29 998 681
240	847 179	1 558 865	2 851 781	5 200 618	9 467 742	17 219 812	31 302 971
250	882 478	1 623 817	2 970 605	5 417 310	9 862 231	17 937 304	32 607 262
260	917 778	1 688 770	3 089 429	5 634 002	10 256 720	18 654 796	33 911 552
270	953 077	1 753 723	3 208 253	5 850 695	10 651 209	19 372 288	35 215 843
280	988 376	1 818 675	3 327 078	6 067 387	11 045 698	20 089 780	36 520 133
290	1 023 675	1 883 628	3 445 902	6 284 080	11 440 188	20 807 272	37 824 424
300	1 058 974	1 948 581	3 564 726	6 500 772	11 834 677	21 524 764	39 128 714

©Bernd W. Klöckner, www.berndwkloeckner.de

Geldregel 44

Fordern Sie praxisorientierten Geldunterricht an Schulen. Es bedarf hier keines großen Lehrplans. Es bedarf keiner großen Planung. Praxisorientierter Geldunterricht lässt sich in eineinhalb bis zwei Stunden bestens vermitteln!

Kapitel 45
Vorsicht Falle: Verluste am Ende der Laufzeit und Immobilienfinanzierung

Wenn zuvor die Rede davon war, dass Verluste am Ende einer Anlagedauer bei längeren Laufzeiten nicht so gefährlich sind, dann gibt es hier eine Ausnahme. Diese Ausnahme betrifft die Finanzierung einer Immobilie. Dazu ein Beispiel:

Familie Schmitz hat den Kauf eines Reihenhauses beschlossen. Der Kaufpreis: 250 000 Euro. Die Eheleute Schmitz verdienen ganz gut und wollen das Haus in 25 Jahren abbezahlen. Der Berater schlägt zwei Finanzierungsvarianten vor, wobei der Einfachheit halber davon ausgegangen wird, dass der Zins für die gesamte Laufzeit gleichbleibt:

Variante A – Bankfinanzierung über Annuitätendarlehen

Zinssatz	6 Prozent
Tilgung	1,73 Prozent
Rate/Monat	1610,75 Euro
Restschuld	
nach 25 Jahren	Null

Variante B – Bankdarlehen, jedoch Tilgung über Fondssparplan

Zinssatz	6 Prozent
Rate/Monat	1250 Euro
Rate/Fondssparen	360,75 Euro
gerundet	360 Euro
Restschuld	
nach 25 Jahren	abhängig vom Fondssparplan

25 Sparjahre – Monatliche Sparrate 360 Euro – drei Verlustjahre
am Ende
Bis auf die letzten drei Jahre angenommen 10 Prozent effektiven
Zinsgewinn pro Jahr, in den letzten drei Anlagejahren dann pro
Jahr – während weitergespart wird – ein Verlust von …

	–5 %	–10 %	–15 %	–20 %
Ergebnis in Euro	290 000	249 000	215 000	185 000
effektiver Zins				
der gesamten	6,9 %	6 %	5 %	4 %
Laufzeit				
Überschuss/				
Unterdeckung	40 000	–1000	–35 000	–65 000
Tilgung pro Monat			676	1256
über 5 Jahre bei				
6 Prozent Tilgung				

Ergebnis: Trotz der langen Laufzeit können Kursverluste am Ende
des Fondssparplans die Familie Schmitz teuer zu stehen kommen.
Die Gefahr ist bei solchen langen Laufzeiten zwar zugegeben gering.
Dennoch sollten Sie als Anleger um dieses Risiko wissen. Nicht berücksichtigt wurde dabei, dass nach der ersten Zinsbindung die Gefahr einer Anschlussfinanzierung zu höheren Zinsen besteht. Da bei
Variante B zwischenzeitlich noch nichts getilgt wurde, erhöht sich die
monatliche Rate bei einem höheren Anschlusszins entsprechend.

Die Bedeutung des Ablaufmanagements
Die entscheidende Botschaft lautet: Gehen Sie insbesondere
zum Ende einer geplanten Anlagedauer niemals aufs Ganze.
Es kann natürlich gut gehen, und Sie kassieren große Gewinne.
Es kann jedoch ebenso schlecht laufen, und Sie riskieren dann
einen großen Teil der möglicherweise bereits eingeplanten
Altersvorsorge. Besonders schlimme Auswirkungen kann das
haben, wenn Sie zu denen gehören, die eine Immobilie über
Fondssparpläne tilgen. Nochmals: Vermeiden Sie zu hohes Risiko am Ende eines Sparplans. Wechseln Sie in weniger risiko-
reiche Geldanlagen, und sichern Sie so Ihr Vermögen.

Geldregel 45

Besonders bei der Immobilienfinanzierung gilt zu beachten, dass Fonds, insbesondere internationale Aktienfonds, zwar langfristig Renditen von um die 10 Prozent brachten. Jedoch gab es seit 1950 auch zahlreiche Verlustperioden. Im Zweifel gilt: Verlassen Sie sich nicht vollständig auf die Tilgung durch das Fondssparen. Sparen Sie getrennt noch ein zusätzliches Polster an, oder erhöhen Sie die monatliche Sparrate des Fondssparplans. So schaffen Sie sich einen ausreichenden Puffer!

Kapitel 46
Eine Sparstrategie für Disziplinlose

Den folgenden kleinen Spartrick für alle diejenigen unter Ihnen, die nur wenig Spardisziplin besitzen, verdanke ich einer Idee meiner Frau Bianca. Eines Abends, als wir uns über Geld, verschiedene Kunden und Seminarteilnehmer unterhielten, fragte ich sie, was sie vorschlagen würde, um einem das Sparen beizubringen. Da kam sie auf die Idee einer besonders einfachen Budgetierung. Diese Methode hat durchaus erzieherischen Charakter und wird in dem einen oder anderen Fall zu bösen Überraschungen nach wenigen Tagen führen. Dennoch, versuchen Sie es einmal mit dieser Methode, wenn Sie bislang mit der Kontrolle Ihrer Geldausgaben Schwierigkeiten haben. Der Vorteil dieser Methode ist: Sie bekommen ein viel besseres Gefühl dafür, was Sie sich wirklich leisten können. Sie werden diese Methode später ohne den kleinen Trick, der zu Beginn notwendig ist, beherrschen. Voraussetzung ist jedoch Ihr erstelltes Haushaltsbudget.

Kommen wir nun zur Sache. Wenn Sie wissen, dass Sie beispielsweise 400 Euro im Monat zur freien Verfügung haben, teilen Sie diesen Betrag in vier gleiche Teile auf. Dann, in einem zweiten Schritt, stecken Sie jeden Betrag in jeweils einen Briefumschlag. Auf den ersten schreiben Sie »1. Woche«, auf den zweiten »2. Woche« und so weiter. Jetzt haben Sie für jeweils vier Wochen exakt den Betrag, den Sie auch wirklich ausgeben können. Jeweils zum Wochenanfang öffnen Sie einen Umschlag und nehmen das Haushaltsbudget für diese Woche heraus.

Sparstrategie für Disziplinlose

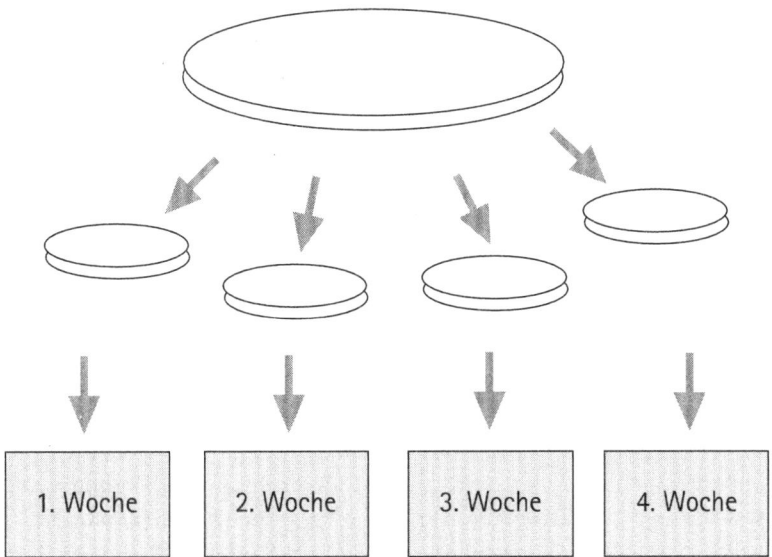

©Bernd W. Klöckner, www.berndwkloeckner.de

Ist dann plötzlich freitags nichts mehr da, und Sie müssen noch bis Sonntag auskommen, ist diese Durststrecke überschaubar, was hilft, die Geldschwäche in den Griff zu bekommen. Anders ausgedrückt: Angenommen, Sie leben jede Woche zwei Tage über Ihre Verhältnisse, dann sind das in vier Wochen immerhin acht Tage. Das ist dann das Gefühl, wenn am Ende des Geldes noch so viel Monat übrig ist. Wer nun – ohne diesen Trick der Budgetierung – acht ganze Tage überbrücken muss, denkt – völlig verständlich – sehr schnell Dinge wie

- Dann überziehe ich jetzt mein Konto, in der nächsten Woche kommt ja das Gehalt.
- Puh, acht Tage ist unmöglich. Wovon soll ich denn leben...
- Ich sage es ja, mein Geld reicht hinten und vorne nicht.

Das ist einer der Gründe, warum die Leute bei ersten Sparversuchen so schnell aufgeben. Es sind unmögliche Situationen. Niemand kann – und wenn er die besten Vorsätze hat – acht Tage lang

277

kein Geld ausgeben. Hier ein Brot, dort einige Lebensmittel, hier mal was zum Naschen, und schon sind kleinere Beträge zu einer großen Summe angewachsen. Anders ist es eben, wenn freitags das Wochenbudget ausgegeben ist, man jedoch die Gewissheit hat, dass kommende Woche der nächste persönliche »Gehaltsscheck« wieder geöffnet werden kann. Zwei Tage, nun gut, die lässt es sich aushalten. Diese Methode, also zwei Tage Einschränkungen (mögliches, erreichbares Ziel) sorgt außerdem für Motivation. Acht Tage zum Ende eines Monats auszuhalten sorgt jedoch garantiert für Geldfrust.

Damit wiederum beginnt der Teufelskreis: Es ist ohnehin »kein Land in Sicht«, der nächste Monat beginnt mit dem Beigeschmack, Schuldner zu sein, die nächsten Wochen gehen ebenso schnell herum und plötzlich ist schon wieder acht Tage vor Monatsende das Geld alle. So geht das Monat für Monat, bis eines Tages der Dispokredit zu hoch angewachsen ist. Jetzt kommt die Bank mit dem tollen Vorschlag, doch einen festen Kredit über x Jahre daraus zu machen. Gesagt, getan. Die bislang aufgelaufenen Schulden werden »umgeschuldet«, wie der Profi sagt. Der Schuldner kann nun seinen bisherigen Dispokredit wieder voll ausschöpfen und zahlt jeden Monat eine feste Rate für den umgeschuldeten Kreditbetrag. Das Ergebnis: Die Kasse ist noch mehr belastet, mit der Folge, dass immer häufiger bereits zur Monatsmitte das Geld alle ist. Zwei Wochen bis zum Monatsende ohne Geld funktioniert nicht. Also wird nach und nach wieder der Dispositionsrahmen ausgenutzt.

Diesem Teufelskreis können Sie mit der hier beschriebenen Methode umgehen. Teilen Sie Ihr Haushaltsgeld, Ihr frei zur Verfügung stehendes Geld in vier Wochen ein. Jede Woche bekommt einen Umschlag, und so erziehen Sie sich selbst nach und nach. Nach einigen Wochen bekommen Sie ein richtig gutes Geldgefühl. Noch besser: Viele Mandanten, die Sparschwierigkeiten hatten und mich um Rat fragten, bestätigten mir, dass sie nach einiger Zeit den Ehrgeiz entwickelten, noch etwas von dem wöchentlichen Geld übrig zu behalten. Diese Leute entdeckten von sich aus damit das Prinzip Sparen und den Spaß am Sparen. Nur dadurch, dass der große, unsichtbare Monat, der stets nur Geld verschluckt, in kleine, wahrnehmbare und kontrollierbare Einheiten verwandelt wurde.

Für diese Methode ist es wichtig, dass Sie Ihr Monatsbudget dann festlegen, wenn Sie Ihr Gehalt auf Ihr Konto bekommen. So können Sie auch Ihren Sparbetrag genau festlegen und können über diesen nicht mehr verfügen. Auch wenn es in den ersten Monaten schwer fällt, sich an das Budget zu halten, gewöhnen Sie sich nach und nach daran. Ihnen wird nicht mehr auffallen, dass zu Monatsbeginn ein bestimmter Betrag gespart wird. Nun wird es spannend: Sie sehen, was Sie gespart haben und bekommen Spaß daran. Plötzlich versuchen Sie zusätzlich am Monatsende einen Betrag zu behalten, den Sie außerdem sparen können. Sie geben weniger für unnütze Dinge aus und werden so nach 40 Jahren zu einem »Euro-Millionär«. Sehen Sie selbst, wie sich Ihr Kapital entwickeln kann, wenn Sie 200 Euro monatlich zu Monatsbeginn sparen und dieses Geld bei 10 Prozent effektivem Zins steuerfrei anlegen.

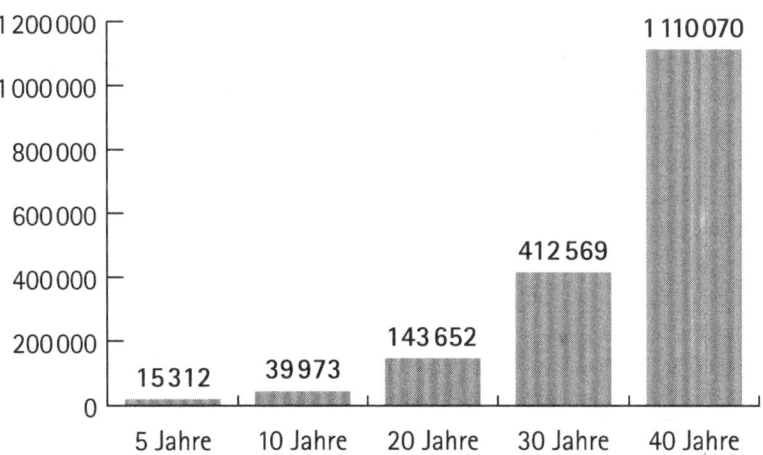

Geldregel 46

Teilen Sie einmal unabhängig von Ihren bisherigen Gelderfolgen, unabhängig von Ihrem bisherigen Geldverhalten den nächsten Monat nach dieser Methode ein. Es ist ein spannender und erzieherischer Zustand, wenn der Konsumbetrag pro Woche festgelegt ist!

Lektion 47
Inflation lässt Ihr Geld schrumpfen

Inflation heißt nichts anderes, als dass Ihr Geld mit den Jahren an Wert verliert. Wo Sie letztes Jahr noch ein Brot für zwei Euro gekauft haben, kostet es heute vielleicht schon 2,50 Euro. In diesem Prozess wird das Geld weniger wert, und Sie bekommen weniger Güter für einen bestimmten Betrag. Eine Inflation entsteht zum Beispiel durch Lohn- und Gehaltserhöhungen, Preissteigerungen oder auch durch den Druck von mehr Geldscheinen.

Wie Sie mit der Inflation umgehen müssen

Für langfristige Sparer ist die Inflation ein sehr wichtiger Berechnungsbestandteil. In dem folgenden Diagramm ist aufgezeichnet, wie sich 100 Werteinheiten in 40 Jahren vermindern. In den meisten Berechnungsbeispielen wird mit einer Inflation von 3 Prozent gerechnet. In dem ersten Diagramm rechnen wir auch mit dieser Inflation.

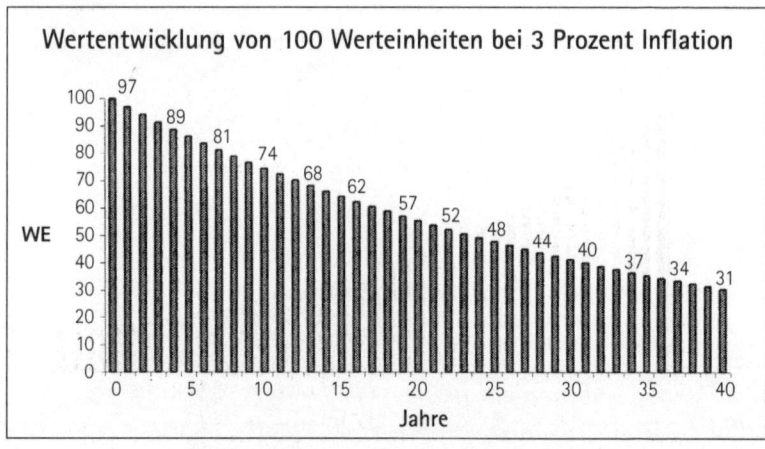

©Bernd W. Klöckner, www.berndwkloeckner.de

Nach 40 Jahren ist also Ihr Geld statt 100 Werteinheiten nur noch 31 Werteinheiten wert. In der nächsten Tabelle sind die verschiedenen Ausgaben für einen normalen Haushalt aufgezählt. Sie sehen die Summe einer bestimmten Ausgabe in den Jahren 1970 und 1990. Die Ausgabe hat sich in diesem Zeitraum um einen bestimmten Prozentsatz, den Inflationssatz, gesteigert.

	1970	1990	Inflation
Ausgaben für den privaten Verbrauch	1080	3452	5.94 %
Nahrungsmittel	281	553	3,44 %
Tabakwaren	17	27	2,34 %
Verzehr von Speisen und Getränken in Kantinen, Gaststätten	33	127	6,97 %
Bekleidung, Schuhe	118	281	4,43 %
Möbel, Haushaltsgeräte für die Haushaltsführung	98	248	4,75 %
Güter für persönliche Ausstattung und sonstiger Art, Reisen	32	121	6,88 %

©Bernd W. Klöckner, www.berndwkloeckner.de

Im Durchschnitt betrug die Inflation knapp 5 Prozent. Im nächsten Diagramm sehen Sie den Verlauf für eine Inflationsrate von jährlich 5 Prozent.

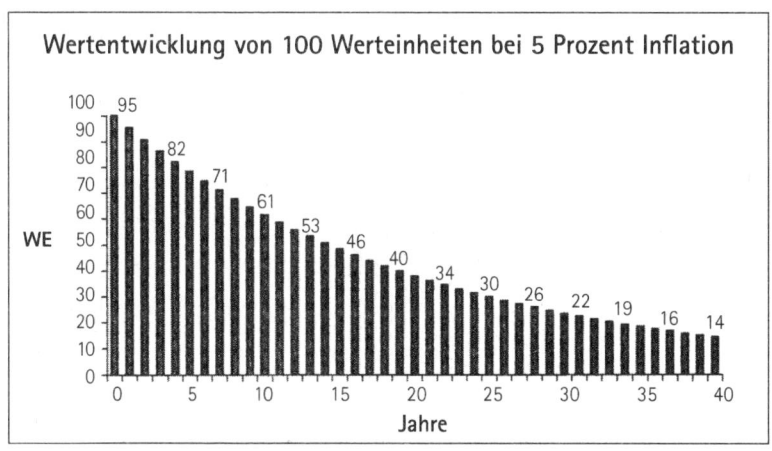

©Bernd W. Klöckner, www.berndwkloeckner.de

Nach 40 Jahren ist Ihr Kapital um 86 Prozent geschrumpft. Nach dem heutigen Stand hätten Sie nicht mehr 100 Werteinheiten in der Hand, sondern nur noch 14.

Haushaltseinkommen von Rentnern (zwei Personen) mit geringem Einkommen	1970	1990	Inflation
	558	2236	7,19 %

Der Vergleich zeigt beim Haushaltseinkommen von Rentnern mit geringem Einkommen eine so genannte Rentnerinflation von 7,19 Prozent. Diese Inflationsrate im Diagramm:

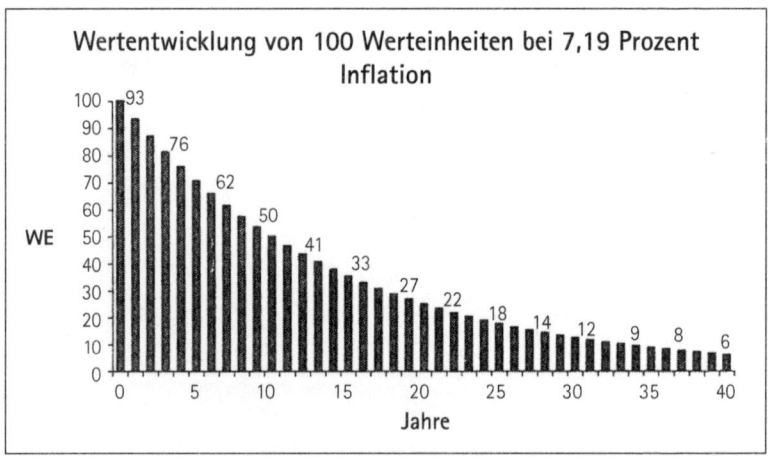

Bei dieser Inflation können Sie nach 40 Jahren nicht mehr mit den jetzigen 100 Werteinheiten essen gehen. Sie könnten sich gerade noch am Imbiss eine Mahlzeit für sechs Werteinheiten leisten.

Geldregel 47

Inflation und steigende Lebenserwartung machen persönliches Sparen noch mehr zu einem Muss. Wer sich heute selbst glücklich rechnet und glaubt, in 30 Jahren zweifacher Millionär zu sein, irrt gewaltig. Die Inflation knabbert erheblich am Vermögen. So entsprechen zwei Millionen Euro in 30 Jahren nach Inflation gerade noch heutigen 800 000 Euro. Gewiss ist auch das eine große Summe Geld. Aber Sie bekommen für Ihre persönliche Monatsrente von 2000 Euro nur das, was Sie heute für 800 Euro kaufen können.

Kapitel 48
Investmentfonds: Jeder will den größten Fisch haben

Es geht um einen wichtigen und häufig gemachten Geldfehler. Dazu eine wahre Geschichte:

Jackie und Louis Chan sind zwei Brüder aus Hongkong. Beide haben nur ein Ziel. Sie wollen mit dem größten Goldfisch ins Guinness-Buch der Rekorde eingehen. »*Jeder Fischzüchter träumt davon, den größten Fisch zu besitzen*«, *werden die beiden Brüder in einer Boulevardzeitung zitiert. Drei Jahre lang züchten die beiden Brüder. Der Fisch bekommt eine Spezialdiät. Im Januar 2002 ist es so weit. Der Goldfisch misst stolze 37,2 Zentimeter. Das ist etwa die Größe einer Hauskatze. Und Jackie und Louis Chan sind damit ihrem Ziel erheblich näher, mit dem ersten und bislang größten Goldfisch ins Guinness-Buch der Rekorde einzugehen.*

Zurück zu dem Geldfehler. Es ist die Jagd nach dem größten Fisch. Alle wollen stets den größten Fisch haben. Viele wollen selbst der größte Fisch im Teich sein. »Fisch« ist dabei das Synonym für

* das größte Haus,
* das teuerste Auto,
* die größte Yacht,
* die teuerste Golduhr mit Diamanten,
* die teuerste Lederjacke,
* den besten CD-Player,
* die meisten Millionen,
* den neuesten Großbild-Fernseher.

Wer was als Größtes, Teuerstes, Schönstes oder was auch immer hat, lässt sich bestens im Guinness-Buch der Rekorde nachlesen. Auch bei Geld ist es nicht anders: Die Leute wollen …

* den besten Fonds,
* den erfolgreichsten Fonds,
* die viel versprechendste Aktie,
* den günstigsten Kredit.

Was im Fall »günstigster Kredit« oder auch »bestmögliche Guthabenzinsen« noch Sinn hat, erweist sich häufig im Bereich der Fondsanlage als ungünstig oder schlichtweg unklug. Wer hier immer den »dicksten, größten Fisch« haben will, läuft schnell Gefahr, auf Dauer kleinere oder größere Verluste zu machen. Dazu ein Beispiel aus der Praxis: Der Name »Orbitex« stand in der Boomzeit 1998, 1999 und 2000 für die Top-Fonds. Mit unter den angeblichen Top-Fonds waren

- Orbitex Natural Ressources,
- Orbitex Communication & Information Technology,
- Orbitex US Westcoast,
- Orbitex Growth und
- Orbitex Health & Biotech.

Diese fünf Fonds erschienen in den Boomzeiten vielen Anlegern als die größten Fische. In zahlreichen Fondstabellen standen sie an der Spitze. Bis dann in 2001 der bittere Absturz erfolgte und die großen Orbitex-Fondsfische sich als die dicksten Flops herausstellten. Bis zum bösen Ende Orbitex die deutsche Vertriebsgenehmigung für diese fünf Fonds zurückgab. Die Anleger, die allesamt dachten, mit diesen Orbitex-Fonds die dicksten Fondsfische an Land gezogen zu haben, schauten in die Röhre. Entweder konnten sie Anteile zurückgeben oder in drei andere, in Irland aufgelegte Orbitex-Fonds eintauschen. Hatte ein Anleger Lust, sich mit Orbitex zu streiten und die Fondsgesellschaft zu verklagen: kein Problem. Der Rechtsstreit konnte bestens mit einem Dauerurlaub auf den Bahamas verbunden werden. Denn dort – der Heimat von Fonds und Gesellschaft – wurden die juristischen Auseinandersetzungen ausgetragen.

Ein weiteres Beispiel zeigt, dass es nichts bringt, stets den dicksten Investmentfonds-Fisch haben zu wollen. Anleger denken oft: »Dann setze ich ab jetzt jedes Jahr auf den Top-Fonds des letzten Jahres und so sichere ich mir jedes Jahr die höchsten Renditen, auf Dauer damit die höchsten Gewinne.« Oder: »Dann setze ich doch besser auf Fonds, die so richtig aggressiv am Markt investieren. Diese Fonds machen zwar auch mal zwischendurch 15 Prozent Verlust, dafür in guten Jahren 20 Prozent und mehr Gewinn. Unterm Strich muss sich das doch rechnen!« Ich möchte Ihnen zeigen, warum beide Einstellungen falsch sind und mit einem schlechten Ergebnis enden, als wenn Sie auf kontinuierliche Gewinnerfonds setzen. Für viele von Ihnen trifft zu: Bis gestern haben Sie womöglich um Fondssparpläne einen großen Bogen gemacht oder im Vergleich zu Ihren sonstigen Geldanlagen in Fonds nur wenig gespart. Seien Sie doch zufrieden, wenn eine Fondsanlage Ihnen über die nächsten Jahre kontinuierlich 9 Prozent bietet. Das ist immer noch eine Menge mehr, als Sie bislang erzielt haben. Vergleichen Sie »Typ gewinngierig« mit »Typ Kontinuität«:

Jahr	GIERIG Rendite pro Jahr	Ergebnis	KONTINUIERLICH Rendite pro Jahr	Ergebnis
	Einmalanlage	1000		1000
1	23	1230	8	1080
2	29	1464	8	1166
3	16	1689	8	1260
4	−17	1409	8	1360
5	8	1522	8	1469
6	14	1735	8	1578
7	19	2065	8	1714
8	−13	1796	8	1851
9	−7	1671	8	1999
10	12	1871	8	2159
11	14	2133	8	2332
12	13	2410	8	2518
13	−20	1928	8	2720
14	20	2314	8	2937
15	19	2754	8	3172
16	13	3111	8	3426
17	10	3423	8	3700
18	−20	2738	8	3996
19	14	3121	8	4316
20	19	**3714**	8	**4661**

Die kontinuierlichen 8 Prozent Rendite pro Jahr führen also nach 20 Jahren zu einem 25 Prozent höheren Endvermögen. Dabei sind 8 Prozent noch sehr vorsichtig gerechnet.

Geldregel 48

Überlassen Sie die Jagd nach dem dicksten Fisch den anderen. Sie verschwenden nur unnütz Zeit und Geld. Setzen Sie auf kontinuierliche Gewinne. Sie müssen nicht immer die beste Anlage, den besten Fonds wählen, um am Ende ein bestmögliches Ergebnis zu erzielen. Sorgen Sie sich vielmehr um kontinuierliche Gewinne. Besser über Jahre hinweg langweilig und gleichbleibend acht oder neun Prozent Gewinn, als zwischendurch immer mal wieder eine Toprendite, unterm Strich jedoch ein mageres Endergebnis oder gar ein Verlust!

Kapitel 49
Clevere Einsatzmöglichkeiten von Investmentfonds

Mietsicherheit und Kaution

Nach Paragraph 551 BGB kann der Vermieter eine Mietsicherheit bis zur dreifachen Monatsmiete fordern. Diese Sicherheit wird meist in ein Sparbuch eingezahlt. Eine gute Alternative zu dieser Anlage ist eine Verpfändung eines Fondsdepots. Im folgenden Beispiel wird eine Investition in ein Sparbuch mit 2,5 Prozent Zinsen einer Anlage in einem Investmentfonds mit acht, zehn und zwölf Prozent Rendite über einen Zeitraum von fünf, zehn und fünfzehn Jahren gegenübergestellt. Es wurde eine Kaution von 3000 Euro vereinbart.

Jahre	Sparbuch 3 Prozent	Investmentfonds 8 Prozent	10 Prozent	12 Prozent
5	3477,82	4407,98	4831,53	5287,03
10	4031,75	6476,77	7781,23	9317,54
15	4673,90	9516,51	12531,74	16420,70

Damit Sie Ihre Finanzen in Ordnung halten, bedarf es auch bei Mietangelegenheiten der Kontrolle. Meist wird nicht darauf geachtet, wie die Kaution angelegt wird, und es geht einem mit den Jahren viel Geld verloren.

Versuchen Sie, bei allen Geldgeschäften das Beste aus Ihrem Geld zu machen.

Instandhaltungsrücklagen bei Wohnungseigentum

Als Wohnungseigentümer sind Sie gehalten, Instandhaltungsrücklagen zu bilden. Diese Rücklagen werden in den meisten Fällen auf Sparbücher oder in Festgelder angelegt, obwohl eine Anlage in Investmentfonds ertragreicher ist. Viele Leute glauben, dass Sie nur eine sichere Anlage in Sparbücher haben, aber durch die durchschnittliche Inflation von ungefähr drei Prozent wird die Rendite auf dem Sparbuch zunichte gemacht. Sie können also viel beruhigter auf Investmentfonds zurückgreifen, die zwar Kursverluste erleiden können, aber eine durchschnittliche Rendite von ungefähr neun Prozent erwirtschaften. Bei dieser Anlage muss allerdings die Eigentümerversammlung zustimmen oder dem Verwalter bzw. Beirat entsprechende Vollmachten geben.

Vermögenswirksame Leistungen für Arbeitnehmer

Knapp die Hälfte der Arbeitnehmer weiß nicht, dass sie etwas vom Unternehmen und vom Staat geschenkt bekommt. Es handelt sich um vermögenswirksame Leistungen (VL), zu denen jeder Arbeitgeber einen Beitrag leisten muss. Die Tabelle zeigt, welche Beträge die verschiedenen Branchen zahlen.

Chemische Industrie	40,– Euro
Privates Bankgewerbe	40,– Euro
Versicherungsgewerbe	40,– Euro
Druckindustrie	rund 26,50 Euro
Holz verarbeitende Industrie	rund 26,50 Euro
Hotel- und Gaststättengewerbe	rund 20,– Euro
Einzelhandel	rund 13,– Euro
Deutsche Bahn	rund 13,– Euro
Öffentlicher Dienst	rund 7,– Euro
Deutsche Post	rund 7,– Euro

Außerdem gibt der Staat auf die eingezahlten Beträge bis maximal 408 Euro einen Bonus von bis zu 81,60 Euro oder 20 Prozent in den alten bzw. 25 Prozent (bis 2004) in den neuen Bundesländern. Der Vertrag muss mindestens sechs Jahre geführt werden und sich danach ein Jahr ohne Einzahlungen verzinsen. In diesem Beispiel wird mit einer Sparrate von 34 und 40 Euro gerechnet. Der

Anleger wohnt in den alten Bundesländern und erzielt mit dem Fonds eine durchschnittliche Rendite von 10 Prozent. In der gesamten Berechnung ziehen wir keine Ausgabeaufschläge vom Anlegerbetrag ab.

Sparrate pro Monat	Sparleistung im Jahr	Sparleistung in sechs Jahren	staatl. Förderung pro Jahr	End-ergebnis
34	408	2448,00	81,60	4311,30
40	480	2880,00	81,60	4949,90

Der Arbeitnehmer erhält nach der siebenjährigen Laufzeit einen Betrag von 4311 Euro bei einem Sparbetrag von 34 Euro oder einen Betrag von 4950 Euro bei einer Sparrate von 40 Euro. In diesem Zeitraum gibt der Staat höchstens einen Betrag von 489,60 Euro dazu. Dieser Betrag verzinst sich aber über sieben Jahre und ergibt eine Summe von 692,55 Euro. Sie können also sagen, dass der Staat eine Sparzulage von knapp 700 Euro in diesem Fall zulegt.

Als Arbeitnehmer müssen Sie sich nur um den Abschluss des Vertrags bei der jeweiligen Fondsgesellschaft kümmern, um einen bestimmten Betrag von Ihrem Arbeitgeber zu bekommen. Für das VL-Sparen gibt es zertifizierte Fonds, die für dieses Sparen geprüft wurden.

Aber Achtung: Von der Staatsförderung profitieren nur Arbeitnehmer, die als allein Stehende ein zu versteuerndes Jahreseinkommen von weniger als 17 900 Euro haben. Für Ehepaare liegt die Grenze des zu versteuernden Einkommens bei 35 800 Euro im Jahr. Wer darüber liegt, bekommt am Ende des Jahres keine Arbeitnehmersparzulage vom Staat.

Sind Sie langfristig Arbeitnehmer, so können Sie auch mehrere VL-Sparpläne hintereinander abschließen. Nach jeweils sechs Jahren beginnen Sie mit einem Neuen. So können Sie langfristig ein großes Vermögen aufbauen. In der nächsten Grafik gehen wir von einem Sparer aus, der 40 Euro vermögenswirksam spart und nach jeweils sechs Jahren einen neuen VL-Vertrag abschließt. Der Arbeitnehmer beginnt mit 17 Jahren seinen ersten Vertrag und erhält mit 60 Jahren die gesamte Summe. In der gesamten Anlagedauer gehen wir von einer durchschnittlichen Rendite von 10 Prozent aus. Am Ende der Laufzeit, also mit 59 Jahren, muss der Sparer wiederum ein Jahr warten, bis er das Vermögen von seinem Investmentkonto abholen kann.

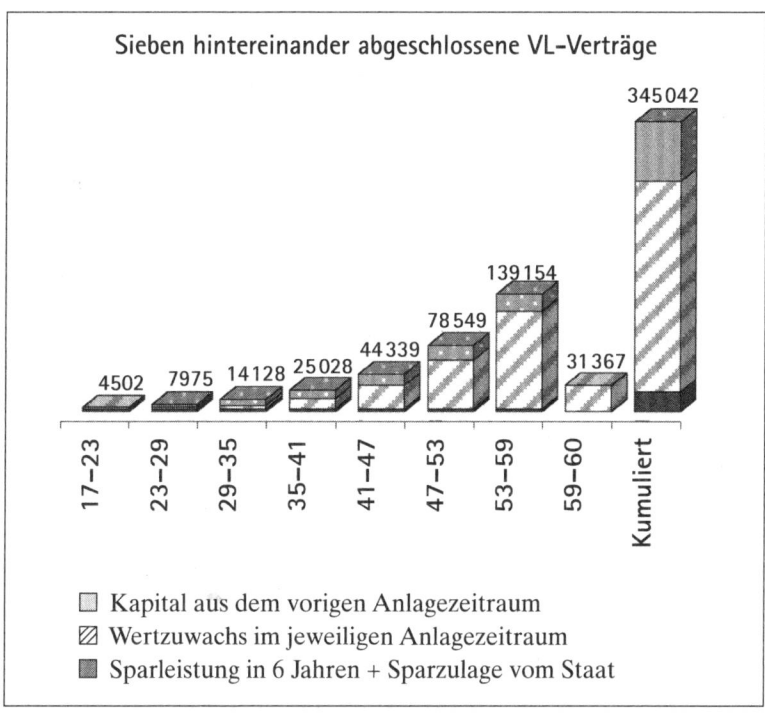

Sieben hintereinander abgeschlossene VL-Verträge

☐ Kapital aus dem vorigen Anlagezeitraum
▨ Wertzuwachs im jeweiligen Anlagezeitraum
▩ Sparleistung in 6 Jahren + Sparzulage vom Staat

©Bernd W. Klöckner, www.berndwkloeckner.de

In diesem Beispiel können Sie gut erkennen, dass Sie in 43 Jahren 20 160 Euro einzahlen und zu Ende des VL-Sparens einen Betrag von 345 000 Euro zur Verfügung haben. Hier zählt die goldene Regel: wenig Geld x viel Zeit. In diesem Fall zahlt der Staat zwar nur eine geringe Prämie von 3427,20 Euro, die sich aber um ein Vielfaches verzinsen. Nach dieser Verzinsung von 10 Prozent hat der Staat einen Betrag von knapp 48 000 Euro dazugezahlt.

Es ist die beste Lösung, sich das Kapital als monatliche Rente auszahlen zu lassen, damit sich das andere Geld noch verzinsen kann. Gehen wir davon aus, dass Sie das Kapital von 345 000 Euro nicht mehr so risikoreich in einen Aktienfonds anlegen, sondern in einen sicheren Rentenfonds investieren. In der folgenden Tabelle sind die verschiedenen Auszahlungsmöglichkeiten aufgezeigt:

monatliche Renten in Euro			
Rendite	6 Prozent	7 Prozent	8 Prozent
Jahre			
5	6644	6796	6949
10	3803	3968	4135
15	2882	3060	3242
20	2440	2630	2826
25	2189	2391	2599
30	2033	2246	2465
ewige Rente	1679	1951	2200

©Bernd W. Klöckner, www.berndwkloeckner.de

So könnten Sie sich Ihr Kapital in kleinen Schritten ausbezahlen lassen. Sie haben sogar die Möglichkeit, sich das Geld in einer »ewigen Rente« ausbezahlen zu lassen. Das bedeutet, dass Sie nur die jährlichen Zinsen verbrauchen. Wenn Sie sich diesen monatlichen Betrag auszahlen lassen, dann haben Sie zum Ende der Laufzeit noch den Betrag, den Sie vor der Entnahme hatten.

Sie sehen, dass vermögenswirksame Leistungen sehr viel Geld mit sich bringen. Falls Sie noch keine VL beziehen, gehen Sie schon morgen zu Ihrem Arbeitgeber und fragen, wie viel er bezahlt. Machen Sie diesen Schritt. Sie bekommen viel Geld geschenkt.

Geldregel 49

Es gibt zahlreiche Möglichkeiten, Investmentfonds intelligent im Rahmen der privaten Finanzplanung einzusetzen. Nutzen Sie die beschriebenen Möglichkeiten!

Kapitel 50
Vierundvierzig wichtige Geldgesetze

Jetzt geht es um 44 wichtige Geldgesetze und Verhaltensweisen zum richtigen Umgang mit Geld. Mein Tipp: Wer auf Dauer richtig mit Geld umgehen will, liest am besten Geldgesetz für Geldgesetz und hakt in Gedanken ab, ob er selbst das jeweilige Gesetz, die jeweilige Verhaltensweise berücksichtigt.

1. Jeder Vermögensaufbau ist nur so erfolgreich, wie das Fundament stark ist. Wer also Millionär werden will, wer finanziell reich und unabhängig werden will, muss darauf achten, dass die eigenen Geldpläne auf einem soliden Fundament stehen. Im Wesentlichen geht es dabei um den Erhalt der Gesundheit oder – im Fall einer Krankheit oder bleibenden Beeinträchtigung der Gesundheit – um Versicherungen gegen Berufsunfähigkeit. Es gilt, von Zeit zu Zeit das Fundament zu prüfen.

2. Reich werden wollen bedeutet, Veränderungen zulassen zu können. Wer seinen Umgang mit Geld perfektioniert, wer wirklich reich werden will und daher vieles verändern wird, darf keine Angst vor sich wandelnden Lebensumständen haben.

3. Der erste Schritt hin zu persönlichem Reichtum ist es, VerANTWORTung für alle Geldhandlungen zu übernehmen. Wer so handelt, übernimmt die Macht, alles wie gewünscht und angestrebt zu verändern.

4. Wenn Sie Geldfehler machen oder gemacht haben, ist das selten tragisch oder existenzbedrohend. Tragisch und existenzbedrohend ist es dagegen, wenn Menschen den gleichen oder die gleichen Geldfehler immer und immer wiederholen. Geldfehler machen bedeutet, es fehlte etwas. Finden Sie heraus, was fehlte. Dann ändern Sie es.

5. Geldglück, Geld in Geldgeschäften ist keine Laune der Natur. Aufmerksame Beobachter werden immer wieder feststellen, dass die Menschen, die nahezu immer mehr tun als nötig, auch mehr Glück haben. Kümmern Sie sich ein wenig mehr um Ihr Geld als nötig. Sie werden feststellen: Sie haben Geldglück! Ihr Glück in Geldgeschäften nimmt auf Dauer zu.

6. Die Menschen suchen Lust und wollen Schmerzen vermeiden. Überwinden Sie sich bei kurzfristigen Geldzielen, kurzfristig notwendigen Geldentscheidungen. Die bringen Ihnen selten reine Lust, sondern meistens einige Schmerzen (weniger ausgeben usw). Langfristig jedoch gewinnen Sie auf diese Weise.

7. Jedes »Geldleben«, das ein Mensch führt, ist das Ergebnis seines Geldverhaltens. Wer in finanziellen Schwierigkeiten steckt und nichts ändert, der wird auch weiterhin in finanziellen Schwierigkeiten stecken. Ändern Sie Ihr Geldverhalten. Trainieren Sie den richtigen Umgang mit Geld. Lassen Sie die damit verbundenen Veränderungen zu. Dann verändert sich die finanzielle Seite Ihres Lebens zwangsläufig.

8. Reichtum ist keine Frage von Glück oder Schicksal. Ein erfolgreicher Mensch ist reich infolge seiner Entscheidungen und Erlebnisse. Reichtum ist das Ergebnis konsequenter Bemühungen um den richtigen Umgang mit Geld. Bleibender Reichtum ist das Ergebnis niemals endender Bemühungen um den richtigen Umgang mit Geld.

9. Reichtum, finanzieller Reichtum muss ins Leben hineingelassen werden. Wer stets nur knausert und geizt, wer sich stets das Billigste kauft, wird niemals wirklich reich. Meiden Sie billigen Krimskram, meiden Sie jede Form gekauften Schunds. Sparen Sie lieber ein wenig länger, und kaufen Sie sich dann die Dinge, die wirkliche Wünsche sind und die Ihnen ein wirklich gutes Gefühl vermitteln.

10. Behalten Sie Ihre Ausgaben im Griff. Denken Sie öfter an die »Vor jeder Ausgabe«-Checkliste. Reichtum ist die Folge davon,

dass dauerhaft die Einnahmen größer sind als die Ausgaben. Das ist das entscheidende Geldgesetz. Kontrollieren Sie Ihr Geldverhalten.

11. Überprüfen Sie Ihre Geld-Glaubenssätze. Wer Geld als eine schmutzige Sache empfindet, kann niemals reich werden. Geld ist Geld. Nicht mehr. Nicht weniger. Geld ist ein Tauschmittel. In jedem Fall gilt: Der größte Dienst, den man – neben der persönlichen Hilfe – den Armen bieten kann, ist, nicht zu ihnen zu gehören.

12. Geld zu haben, ist allein nicht entscheidend. Entscheidend ist vielmehr, in der richtigen Situation über die richtige Menge an Geld zu verfügen. Ein reicher Bauer, der in wenigen Monaten eine Ernte in Millionenhöhe erwartet, hat nur begrenzt etwas davon, wenn er heute an Gläubiger eine halbe Million zahlen soll. Wer dafür sorgt, in allen Situationen genügend Geld zu haben, ist ein reicher Mann. Völlig gleich, ob er in der Summe viel oder wenig Geld hat.

13. Geldziele sind das A und O. Ohne Geldziele gibt es keine Zufriedenheit. Ohne Geldziele gibt es kein Ankommen. Gewinner legen Geldziele fest. Kurz-, mittel- und langfristig.

14. Verbinden Sie Geldziele mit lustvollen Bildern. Unser Unterbewusstsein will Schmerz vermeiden und sucht lustvolle Befriedigung. Wer Geldziele wirklich erreichen will, sollte Geldziele auswählen, bei deren Erreichen er sich wohl fühlt.

15. Der beste Weg, Ziele zu erreichen, besteht darin, sie erstens zu visualisieren, zweitens genaue Maßnahmen zum Erreichen der einzelnen Ziele festzustellen, drittens die Maßnahmen zu notieren, die zum Erreichen der Ziele führen, und dann viertens zu handeln.

16. Ein Budget ist eine wichtige Voraussetzung für den Weg zu finanziellem Reichtum und Wohlstand. Je genauer das Budget, desto klarer lässt sich das vorhandene Geld einteilen. Wer reich

werden will, braucht die Übersicht über das eigene Geld. Immer und immer wieder. Das Erstellen eines Budgets ist also kein einmaliger Prozess. Er sollte vielmehr Jahr für Jahr wiederholt werden.

17. Geldprobleme lassen sich nur dann vermeiden, wenn der Kreislauf aus Einnahmen und Ausgaben zuverlässig und gleichbleibend funktioniert.

18. Finanzielle Probleme sind ein Alarmzeichen! Wenn die Bank anruft und sagt:»Wir haben ein Problem«, ist es meistens zu spät. Kontrollieren Sie rechtzeitig und immer wieder Ihren Umgang mit Geld.

19. Ohne ehrlichen Umgang mit sich selbst lässt sich kein finanzieller und auch kein persönlicher Reichtum erreichen. *Die Botschaft lautet:* Sie müssen ehrlich sein. Bedingungslos ehrlich. In jeder finanziellen Situation. Kommt es zu einem finanziellen Problem, handeln Sie. Reagieren Sie.

20. Reichtum ist die Folge des richtigen Umgangs mit Geld. Der richtige Umgang mit Geld ist die Folge ausreichender Geldkontrolle über die eigenen Geldhandlungen. Wichtige Alarmzeichen für finanzielles Chaos, die Vorstufe finanzieller Schwierigkeiten und finanziellen Misserfolgs sind über Tage und Wochen liegen bleibende Rechnungen, nicht geöffnete Post, die Kontoauszüge enthält und ähnliche Dinge. Auch hier gilt: Sie allein wissen als einzige und erste Person, wie es um die Kontrolle Ihrer finanziellen Angelegenheiten steht. Haben Sie Ihre Finanzen im Griff, oder haben Ihre Finanzen Sie im Griff? Kümmern Sie sich darum, die Kontrolle zu behalten.

21. Bargeld ist wichtig. Nicht in Massen, aber in sinnvollen Maßen. Zwei Monatsgehälter als Bargeld ist eine hilfreiche Pi-mal-Daumen-Formel. Es kommt darauf an, im richtigen Moment flüssig zu sein. Alternativ ist die Anlage in Geldmarktfonds oder sonstige Varianten möglich. Wichtig: Die Auflösung dieses Betrags darf nicht mit Kosten verbunden sein.

22. Die meisten Menschen sehen in Geld zwei Funktionen: Geld als Einnahmequelle und Geld als Quelle für Ausgaben. Besser ist: Teilen Sie Geld in drei Töpfe ein. Der eine Topf deckt die immer wiederkehrenden Ausgaben. Der zweite dient als Bargeld-Sicherheitsreserve und der dritte Teil dient dem Vermögensaufbau.

23. Halten Sie einmal aufgebautes Vermögen zusammen. Einer der großen Geldfehler besteht darin, dass die Leute ansparen, entnehmen, ansparen, entnehmen und so weiter. Jahrzehnt für Jahrzehnt geht das so. Am Ende ist trotz der vielen Sparjahre kaum Vermögen da. Besser ist: Spargeld ist tabu! Einmal aufgebautes Vermögen wird nicht, unter keinen Umständen angetastet. Im Notfall ist es zu beleihen. Aber es wird nicht wieder aufgebraucht.

24. Setzen Sie auf die richtige Mischung aus Risiko und Ertrag. Wer zu sehr auf Nummer Sicher geht, verliert im Lauf der Jahre und Jahrzehnte immense Summen.

25. Es gibt keinen besseren Zeitpunkt zum Sparen als heute. Wer stets denkt oder sagt:»Ab morgen werde ich sparen«, wird es niemals tun. So kommt nie der Tag des konsequenten Sparbeginns, Jahre um Jahre vergehen, und dann kostet es viel, viel Geld, diese verloren gegangenen Sparjahre aufzuholen.

26. Menschen, die den richtigen Umgang mit Geld bereits gelernt haben, kennen die Bedeutung des Geldgesetzes:»Bezahle deine Rechnungen stets pünktlich«. In der Tat ist es so, dass viele Menschen nicht wegen zu großer einmaliger finanzieller Belastungen leiden, sondern wegen der vielen kleinen Rechnungen.

27. Es ist ein Irrglaube, zu meinen, wenn erst das Einkommen steigen würde, fiele auch das Sparen leichter. Das Gegenteil ist der Fall: Wer nicht gelernt hat, von einem Euro 50 Cent zu sparen, wird auch dann, wenn er über tausende von Euro jeden Monat verfügt, immer noch nicht die Hälfte sparen. Sparen ist eine Fähigkeit, die sich im Großen wie im Kleinen beweist.

28. Selbst wer Schulden hat, muss das Sparen beginnen. Nichts ist schlimmer, als die Mischung aus Schulden ohne jeden finanziellen Spielraum. Sorgen Sie dafür, dass Sie immer – möglichst bei ein, zwei weiteren Banken, Geld auf einem Sparkonto liegen haben. Geld, an das Sie jederzeit herankommen. Sichern Sie sich so Ihren finanziellen Spielraum auch für unerwartet schlechte Zeiten.

29. Bezahlen Sie sich selbst zuerst. Dies ist eine der ältesten Geldregeln. Napoleon Hill war es, der diese Geldregel vor vielen Jahrzehnten formulierte: Bezahlen Sie sich selbst zuerst.

30. Gefährlich ist es, Steuersparmodelle mit Sparmodellen zu verwechseln. Schon so mancher Anleger wollte um jeden Preis Steuern sparen und sparte sich arm, ehe er sich versah. Eine Investition sollte sich grundsätzlich auch ohne Steuerersparnis lohnen. Kommt dann eine mögliche Steuerersparnis als Bonus hinzu, ist es gut. In über 16 Berufsjahren habe ich nahezu alle Steuersparmodelle kennen gelernt, die irgendwann einmal angeboten wurden. Bis auf wenige Ausnahmen haben Steuersparmodelle bislang nur diejenigen reich gemacht, die ein Steuersparmodell anboten und verkauften. Meistens waren die gierigen Anleger, die um jeden Preis Steuern sparen wollten, am Ende die Dummen. Klären Sie bei einer Investition (in so genannte Sparmodelle) erstens, ob sich die Investition auch ohne Steuerersparnis rechnet. Ist das der Fall, prüfen Sie zweitens die mögliche Steuerersparnis.

31. Eine meiner zehn Regeln aus dem Buch »Die Magie des Erfolgs« lautet:»Ein Geschäft ist dann ein gutes Geschäft, wenn es dir danach besser geht als davor.« Prüfen Sie vor jeder Geldentscheidung, vor jeder Investition die möglichen Auswirkungen. Tätigen Sie nur solche Geldgeschäfte, bei denen es Ihnen danach besser geht als davor!

32. Prüfen Sie jede Investition. Auch hier gilt: Übernehmen Sie VerANTWORTung der ganz besonderen Art und Weise. Stellen Sie sicher, dass Sie wissen, um welche Form der Anlage es sich han-

delt. Es genügt später im Fall eines Misserfolgs nicht, zu sagen: »Mein Anlageberater ist schuld, ich hatte keine Ahnung«, oder: »Ich habe voll und ganz auf meinen Anlageberater vertraut.« Es gibt diesen »meinen Anlageberater« nicht. Wäre es tatsächlich »Ihr« Anlageberater, würden Sie ihn als Angestellten bezahlen. Betrachten Sie daher Anlageberater als Menschen, die Ihnen im Auftrag und zum Wohl eines Dritten (einer Bank) etwas verkaufen müssen. Umso mehr gilt: Prüfen Sie jede Geldentscheidung. Stellen Sie sicher, dass Sie eine Geldentscheidung, das zu Grunde liegende Produkt verstehen – so gut, dass Sie es einem Dritten erklären könnten.

33. Streuen Sie in jedem Fall Ihre Anlagegelder. Das gilt besonders dann, wenn Ihnen die Gier vermeintlich einmalige und »todsichere« Geldanlagen »zeigt«. Setzen Sie niemals alles auf eine Karte. Der Chance auf totalen Gewinn steht das Risiko des totalen Verlusts gegenüber. Und eine der entscheidenden Geldregeln lautet: Vermeide Verluste!

34. Das oberste Prinzip lautet: Sorgen Sie für Cashflow, sorgen Sie für Liquidität! Das müssen Sie tun. Ich habe im Lauf der Jahre Leute kennen gelernt, die aus lauter Gier so viele Steuersparmodelle gezeichnet haben, dass unterm Strich jegliche Liquidität verloren ging. Auf dem Papier waren diese Leute Besitzer von Häusern, Wohnungen, Schiffsanteilen und vielem mehr. Mal hatte das eine Produkt eine kleine Unterdeckung, mal das nächste eine etwas größere. In der Summe kamen so jeden Monat einige tausend Mark zusammen, die für alle Steuersparmodelle zugeschossen werden mussten. Das Ergebnis: Diese Leute waren reich an Steuersparmodellen, jedoch arm an Liquidität. In einer solchen Situation muss es nur zu einer unvorhergesehenen Entnahme kommen, und das Gebilde zerplatzt. Daher gilt: Sorgen Sie für Liquidität. Sorgen Sie für den notwendigen Cashflow. Nur dann bleibt der Geld-Kreislauf im Fluss.

35. Finanzielle Freiheit, Reichtum und Wohlstand entstehen aus Geld. Geld wiederum, bevor es eigene Zinsen verdient, aus Arbeit. Sorgen Sie dafür, dass Sie Arbeiten mit Erfolg durchfüh-

ren. Suchen Sie sich eine Arbeit, die Ihnen Spaß macht und die Sie weiterbringt. Das müssen Sie tun. Sie stabilisieren und verbessern so Ihre Einnahmenseite.

36. Vermeiden Sie Verluste, sichern Sie sich Gewinne. Setzen Sie nur auf solche Geldanlagen, von denen Sie wirklich etwas verstehen. Das ist nicht besonders schwierig. Sie müssen sich lediglich mit zwei, drei Geldanlagen ausführlich einige Stunden beschäftigen. Dann handeln Sie!

37. Lieben Sie Ihr Geld! So eigenartig das klingt, so wichtig ist dieser Grundsatz. Je mehr Sie Ihr Geld lieben, desto schmerzhafter wird jede unsinnige oder unnötige Geldausgabe. Viele betrachten Geld als etwas Unpersönliches. Machen Sie es besser! Betrachten Sie Geld künftig ein wenig persönlicher.

38. Trainieren Sie Ihr Geldverhalten. Wenn Sie bereits sicher im Umgang mit Geld sind, tragen Sie häufiger größere Bargeldbeträge mit sich herum. Aber übertreiben Sie nicht. Nehmen Sie einen 200- oder einen 500-Euro-Schein. Tragen Sie diesen Schein mit sich herum, aber geben Sie das Geld nicht aus. Wer trainiert hat, sich etwas Erlaubtes zu versagen, versagt sich auch das nicht Erlaubte. Trainieren Sie so Ihre Widerstandskraft.

39. Wer sein Vermögen wirklich erhalten will, sollte den sichersten Weg wählen und es ständig vergrößern. Wenn Sie überhaupt an Ihr Vermögen rangehen, dann höchstens an die Zinsen, nicht jedoch ans Kapital. Schlachten Sie nie die goldene Gans!

40. Stellen Sie realistische Anforderungen an sich selbst in Bezug auf den richtigen Umgang mit Geld. Auch wer sich noch so sehr bemüht, wird hin und wieder Geldfehler machen und Rückschläge erleben. Betrachten Sie solche Rückschläge und Fehler ausschließlich als eine willkommene Möglichkeit, noch mehr über Geld und den richtigen Umgang mit Geld zu lernen.

41. Sprechen Sie nicht mit anderen Menschen über Ihr Vermögen. Es sei denn, es sind Ihnen wirklich vertraute Menschen. Alle üb-

rigen geht es nichts an, wie viel Geld Sie haben. Das bedeutet nicht, dass Sie nicht über Geld und Geldanlagen reden sollen. Nur nicht über Ihr Vermögen. Ausnahme: Sie haben Schulden. Dann sprechen Sie mit einer Person Ihres Vertrauens so früh wie möglich.

42. Wer seine Finanzen in den Griff bekommen will, muss zunächst ein gewisses Unbehagen in den Griff bekommen. Es verursacht ein eigenartiges Gefühl, plötzlich auf den Cent zu gucken. Es ist eigenartig, die ganzen Geldfallen und möglichen Geldfehler schonungslos aufzudecken. Es lohnt sich jedoch, diese Zeit des anfänglichen Unbehagens durchzustehen. Denn am Ende bleibt ein wunderbares Gefühl der Sicherheit. Das Gefühl, die eigenen Finanzen im Griff zu haben. Das Gefühl, sicher im Umgang mit Geld zu sein.

43. Wer reich und wohlhabend sein will, muss handeln. Es hilft nichts, immer nur tolle Geldbücher zu lesen, den jeweiligen Autor zu bewundern und anschließend so weiterzumachen wie bislang. Sie werden auf diese Weise niemals reich und wohlhabend. Sie werden auch nicht allein dadurch reich, dass Sie teure Geldseminare besuchen. Sie müssen etwas *tun*!

44. Viele Leute beruhigen sich nach Misserfolgen bei Geldgeschäften selbst. Diese Leute sagen dann:»Ja, hmm, aber im Durchschnitt erziele ich doch Gewinne.« Diese Vorgehensweise ist nicht besonders klug und selten ehrlich. Ich möchte Ihnen das an einem Beispiel verdeutlichen: Stellen Sie sich einmal vor, Sie stehen mit einem Bein in kochend heißem Wasser. Mit dem anderen Bein stehen Sie dagegen in eiskaltem Wasser. Nun käme jemand, würde Sie freundlich anlächeln und sagen:»Ihnen geht es ja blendend. Im Durchschnitt ist Ihnen doch richtig schön warm.« Was würden Sie tun? Sehen Sie! Ebenso ist es mit der Behauptung:»Im Durchschnitt erziele ich Gewinne.« Vermeiden Sie solche Behauptungen. Sorgen Sie für Gewinne. Meiden Sie Verluste!

Kapitel 51
Geldkontrolle: So überprüfen Sie ab sofort regelmäßig Ihre Finanzen und Geldentscheidungen

Auf vielen Seiten haben Sie jetzt zahlreiche neue Gelderkenntnisse gewonnen. Sie werden den einen oder anderen Geldentschluss gefasst haben, Sie werden sich die eine oder andere Aufgabe vorgenommen haben. Wie auch immer: Vermutlich haben Sie sich lange Zeit nicht mehr so intensiv mit Geld und Geldentscheidungen beschäftigt. Damit könnte dieses Arbeitsbuch enden. Wenn es nicht unser Ziel gewesen wäre, Ihnen ein Arbeitsbuch gerade auch für die künftigen Geldentscheidungen zu bieten. *Die entscheidende Botschaft für Ihren künftigen, richtigen Umgang mit Geld lautet:* Legen Sie ab sofort regelmäßig einen Geldtag ein. Um Sie hierbei bestmöglich zu unterstützen, habe ich mir zwei Checklisten ausgedacht, die Ihnen in den kommenden Wochen und Monaten helfen sollen.

Persönliches Gelderfolgsmonatsbuch

Das Erfolgsmonatsbuch soll und wird Ihnen nützlich sein, sich ab sofort bewusst mit Geld und dem richtigen Umgang mit Geld zu beschäftigen. Kopieren Sie die folgende Checkliste sooft Sie wollen, tragen Sie oben rechts den jeweiligen Kalendermonat ein. Auf diese Weise haben Sie bereits nach wenigen Monaten Ihr persönliches Gelderfolgsmonatsbuch.

Ich verspreche Ihnen: Sie werden in einigen Monaten teils mit Begeisterung, teils mit Erstaunen und dann auch mal mit Entsetzen Ihre früheren Berichte lesen. Sie werden bei so manchem Geldfehler, den Sie aufschreiben, später erheblich schmunzeln. Ihr ganz persönliches Gelderfolgsmonatsbuch hat eine wichtige Bedeutung. Indem Sie beispielsweise Erfolgs- und Misserfolgshandlungen bezüglich Geld aufschreiben, machen Sie sich zunehmend Erfolgs- und Misserfolgsprinzipien bewusst. Das wiederum hat zur Folge, dass Sie schneller denn je lernen, immer häufiger richtige Geldentscheidungen zu treffen.

Ihr persönliches Monatsbuch für finanziellen Erfolg

Eintrag für den Monat
Datum des Eintrags

Meine positiven Geld-
erlebnisse diesen Monat

Meine negativen Geld-
erlebnisse diesen Monat

Meine größte Geldstärke
des Monats

Meine größte Geldschwäche
des Monats

Folgende Geldquellen
habe ich genutzt
(TV, Zeitschriften, Bücher ...)

Mein wichtigster
Geldlehrsatz des Monats

Mein (Geld-)Ziel für den
nächsten Monat

©Bernd W. Klöckner, www.berndwkloeckner.de, angelehnt an das Erfolgsmonatsbuch, erschienen im FID-Verlag

Fahren Sie ruhig in den Graben, aber bleiben Sie auf dem Weg!

Zunächst einmal gratuliere ich Ihnen! Sie haben sich erstens eines meiner Bücher gekauft! Zweitens haben Sie dieses Buch zu Ende gelesen! Drittens: Wenn Sie es zu Ende gelesen haben, werden Sie zwischendurch auch die eine oder andere Übung gemacht haben. Insgesamt sind Sie nun dem richtigen Umgang mit Geld um einiges näher gekommen. Meine Bitte ist: Nehmen Sie nun abschließend noch einmal dieses Buch zur Hand. Blättern Sie noch einmal Seite für Seite durch, nebenbei, in Ihrer Freizeit. Betrachten Sie noch einmal Ihre Anmerkungen, und beurteilen Sie, wie und was sich in Ihrem Umgang mit Geld verändert hat! Welche Gelderfolge können Sie verzeichnen? Was haben Sie aus all dem gelernt? Was sind Ihre wichtigsten Erkenntnisse? Was sind wichtige Merksätze und Geldregeln? Können Sie nun besser als vor dem Kauf dieses Buchs sagen, was Sie an finanziellem Schutz benötigen und was Sie überhaupt bei Ihrem Umgang mit Geld ändern wollen? Wer sind die Freunde, denen Sie dieses Buch empfehlen oder gar schenken können?

Erfolg heißt auf Englisch »success«. »Success« wiederum kommt aus dem lateinischen »sub« und »cedere«, was so viel wie nachfolgen oder nachgehen bedeutet. Wenn etwas einer Sache nachgeht oder nachfolgt, dann bedeutet dies, dass etwas Bestehendes ersetzt wird. Etwas, was existiert, endet, und etwas Neues wird an die Stelle des Alten gesetzt.

Übertragen wir das auf finanziellen Erfolg: Wer finanziell erfolgreich sein will, muss altes Geldverhalten durch neues Geldverhalten ersetzen. Das ist das ganze Gesetz!

Nachgehen hat natürlich auch die Bedeutung, dass Sie anderen (erfolgreichen) Menschen nachgehen sollen, nachgehen müssen. Wiederholen Sie finanzielle Erfolgshandlungen! Die Kunst des richtigen Umgangs mit Geld liegt darin, die richtigen Handlungsweisen zu wiederholen. Immer und immer wieder. Es ist unsinnig zu sagen: »Ich habe jetzt ein Buch gelesen und eine wichtige Geldhandlung durchgeführt. Das genügt für künftigen Reichtum und Wohlstand!« Wiederholen Sie finanzielle Erfolgshandlungen. Wiederholen Sie, was Ihnen Geld bringt. Unterlassen Sie, was Sie Geld kostet. Sie alleine tragen die VerANTWORTung für Ihren richtigen Umfang mit Geld. Dieses Buch soll Ihnen eine Unterstützung sein, die richtigen Antworten zu finden. Es wäre schön, wenn mir dies gelungen ist.

Ihr
Bernd W. Klöckner

Informationsdienste/Newsletter

Aktien Trader Der Börsendienst für kurzfristige, schnelle Aktien-Investitionen. Es gibt eine Gruppe von Leuten, die weiß, worauf sie sich einlässt, und die außergewöhnliche Gewinne mit kurzfristigen Investitionen erzielt. Per Fax und/oder E-Mail werden Sie schnell über wichtige Investitionsempfehlungen informiert. www.fid-verlag.de

Biotech Investor Der Börsenbrief für Ihren Erfolg mit Biotech-Aktien. Profitieren Sie von den Durchbrüchen der Biotechnologie. Investieren Sie in den profitabelsten Zukunftsmarkt. Mit dem neuen Börseninformationsdienst Biotech Investor bekommen Sie Fakten und Hintergründe, die nicht in der Zeitung stehen. www.biotechinvestor.de

Taipan Der Börsenbrief für internationale Wachstumswerte: So verdienen Sie an der Börse richtig Geld! Gehören Sie auch zu den Menschen, die in der Zeitung immer wieder von Rekord-Gewinnen hören, bei denen Sie sich fragen, warum Sie nicht schon früher davon erfahren haben? Mit TAIPAN gibt es eine Möglichkeit, Monat für Monat alles über hoch brisante und profitable Gewinn-Möglichkeiten in den Boom-Branchen wie der Biotechnologie und Telekommunikation sowie den Boom-Märkten wie Osteuropa, Lateinamerika, Afrika und Asien zu erfahren. www.taipan-online.de

International Living ist ein exklusiver Informationsdienst für das Leben im Ausland. International Living richtet sich an erfolgreiche Individualisten, die ihren Arbeits-, Urlaubs- und Lebensort selbst bestimmten möchten. Sie erhalten alle wichtigen Informationen über Anreise, Aufenthalt, Immobilienerwerb, Lebenshaltungskosten, Infrastruktur, Behörden, Steuern. Sie können International Living 30 Tage lang kostenlos testen. www.internationalliving.de

Zürich Club ist ein privater, internationaler Investmentclub. Die Mitglieder verfolgen ein gemeinsames Ziel: finanzielle Unabhängigkeit und private Sicherheit für sich und ihre Familien. Um dieses Ziel zu erreichen, erhalten Mitglieder des Zürich Club in einem vertraulichen monatlichen Communiqué ausgesuchte und sorgfältig recherchierte Investment-Empfehlungen, Strategien zur Geldanlage und zum Immobilienerwerb. Ausführliche Ratschläge aus Insider-Kreisen zur Vermeidung ungerechter Besteuerung und zum Schutz des privaten Vermögens erhalten Mitglieder des Zürich Club exklusiv. Einen Antrag auf Probe-Mitgliedschaft finden Sie unter www.zuerich-club.de.

Value Investor ist ein Börsen-Informationsdienst für unterbewertete Qualitätsaktien weltweit. Er recherchiert für seine Leser echte Substanzwerte, deren wahrer Wert momentan an der Börse nicht erkannt wird und Ihnen dadurch eine große Gewinnspanne ermöglicht. Besonderes Augenmerk liegt auf der Erfüllung der »Value-Kriterien«, einer Auswahl an wirtschaftlichen Eckdaten, die Ihnen den tatsächlichen Wert eines Unternehmens liefert. www.value-investor-online.de

CuttingEdge ist ein Informationsdienst für spekulative Aktienanleger, die zur Steigerung Ihrer Rendite hoch profitable Werte suchen. CuttingEdge sieht dieses Wachstumspotenzial vor allem bei MicroCaps, die sich mit technologischen Neuerungen langfristig durchsetzen können. Kurse dieser wenig bekannten und sehr niedrig bewerteten Unternehmen steigen überdurchschnittlich schnell und hoch. Der Name CuttingEdge steht für Werte, die wegen ihres Vorsprungs im Markt und ihrer Technologien besonders schnell profitabel werden. Sie können CuttingEdge 30 Tage lang kostenlos testen. www.cuttingedge.de

»Otmar Weber's MicroCap Trader« stellt Ihnen aus dem gesamten Spektrum der US-Small-Cap-Werte unter 12 Dollar täglich zwei Werte vor, die Ihnen erstklassige Performance-Chancen bieten. Weil genau diese MicroCaps unter 12 Dollar am häufigsten das Potenzial für Kurssprünge von 30, 40 und mehr Prozent binnen weniger Tage haben. Im exklusiven Online-Format können Sie jederzeit mit der Redaktion Kontakt aufnehmen. Ihre Fragen werden umgehend beantwortet. Das heißt: Sie stehen mit den Analysten in Börsen-Echtzeit in Kontakt! Sie können den MicroCap Trader 30 Tage lang kostenlos testen. www.microcap-trader.de

Register

Den Erfolg täglich vor Augen, jetzt bestellen!

Die Farben des Original:
Gold kombiniert mit edlem,
repräsentativem Dunkelrot

Die Magie des Erfolges

© Bernd W. Klöckner

1. Sei ein **Dream-Team**-Typ!
2. Bringe **Ideen als Erster**!
3. Mache Dich **bekannt – Werbe**!
4. Erhöhe die **Nachfrage** nach Dir!
5. Führe alle Aufgaben **mit Erfolg** durch!
6. Wiederhole **Erfolgshandlungen**!
7. Sorge für **steigende Statistiken**!
8. Mache nur solche Geschäfte, bei denen es Dir **danach besser** geht als davor!
9. Mache **niemals Probleme der anderen** zu Deinen eigenen!
10. Beherrsche **Termine** und **Wiedervorlage**!

VISION ► SUCCESS ► MONEY

Erfolgs- und Geldtraining: mail@berndwkloeckner.de